银行业专业人员职业资格考试辅导系列

银行管理（初级）

过关必做1000题（含历年真题）

（第4版）

主编：圣才学习网

www.100xuexi.com

中国石化出版社

·北京·

内 容 提 要

本书是银行业专业人员职业资格考试科目“银行管理（初级）”过关必做习题集。本书基本遵循银行管理（初级）大纲的章目编排，共分为17章，根据《银行管理》教材内容及相关法律法规精心编写了约1000道习题，其中包括历年机考真题。所选习题基本涵盖了考试大纲规定需要掌握的知识内容，侧重于选编常考重难点习题，并对习题进行了详细的分析和解答。

圣才学习网（www.100xuexi.com）提供银行业专业人员职业资格考试辅导方案【视频课程、电子书、题库等】。购书即可享受大礼包增值服务【本书AI电子书】。手机扫码（本书封底）领取本书大礼包。

图书在版编目（CIP）数据

银行管理（初级）过关必做1000题：含历年真题/圣才学习网主编. —4版. —北京：中国石化出版社，2025.3. —ISBN 978-7-5114-7815-3

Ⅰ. F832.1-44

中国国家版本馆CIP数据核字第2025BN5456号

未经本社书面授权，本书任何部分不得被复制、抄袭，或者以任何形式或任何方式传播。版权所有，侵权必究。

中国石化出版社出版发行

地址：北京市东城区安定门外大街58号

邮编：100011 电话：(010)57512500

发行部电话：(010)57512575

http://www.sinopec-press.com

E-mail：press@sinopec.com

武汉市盛宏源印务有限公司印刷

全国各地新华书店经销

*

787毫米×1092毫米 16开本 13.5印张 335千字

2025年3月第4版 2025年3月第1次印刷

定价：58.00元

序　言

为了帮助考生顺利通过银行业专业人员职业资格考试，我们根据考试大纲和指定参考教材精心编写了银行业专业人员职业资格考试辅导系列。

1. 银行业法律法规与综合能力(初级)过关必做1200题(含历年真题)
2. 个人理财(初级)过关必做1200题(含历年真题)
3. 公司信贷(初级)过关必做1000题(含历年真题)
4. 个人贷款(初级)过关必做1000题(含历年真题)
5. 风险管理(初级)过关必做1000题(含历年真题)
6. 银行管理(初级)过关必做1000题(含历年真题)

本书是银行业专业人员职业资格考试科目“银行管理(初级)”过关必做习题集。本书基本遵循银行管理(初级)大纲的章目编排，共分为17章，根据《银行管理》教材内容及相关法律法规精心编写了约1000道习题，其中包括历年机考真题。所选习题基本涵盖了考试大纲规定需要掌握的知识内容，侧重于选编常考重难点习题，并对习题进行了详细的分析和解答。

购书即可享受大礼包增值服务。手机扫码(本书封底)领取本书大礼包。具体包括：本书AI电子书。

与本书相配套，圣才学习网提供银行业专业人员职业资格考试视频课程、电子书、题库。

圣才学习网(www.100xuexi.com)是一家为全国各类考试和专业课学习提供名师视频课程、电子书、题库等全方位教育服务的综合性学习型视频学习网站，拥有近100种考试(含418个考试科目)、194种经典教材(含英语、经济、管理、证券、金融等共16大类)，合计近万小时的面授班、网授班课程。

资格考试：www.100xuexi.com(圣才学习网)
考研辅导：kaoyan.100xuexi.com(圣才考研网)

圣才学习网编辑部

目　录

第一章　宏观经济金融环境

一、单项选择题（以下各小题所给出的 4 个选项中，只有 1 项最符合题目要求，请将正确选项的代码填入括号内）

1．资本市场是指金融工具期限在（　　）年以上的长期金融市场。［2024 年 6 月真题］

A．10　　B．5　　C．1　　D．3

【解析】资本市场是长期资金融通市场，所交易的金融资产到期期限在 1 年以上，如股票市场、中长期银行贷款市场、中长期国债市场等，其特点是偿还期长、流动性差、风险较高。

2．货币市场是指交易期限在（　　）年以内的短期金融工具市场。［2023 年 6 月真题］

A．三　　B．五　　C．十　　D．一

【解析】货币市场是指融资期限在 1 年以内（包括 1 年）的资金交易市场，又称为短期资金市场。

3．以下选项属于财政政策工具的是（　　）。［2023 年 6 月真题］

A．利率　　B．国债　　C．存款准备金率　　D．正回购

【解析】财政政策工具是指财政政策主体所选择的用以达到政策目标的各种财政手段，主要包括税收、公共支出、政府投资和政府债券等。

4．在划分货币供应量层次中，M_2一般是指（　　）。［2023 年 6 月真题］

A．狭义货币　　B．广义货币　　C．准货币　　D．流通中现金

【解析】现阶段，按货币流动性强弱不同，中国人民银行实际将货币供应量划分为三个层次，其中，第三层次为 M_2，又叫广义货币，由 M_1 和准货币组成。准货币是一定时期内不会被直接动用的货币，主要包括单位定期存款、个人存款以及其他存款，代表一国经济中的潜在购买力。

5．现阶段我国货币政策的中介目标是（　　）。［2023 年 6 月真题］

A．基础货币　　B．经济增长　　C．物价稳定　　D．货币供应量

【解析】《中国人民银行法》正式把货币供应量指标作为货币政策的中介目标。

6．在货币政策工具中被称为“三大法宝”的是（　　）。［2023 年 6 月真题］

A．存款准备金、公开市场业务、再贷款与再贴现

B．存款准备金、再贷款与再贴现、利率政策

C．公开市场业务、存款准备金、利率政策

D．存款准备金、利率政策、汇率政策

【解析】一般性政策工具是中央银行较为常用的传统工具，主要包括存款准备金、再贷款与再贴现和公开市场业务，被称为货币政策的“三大法宝”。

1C　2D　3B　4B　5D　6A

7. 中央银行通过降低存款准备金率，可以发挥的作用是(　　)。[2018 年 10 月真题]

A. 促使股票市场维持上涨势头　　B. 向商业银行传导紧缩的货币政策

C. 保障债券市场维持上涨势头　　D. 调控货币供应量

【解析】存款准备金是指金融机构为保证客户提取存款和资金清算需要而准备的、是缴存在中央银行的存款。法定存款准备金率是金融机构按规定向中央银行缴纳的存款准备金占其存款的总额的比率。中央银行通过调整法定存款准备金率，可以影响金融机构的信贷扩张能力，从而间接调控货币供应量。

8. 同业拆借市场在金融市场体系中属于(　　)。[2023 年 6 月真题]

A. 贷款市场　　B. 资本市场　　C. 货币市场　　D. 长期资金融通市场

【解析】货币市场是指融资期限在 1 年以内(包括 1 年)的资金交易市场，又称为短期资金市场。主要包括：①同业拆借市场；②回购市场；③票据市场。

9. 中央银行通过提高存款准备金率，可以发挥的作用是(　　)。[2017 年 10 月真题]

A. 促使股票市场维持上涨势头　　B. 向商业银行传导紧缩的货币政策

C. 增强金融机构的信贷扩张能力　　D. 保障债券维持上涨势头

【解析】当中央银行提高法定存款准备金率时，商业银行需要上缴中央银行的法定存款准备金增加，可直接运用的超额准备金减少，商业银行的可用资金减少，在其他情况不变的条件下，商业银行贷款或投资下降，从而收紧信用，引起存款的数量收缩，导致货币供应量减少，即社会中可以流通的资金数额变少，以此向商业银行传导紧缩的货币政策。

10. 金融机构之间以货币借贷方式进行短期资金融通的行为称为(　　)。[2016 年 10 月真题]

A. 回购协议　　B. 期权　　C. 期货　　D. 同业拆借

【解析】同业拆借市场是指银行及非银行金融机构之间进行短期性、临时性的资金调剂所形成的市场，主要满足金融机构日常资金的支付清算和短期融通需要。

11. 下列属于股权性质金融工具的是(　　)。[2016 年 10 月真题]

A. 国库券　　B. 优先股　　C. 银行债券　　D. 企业债

【解析】按投资者所拥有的权利划分，金融工具分为债权工具、股权工具和混合工具。债权工具的代表是债券，股权工具的代表是股票，混合工具的代表是可转换公司债券和证券投资基金。ACD 三项均属于债权工具。

12. 当一国经济出现过热现象时，货币当局可以通过(　　)控制货币供给。[2016 年 5 月真题]

A. 降低准备金率　　B. 发行基础货币

C. 降低贴现率　　D. 在公开市场出售政府债券

【解析】当一国经济出现过热现象时，中央银行需要减少货币供应量，在公开市场上卖出证券，减少商业银行的超额准备金，引起信用规模的收缩、货币供应量的减少、市场利率的上升。

7D　8C　9B　10D　11B　12D

13. 在划分货币供应量层次中，M_1一般是指(　　)。[2015 年 10 月真题]

A. 流通中现金　　B. 准货币　　C. 狭义货币　　D. 广义货币

【解析】现阶段，按货币流动性强弱不同，中国人民银行实际将货币供应量划分为三个层次，其中，第二层次为M_1，即一般所说的货币，又叫狭义货币，由M_0和银行的单位活期存款构成，代表一国经济中的现实购买力。

14. (　　)是指已发行的金融工具的流通与转让的市场。[2015 年 10 月真题]

A. 期货市场　　B. 现货市场　　C. 一级市场　　D. 二级市场

【解析】根据市场功能不同可以将金融市场分为一级市场和二级市场。二级市场是指已经发行证券的交易市场，其主要功能在于为证券投资者提供流动性，也就是给金融产品的投资者提供一个将投资转换为现金的渠道。

15. 当前我国货币政策的主要传导媒介是(　　)。[2015 年 10 月真题]

A. 商业银行　　B. 保险公司　　C. 上市公司　　D. 证券公司

【解析】货币政策是中央银行为实现特定经济目标而采用的控制和调节货币、信用及利率等方针和措施的总称，是国家调节和控制宏观经济的主要手段之一。随着我国市场经济体制的不断完善，货币政策的重要性更加突出。商业银行是货币政策的主要传导媒介。

16. 治理通货膨胀的措施中，属于紧缩性财政政策的是(　　)。[2023 年 6 月真题]

A. 减少赋税　　B. 减少基础货币投放

C. 提高利率　　D. 减少政府支出

【解析】紧缩性财政政策是指通过财政收支规模的变动来减少和抑制总需求，在国民经济已出现总需求过旺的情况下，通过紧缩性财政政策可以消除通货膨胀，达到供求平衡。实施紧缩性财政政策的手段主要是减少财政支出和增加税收。

17. 政府可以通过削减转移性支出来治理通货膨胀，下列支出中，属于转移性支出的是(　　)。

A. 政府投资　　B. 商品、劳务购买

C. 福利支出　　D. 发行政府债券

【解析】财政政策工具包括税收、公共支出、政府投资和政府债券等。其中，公共支出指政府满足纯公共需要的一般性支出，包括购买性支出和转移性支出两大部分。购买性支出包括商品和劳务的购买，是一种政府的直接消费支出。转移性支出通过“财政收入→国库→财政支付”过程将货币收入从一方转移到另一方。

18. 为治理通货膨胀，中央银行一般会在市场上(　　)。

A. 出售有价证券　　B. 购入有价证券

C. 加大货币投放量　　D. 降低利率

【解析】中央银行需要减少货币供应量时，可在公开市场上卖出证券，减少商业银行的超额准备金，引起信用规模的收缩、货币供应量的减少、市场利率的上升。

13C　14D　15A　16D　17C　18A

19. 从2012年开始，随着利率市场化改革的深化，我国货币政策更注重强调(　　)的运用。

A. 货币供应量　　B. 价格型工具　　C. 基础货币　　D. 数量型工具

【解析】1998～2011年，我国主要采用货币供应量等数量型工具变量。从2012年开始，随着利率市场化改革的深化，我国货币政策日益重视价格型工具的调控作用，开始从数量型向价格型转化，搭建利率走廊引导中长期货币利率在可控范围内波动，逐步推动货币政策框架的转型。

20. 中央银行通过调整法定存款准备金率，影响金融机构的信贷资金供应能力，从而间接调控(　　)。

A. 货币贮存量　　B. 货币供应量　　C. 货币发行量　　D. 现金发行量

【解析】当中央银行提高法定存款准备金率时，商业银行需要上缴中央银行的法定存款准备金增加，可直接运用的超额准备金减少，商业银行的可用资金减少，在其他情况不变的条件下，商业银行贷款或投资下降，从而收紧信用，引起存款的数量收缩，导致货币供应量减少。

21. 其他情况不变，中央银行提高商业银行的再贴现率，货币供应量将可能(　　)。

A. 增加　　B. 减少　　C. 不变　　D. 不定

【解析】再贴现是指中央银行对金融机构持有的未到期已贴现商业汇票予以贴现的行为。中央银行提高再贴现率，会提高商业银行向中央银行融资的成本，降低商业银行向中央银行的借款意愿，减少向中央银行的借款或贴现。如果准备金不足，商业银行只能收缩对客户的贷款和投资规模，进而缩减货币供应量。

22. 中央银行在公开市场上买卖有价证券，将直接影响(　　)，从而影响货币供应量。

A. 商业银行法定准备金　　B. 商业银行超额准备金

C. 中央银行再贴现　　D. 中央银行再贷款

【解析】当中央银行需要增加货币供应量时，可利用公开市场操作买入证券，增加商业银行的超额准备金，通过商业银行存款货币的创造功能，最终导致货币供应量的多倍增加。

23. 下列选项中不属于新型货币政策工具的是(　　)。

A. 再贷款　　B. 常备借贷便利　　C. 中期借贷便利　　D. 抵押补充贷款

【解析】根据货币调控需要，近年来，中国人民银行不断进行公开市场业务工具创新。主要包括：短期流动性调节工具(SLO)、常备借贷便利(SLF)等短期流动性调节工具，中期借贷便利(MLF)、抵押补充贷款(PSL)、定向中期借贷便利(TMLF)等中长期流动性调节工具。A项，再贷款属于一般性政策工具。

24. 如果其他情况不变，中央银行提高商业银行法定存款准备金率会导致(　　)。

A. 货币供应量增加　　B. 货币供应量减少

C. 外汇储备增加　　D. 外汇储备减少

【解析】当中央银行提高法定存款准备金率时，商业银行可提供放款及创造信用的能力

19B　20B　21B　22B　23A　24B

就下降。因为法定存款准备金率提高，货币乘数就变小，从而降低了整个商业银行体系创造信用、扩大信用规模的能力，其结果是社会的银根偏紧，货币供应量减少，利息率提高，投资及社会支出都相应缩减。

25. 降低法定存款准备金率，会使商业银行的(　　)。
A. 资金周转率下降　　B. 资金周转率提高
C. 货币创造能力上升　　D. 货币创造能力下降
【解析】当中央银行降低法定存款准备金率时，会造成准备金释放，为商业银行提供新增的可用于偿还借入款或进行放款的超额准备，以此扩大信用规模，导致货币供应量增加。

26. 下列不属于中央银行基准利率的是(　　)。
A. 贷款基础利率　B. 再贷款利率　C. 再贴现利率　D. 存款准备金利率
【解析】中央银行基准利率主要包括：①再贷款利率，指人民银行向金融机构发放再贷款所采用的利率；②再贴现利率，指金融机构将所持有的已贴现票据向人民银行办理再贴现所采用的利率；③存款准备金利率，指人民银行对金融机构交存的法定存款准备金支付的利率；④超额存款准备金利率，指中央银行对金融机构交存的准备金中超过法定存款准备金水平的部分支付的利率。

27. 金融市场最主要、最基本的功能是(　　)。[2023 年 10 月真题]
A. 融通货币资金　　B. 调节经济
C. 优化资源配置　　D. 风险分散与风险管理
【解析】金融市场具有以下功能：①货币资金融通功能；②优化资源配置功能；③风险分散与风险管理功能；④经济调节功能；⑤交易及定价功能；⑥反映经济运行功能。其中，融通货币资金是金融市场最主要、最基本的功能。

28. 通常货币资金总是流向最有发展潜力、能为投资者带来最大利益的地区、部门和企业，这属于金融市场的(　　)。
A. 经济调节功能　　B. 货币资金融通功能
C. 优化资源配置功能　　D. 风险分散与风险管理功能
【解析】金融市场具有优化资源配置的功能。金融市场通过充当资金融通媒介，促进资金合理流动，实现经济资源跨时间、跨地区、跨行业的再配置，使社会经济资源有效地配置到效率高的部门。

29. 货币市场交易与资本市场交易相比较，其特点表现在(　　)。
A. 期限短、流动性强、风险大　　B. 期限长、流动性强、风险小
C. 期限短、流动性强、风险小　　D. 期限短、流动性弱、风险小
【解析】货币市场是指融资期限在 1 年以内(包括 1 年)的资金交易市场，主要特点是：①低风险、低收益；②期限短、流动性强、风险性小；③交易量大、交易频繁。资本市场是指以长期金融工具为媒介进行的、期限在 1 年以上的长期资金融通市场，主要特点是：①融通的资金期限长、流动性相对较差；②风险较大而收益相对较高。

25C　26A　27A　28C　29C

30. 下列属于同业拆借市场特点的是(　　)。

A. 拆借期限长　　B. 拆借期限短

C. 需要担保　　D. 拆借主体信用等级低

【解析】同业拆借市场是指银行及非银行金融机构之间进行短期性、临时性的资金调剂所形成的市场。该市场主要有三个特征：①主要限于商业银行等金融机构参加；②拆借期限短；③拆借利率市场化。

31. 金融市场的交易组织、交易规则和信用制度，可以降低金融活动的(　　)。

A. 沉没成本　　B. 重置成本　　C. 交易成本　　D. 历史成本

【解析】借助金融市场的交易组织、交易规则和信用制度，以及丰富的金融产品和便利的金融资产交易方式，为各种金融工具互相转换提供了必需的条件，可以降低交易成本，便利金融工具交易。

32. 我国货币政策的操作目标主要是(　　)。[2025 年 6 月真题]

A. 名义货币　　B. 现实货币　　C. 基础货币　　D. 货币供应量

【解析】我国货币政策的操作目标主要是基础货币。基础货币又称高能货币，是指具有使货币总量成倍扩张或收缩能力的货币，由中央银行发行的现金通货和吸收的金融机构存款构成。

33. 根据市场功能不同，可将金融市场分为(　　)。

A. 即期市场和远期市场　　B. 一级市场和二级市场

C. 场内交易市场和场外交易市场　　D. 货币市场和资本市场

【解析】根据市场功能不同可以将金融市场分为一级市场和二级市场。一级市场也称初级市场或发行市场，是金融市场的基础环节，主要发挥融资功能；二级市场是指已经发行证券的交易市场，又称次级市场或流通市场，其主要功能在于为证券投资者提供流动性。

34. 对已发行的证券进行买卖、转让的市场称为(　　)。

A. 证券发行市场　　B. 证券流通市场　　C. 初级市场　　D. 一级市场

【解析】根据市场功能不同可以将金融市场分为一级市场和二级市场。一级市场也称初级市场或发行市场，是初次发行的有价证券的交易市场；二级市场是指已经发行证券的交易市场，又称次级市场或流通市场，其主要功能在于为证券投资者提供流动性，也就是给金融产品的投资者提供一个将投资转换为现金的渠道。

35. 根据金融合约性质的不同，可将金融市场分为(　　)。[2025 年 6 月真题]

A. 现货市场、期货市场和期权市场　　B. 一级市场和二级市场

C. 公开市场和协议市场　　D. 货币市场和资本市场

【解析】根据金融交易合约性质的不同可以将金融市场分为现货市场、期货市场和期权市场。现货市场是指现货交易活动及其场所的总和；期货市场是指期货交易及其场所的总和。期货交易一般是指交易协议达成后，在未来某一特定时间才办理交割的交易；期权市场是期货交易市场的发展和延伸。期权交易是指买卖双方按成交协议签订合同，

30B　31C　32C　33B　34B　35A

允许买方在交付一定的期权费用后取得在特定时间内、按协议价格买进或卖出一定数量的证券的权利。

36. (　　)是交易双方在成交后即时清算交割的交易市场。

A. 有形市场　　B. 无形市场　　C. 现货市场　　D. 期货市场

【解析】现货市场是指现货交易活动及其场所的总和。一般而言，现货交易是交易协议达成后，立即办理交割的交易。

37. 一家工商企业拟在金融市场上筹集长期资金，其可以选择的市场是(　　)。[2023 年 10 月真题]

A. 股票市场　　B. 同业拆借市场　　C. 商业票据市场　　D. 回购协议市场

【解析】资本市场是指以长期金融工具为媒介进行的、期限在 1 年以上的长期资金融通市场，主要包括中长期债券市场、股票市场和基金市场。

38. 我国划分货币层次的标准是(　　)。

A. 收益性　　B. 期限性　　C. 流动性　　D. 风险性

【解析】现阶段，按货币流动性强弱不同，中国人民银行实际将货币供应量划分为三个层次。其中，M_0即流通中现金，又叫现钞；M_1即一般所说的货币，又叫狭义货币，代表一国经济中的现实购买力；M_2又叫广义货币，由 M_1和准货币组成。

39. 金融工具在金融市场上能够迅速地转化为现金而不致遭受损失的能力是指金融工具的(　　)。

A. 期限性　　B. 流动性　　C. 收益性　　D. 风险性

【解析】金融工具具有流动性、收益性、风险性的特点。①流动性是指信用工具迅速变现而不致遭受损失的能力。一般来说，流动性与偿还期限成反比，与债务人的信用能力成正比；②收益性是指信用工具能定期或不定期地给持有者带来收益；③风险性是指信用工具的本金和预期收益的安全保证程度。

40. 金融工具不具有的特点是(　　)。

A. 风险性　　B. 短期性　　C. 流动性　　D. 收益性

【解析】金融工具的特点有：①流动性，指信用工具迅速变现而不致遭受损失的能力；②收益性，指信用工具能定期或不定期地给持有者带来收益；③风险性，指信用工具的本金和预期收益的安全保证程度。

41. 一般来说，流动性与偿还期限(　　)。

A. 负相关　　B. 正相关　　C. 无关　　D. 不确定

【解析】流动性是指信用工具迅速变现而不致遭受损失的能力。一般来说，流动性与偿还期限成反比，与债务人的信用能力成正比。

42. 长期国债属于(　　)。

A. 长期金融工具　　B. 短期金融工具　　C. 所有权凭证　　D. 衍生金融工具

【解析】按期限的长短划分，金融工具分为短期金融工具和长期金融工具，前者期限一

36C　37A　38C　39B　40B　41A　42A

般在 1 年及以下，如商业票据、短期国库券、回购协议等；后者期限一般在 1 年以上，如股票、企业债券、长期国债等。

43. 债务人不能按约定的期限和利息还本付息属于金融工具的(　　)风险。

A. 信用　　B. 逆向选择　　C. 操作　　D. 经营

【解析】金融工具的风险主要有两类：①信用风险，即债务人不履行合同，不能按约定的期限和利息还本付息的风险；②市场风险，即因经济环境、市场利率变化或者证券市场上不可预见的一些因素的变化，导致金融工具价格下跌，从而给投资人带来损失的风险。

44. 从广义角度来看，票据市场是以票据作为工具，主要由票据承兑市场、(　　)、商业票据市场、大额可转让定期存单市场构成。

A. 票据贴现市场　　B. 信用卡和银行本票市场

C. 汇兑市场　　D. 小额可转让定期存单市场

【解析】票据市场即是以商业票据作为交易对象的市场，广义上的票据市场则包括融资性商业票据和交易性商业票据。从广义角度介绍票据市场的构成来看，票据市场主要由票据承兑市场、票据贴现市场、商业票据市场、大额可转让定期存单市场构成。

45. 下列选项中不属于非银行金融机构的是(　　)。

A. 货币经纪公司　　B. 金融租赁公司　　C. 信托公司　　D. 村镇银行

【解析】我国的金融机构体系由货币当局、金融监管机构、银行金融机构和非银行金融机构组成。其中，非银行金融机构包括：①证券类机构，主要包括证券交易所、证券公司、证券服务机构、期货公司和基金管理公司；②保险类机构，主要包括保险公司和保险中介机构；③其他非银行金融机构，主要包括金融资产管理公司、信托公司、企业集团财务公司、金融租赁公司、消费金融公司、汽车金融公司和货币经纪公司等。D 项属于银行类金融机构。

46. 发行政府债券的最初目的是(　　)。

A. 调节货币供求　　B. 增加政府财政收入

C. 协调财政与金融关系　　D. 弥补政府财政赤字

【解析】政府债券是指政府财政部门或者其他代理机构为筹集资金，以政府名义发行的承诺在一定期限还本和付息的债务凭证。政府债券作为一种财政信用形式，最初仅是用来弥补财政赤字的。但随着现代商品经济的发展，政府债券逐渐具备了金融商品和信用工具的职能，成为国家实施宏观经济政策、进行宏观调控的工具，成为协调财政与金融关系的重要政策手段。

47. 正回购的程序是(　　)。

A. 先出售证券、后购回证券　　B. 先购入证券、后出售证券

C. 出售证券与收购证券同时进行　　D. 出售证券，同时用现金还款

【解析】回购市场是指通过回购协议进行短期资金融通的市场。在回购交易中先出售证券、后购回证券称为正回购；先购入证券、后出售证券则为逆回购。

43A　44A　45D　46D　47A

48. 《中国人民银行法》明确规定，我国的货币政策目标是(　　)。

A. 保持物价稳定和充分就业

B. 保持货币币值稳定，并以此促进经济增长

C. 充分就业和国际收支平衡

D. 经济增长和国际收支平衡

【解析】货币政策的最终目标包括经济增长、充分就业、物价稳定和国际收支平衡四大目标。在不同的经济环境中，货币政策的最终目标应该有所侧重。《中国人民银行法》明确规定，我国的货币政策目标是“保持货币币值稳定，并以此促进经济增长”。

49. 为贯彻落实党中央、国务院关于改善小微企业和民营企业融资环境的精神，2018 年 12 月，中国人民银行创设(　　)，进一步加大金融对实体经济，尤其是小微企业、民营企业等重点领域的支持力度。

A. 常备借贷便利　B. 抵押补充贷款　C. 中期借贷便利　D. 定向中期借贷便利

【解析】2018 年 12 月，中国人民银行决定创设定向中期借贷便利，进一步加大金融对实体经济，尤其是小微企业、民营企业等重点领域的支持力度。大型商业银行、股份制商业银行和大型城市商业银行，如符合宏观审慎要求、资本较为充足、资产质量健康、获得中央银行资金后具备进一步增加小微企业民营企业贷款的潜力，可向中国人民银行提出申请。

50. 定向中期借贷便利(TMLF)利率比中期借贷便利(MLF)利率优惠(　　)个基点。

A. 5　B. 10　C. 15　D. 20

【解析】定向中期借贷便利利率比中期借贷便利利率优惠 15 个基点。定向中期借贷便利能够为商业银行提供较为稳定的长期资金来源，增强对小微企业、民营企业的信贷供给能力，降低融资成本，还有利于改善商业银行和金融市场的流动性结构，保持市场流动性合理充裕。

51. 下列(　　)属于银行业监督管理机构监管的非银行金融机构。

①股份制商业银行；②基金管理公司；③农村信用社；④企业集团财务公司；⑤汽车金融公司；⑥城市信用合作社；⑦金融租赁公司；⑧期货经纪公司

A. ④⑤⑦　B. ①③⑥　C. ②⑧　D. ④⑤⑥⑦

【解析】非银行金融机构包括证券类机构，如证券交易所、证券公司、证券服务机构、期货公司和基金管理公司；保险类机构，如保险公司和保险中介机构；其他非银行金融机构，如金融资产管理公司、信托公司、企业集团财务公司、金融租赁公司、消费金融公司、汽车金融公司、金融资产投资公司和货币经纪公司等。其中，①③⑥属于由银行业监督管理机构监管的银行业金融机构；②⑧属于由证监会监管的非银行金融机构。

二、多项选择题(以下各小题给出的 5 个选项中，至少有 2 项符合题目要求，请将符合题目要求选项的代码填入括号内)

1. 以下属于新型货币政策工具的有(　　)。[2024 年 6 月真题]

48B　49D　50C　51A　▎　1CDE

A. 国债
B. 存款准备金率
C. 抵押补充贷款
D. 短期流动性调节工具
E. 常备借贷便利

【解析】根据货币调控需要，近年来，中国人民银行不断进行公开市场业务工具创新。主要包括：短期流动性调节工具(SLO)、常备借贷便利(SLF)等短期流动性调节工具，中期借贷便利(MLF)、抵押补充贷款(PSL)、定向中期借贷便利(TMLF)等中长期流动性调节工具。

2. 下列属于银行业监督管理机构监管的非银行金融机构的有(　　)。[2023 年 6 月真题]

A. 金融租赁公司
B. 期货公司
C. 信托公司
D. 企业集团财务公司
E. 金融资产管理公司

【解析】非银行金融机构包括：①证券类机构，主要包括证券交易所、证券公司、证券服务机构、期货公司和基金管理公司。②保险类机构，主要包括保险公司和保险中介机构。③其他非银行金融机构，主要包括金融资产管理公司、信托公司、企业集团财务公司、金融租赁公司、消费金融公司、汽车金融公司、金融资产投资公司和货币经纪公司等。

3. 目前，下列金融机构定位为开发性金融机构与政策性银行的是(　　)。[2016 年 10 月真题]

A. 中国农业发展银行
B. 中国邮政储蓄银行
C. 国家开发银行
D. 中国人民银行
E. 中国进出口银行

【解析】国家开发银行定位为开发性金融机构，服务国家重大战略，支持重点领域和薄弱环节的融资需求；中国进出口银行和中国农业发展银行则强化政策性职能定位，坚持以政策性业务为主体。政策性业务是经特定程序由国家交办或批准的业务，其目的主要是补充和完善市场机制、促进区域与产业协调发展、服务国家重大战略。

4. 根据我国目前对货币层次的划分，属于M_2而不属于M_1的有(　　)。[2016 年 5 月真题]

A. 流通中的现金
B. 银行活期存款
C. 企业单位定期存款
D. 证券公司保证金存款
E. 城乡居民储蓄存款

【解析】按货币流动性强弱不同，中国人民银行实际将货币供应量划分为三个层次：其中，M_1即一般所说的货币，又叫狭义货币，由M_0和银行的单位活期存款构成，代表一国经济中的现实购买力；M_2又叫广义货币，由M_1和准货币组成。准货币是一定时期内不会被直接动用的货币，主要包括单位定期存款、个人存款以及其他存款构成，代表一国经济中的现实购买力。

5. 按投资者所拥有的权利划分，金融工具可分为(　　)。[2015 年 10 月真题]

A. 股权工具
B. 收入工具
C. 混合工具
D. 利率工具
E. 债权工具

2ACDE　3ACE　4CDE　5ACE

【解析】按照不同的标准，金融工具可以划分为许多不同的种类：①按期限的长短划分，金融工具分为短期金融工具和长期金融工具；②按融资方式划分，金融工具可分为直接融资工具和间接融资工具；③按投资者所拥有的权利划分，金融工具可分为债权工具、股权工具和混合工具。

6. 紧缩性的财政政策措施包括(　　)。

A. 减少财政支出　B. 增加财政支出　C. 增加转移支付　D. 增加税收

E. 减少税收

【解析】紧缩性财政政策是指通过财政收支规模的变动来减少和抑制总需求。在国民经济已出现总需求过旺的情况下，通过紧缩性财政政策可以消除通货膨胀，达到供求平衡。实施紧缩性财政政策的手段主要是减少财政支出和增加税收。BCE 三项均为扩张性的财政政策措施。

7. 下列选项中，(　　)属于财政政策工具。

A. 税收　B. 公开市场业务　C. 存款保险制度　D. 政府投资

E. 国债

【解析】财政政策工具是指财政政策主体所选择的用以达到政策目标的各种财政手段，主要包括税收、公共支出、政府投资和政府债券等。BC 两项均属于货币政策工具。

8. 货币政策是中央银行为实现特定经济目标而采用的控制和调节(　　)等方针和措施的总称。

A. 商业银行效益　B. 企业效益　C. 货币　D. 信用

E. 利率

【解析】货币政策是中央银行为实现特定经济目标而采用的控制和调节货币、信用及利率等方针和措施的总称，是国家调节和控制宏观经济的主要手段之一。

9. 货币政策的时滞包括的阶段有(　　)。

A. 中央银行认识到需要采取货币政策　B. 公众意识到货币政策并采取措施

C. 制定并实施货币政策　D. 货币政策执行过程监测

E. 所采取的货币政策发挥作用

【解析】在具体实施货币政策时，从中央银行认识到需要采取货币政策，然后制定并实施货币政策，到所采取的货币政策发挥作用、对货币政策的最终目标产生影响，需要相当长的一段时间，这段时间被称为货币政策的时滞。

10. 货币政策的最终目标包括(　　)。

A. 物价稳定　B. 经济增长　C. 充分就业　D. 国家安定

E. 国际收支平衡

【解析】货币政策的最终目标包括经济增长、充分就业、物价稳定和国际收支平衡四大目标。这四大目标之间既有统一性，也有矛盾性。因此，在不同的经济环境中，货币政策的最终目标应该有所侧重。

6AD　7ADE　8CDE　9ACE　10ABCE

11. 以下属于狭义货币的有(　　)。

A. 证券公司保证金存款　　B. 流通中现金

C. 企业单位定期存款　　D. 个人定期存款

E. 企业单位活期存款

【解析】按货币流动性强弱不同，中国人民银行实际将货币供应量划分为三个层次：①第一层次为 M_0，即流通中现金；②第二层次为 M_1，即一般所说的货币，又叫狭义货币，由 M_0和银行的单位活期存款构成，代表一国经济中的现实购买力；③第三层次为 M_2，又叫广义货币，由 M_1和准货币组成。准货币是一定时期内不会被直接动用的货币，主要包括单位定期存款、个人存款以及其他存款，代表一国经济中的现实购买力。

12. 一般性政策工具是市场经济国家普遍采用的政策工具，它包括(　　)。

A. 银行备付金　　B. 再贷款　　C. 存款准备金　　D. 再贴现

E. 公开市场业务

【解析】一般性政策工具是中央银行较为常用的传统工具，主要包括存款准备金、再贷款与再贴现及公开市场业务，被称为货币政策的“三大法宝”。

13. 下列中央银行的信贷调控手段中，属于减少流通中货币的有(　　)。

A. 提高法定存款准备金率　　B. 降低法定存款准备金率

C. 买入有价证券　　D. 卖出有价证券

E. 提高再贴现率

【解析】一般性政策工具主要包括存款准备金、再贷款与再贴现及公开市场业务，被称为货币政策的“三大法宝”。中央银行可以通过提高法定存款准备金率、提高再贴现率或利用公开市场操作卖出证券来减少货币供应量。

14. 金融市场在优化资源配置方面的功能包括(　　)。

A. 为金融资产交易提供价格依据，并通过调节价格引导资源配置

B. 可以促进资金合理流动

C. 可以实现经济资源跨时间、跨地区、跨行业的再配置

D. 可以帮助实现资金在盈余部门和短缺部门的融通和调剂

E. 可以帮助社会经济资源有效地配置到效率高的部门

【解析】金融市场通过充当资金融通媒介，促进资金合理流动，实现经济资源跨时间、跨地区、跨行业的再配置，使社会经济资源有效地配置到效率高的部门。A 项属于金融市场的交易及定价功能；D 项属于金融市场的货币资金融通功能。

15. 金融市场的功能有(　　)。

A. 货币资金融通功能　　B. 优化资源配置功能

C. 风险管理功能　　D. 经济调节功能

E. 反映经济运行的功能

【解析】金融市场的功能有：①货币资金融通功能；②优化资源配置功能；③风险分散与风险管理功能；④经济调节功能；⑤交易及定价功能；⑥反映经济运行功能。

11BE　12BCDE　13ADE　14BCE　15ABCDE

16. 关于金融市场经济调节功能的说法正确的有(　　)。

A. 借助货币资金供应总量的变化影响宏观经济的发展规模和速度

B. 借助货币资金的流动和配置可以影响经济结构和布局

C. 借助利率、汇率、金融资产价格变动促进社会经济效率的提高

D. 通过充当资金融通媒介，实现资源优化配置

E. 借助于金融市场的运行机制，为中央银行调节宏观经济提供传导渠道

【解析】金融市场经济调节功能表现在以下方面：①借助货币资金供应总量的变化影响宏观经济发展规模和速度；②借助货币资金的流动和配置可以影响经济结构和布局；③借助利率、汇率、金融资产价格变动促进社会经济效益的提高；④借助于金融市场的运行机制，为中央银行实施货币政策、调节宏观经济提供传导渠道。D 项属于金融市场优化资源配置功能。

17. 下列选项中，(　　)属于金融市场按交易标的物不同进行划分的类型。

A. 国内市场　　B. 国际市场　　C. 货币市场　　D. 外汇市场

E. 黄金市场

【解析】按交易的标的物可将金融市场分为货币市场、资本市场、外汇市场和黄金市场等。

18. 按交易合约性质的不同，金融市场可分为(　　)。

A. 货币市场　　B. 资本市场　　C. 现货市场　　D. 期货市场

E. 一级市场

【解析】根据金融交易合约性质的不同可以将金融市场分为现货市场、期货市场和期权市场。AB 两项，根据期限不同可以将金融市场分为货币市场和资本市场；E 项，根据市场功能不同可以将金融市场分为一级市场和二级市场。

19. 下列金融市场中，属于货币市场的有(　　)。

A. 长期信贷市场　　B. 同业拆借市场　　C. 证券回购市场　　D. 股票市场

E. 可转让大额存单市场

【解析】货币市场是指融资期限在 1 年以内(包括 1 年)的资金交易市场，又称为短期资金市场。主要包括同业拆借市场、回购市场以及票据市场。其中，票据市场主要由票据承兑市场、票据贴现市场、商业票据市场、大额可转让定期存单市场构成。

20. 同业拆借市场的特点有(　　)。

A. 期限较短　　B. 参与者广泛，个人也可参与

C. 交易的主要是法定准备金　　D. 拆借利率市场化

E. 属于担保拆借活动

【解析】同业拆借市场主要有三个特征：①主要限于商业银行等金融机构参加；②拆借期限短；③拆借利率市场化。

21. 下列金融市场中，属于资本市场的有(　　)。

A. 中长期债券市场　　B. 股票市场

16ABCE　17CDE　18CD　19BCE　20AD　21AB

C. 黄金市场　　　　D. 外汇市场

E. 回购市场

【解析】资本市场是指以长期金融工具为媒介进行的、期限在 1 年以上的长期资金融通市场，主要包括债券市场、股票市场、基金市场等。

22. 资本市场的交易对象包括(　　)。

A. 股票　　　　B. 公司债券

C. 政府中长期债券　　　　D. 大额可转让定期存单

E. 优先股

【解析】资本市场是指以长期金融工具为媒介进行的、期限在 1 年以上的长期资金融通市场，主要包括债券市场、股票市场和基金市场等。D 项，大额可转让定期存单是货币市场的交易对象之一。

23. 在我国，银行类金融机构有(　　)。

A. 证券公司　　B. 投资银行　　C. 商业银行　　D. 政策性银行

E. 信托公司

【解析】我国的金融机构体系由货币当局、金融监管机构、银行金融机构和非银行金融机构组成。ABE 三项属于非银行金融机构。

24. 下面属于非银行金融机构的是(　　)。

A. 村镇银行　　　　B. 金融资产管理公司

C. 企业集团财务公司　　　　D. 金融租赁公司

E. 信托公司

【解析】非银行金融机构包括：①证券类机构；②保险类机构；③其他非银行金融机构。其中，其他非银行金融机构主要包括金融资产管理公司、信托公司、企业集团财务公司、金融租赁公司、消费金融公司、汽车金融公司、金融资产投资公司和货币经纪公司等。

25. 金融工具流动性的含义有(　　)。

A. 能否迅速变现　　　　B. 变现过程中损失程度的大小

C. 定期地给持有者带来的收益大小　　　　D. 不定期地给持有者带来的收益大小

E. 预期收益的安全保证程度

【解析】流动性是指信用工具迅速变现而不致遭受损失的能力。一般来说，流动性与偿还期限成反比，与债务人的信用能力成正比。

26. 金融工具的风险主要有(　　)。

A. 信用风险　　B. 声誉风险　　C. 市场风险　　D. 法律风险

E. 战略风险

【解析】金融工具的风险主要有两类：①信用风险，即债务人不履行合同，不能按约定的期限和利率还本付息的风险；②市场风险，即因经济环境、市场利率变化或者证券市场上不可预见的一些因素的变化，导致金融工具价格下跌，从而给投资人带来损失

22ABCE　23CD　24BCDE　25AB　26AC

的风险。

27. 按照融资方式，金融工具可以划分为(　　)。

A. 直接融资工具　B. 短期融资工具　C. 间接融资工具　D. 长期融资工具

E. 权益融资工具

【解析】按融资方式划分，金融工具可分为直接融资工具和间接融资工具，前者包括政府、企业发行的国库券、企业债券等；后者包括银行债券、银行承兑汇票、人寿保险单等。

28. 银行承兑汇票是(　　)工具。

A. 短期金融工具　B. 长期金融工具　C. 直接融资工具　D. 间接融资工具

E. 混合融资工具

【解析】按期限的长短划分，金融工具分为短期金融工具和长期金融工具。前者期限一般在 1 年及以下，如商业票据、短期国库券、回购协议等；后者期限一般在 1 年以上，如股票、企业债券、长期国债等。按融资方式划分，金融工具可分为直接融资工具和间接融资工具，前者包括政府、企业发行的国库券、企业债券等；后者包括银行债券、银行承兑汇票、人寿保险单等。

29. 作为中央银行货币政策工具的再贴现政策，具体包括(　　)。

A. 再贴现利率的调整　B. 金融机构信贷结构的调整

C. 再贴现票据种类的调整　D. 金融机构再贴现票据数量的调整

E. 再贴现时间的调整

【解析】作为中央银行货币政策工具的再贴现政策，主要包括两方面的内容：①通过再贴现率的调整，影响商业银行以再贴现方式融入资金的成本，影响市场利率及货币供求；②规定再贴现票据的种类，影响商业银行及全社会的资金投向，促进资金的高效流动。

30. 常备借贷便利的主要特点有(　　)

A. 是中央银行与金融机构“一对一”交易，针对性强

B. 由金融机构主动发起，金融机构可根据自身流动性需求申请

C. 交易对手覆盖面广，通常覆盖存款金融机构

D. 期限为 6 个月以内

E. 主要功能是满足金融机构期限较短的大额流动性需求

【解析】常备借贷便利是中国人民银行正常的流动性供给渠道，主要功能是满足金融机构期限较长的大额流动性需求，对象主要为政策性银行和全国性商业银行，期限为 1 ~ 3 个月，利率水平根据货币政策调控、引导市场利率的需要等综合确定。常备借贷便利以抵押方式发放，合格抵押品包括高信用评级的债券类资产及优质信贷资产等。

31. 税收的调节作用具体通过(　　)体现出来。

A. 宏观税率和具体税率的确定　B. 税种选择

C. 税负分配　D. 税收优惠

27AC　28AD　29AC　30ABC　31ABCDE

E. 税收惩罚

【解析】税收作为一种政策工具，它具有形式上的强制性、无偿性和固定性特征，这些特征使税收调节具有权威性。税收调节作用主要通过宏观税率和具体税率的确定、税种选择、税负分配(包括税负转嫁)以及税收优惠和税收惩罚等规定体现出来。

32. 我国的基础货币由(　　)组成。

A. 金融机构存入中国人民银行的存款准备金

B. 流通中的现金

C. 金融机构的库存现金

D. 居民银行卡下的人民币活期储蓄存款

E. 企业单位定期存款

【解析】基础货币又称高能货币，是指具有使货币总量成倍扩张或收缩能力的货币，由中央银行发行的现金通货和吸收的金融机构存款构成。我国基础货币由三部分构成：金融机构存入中国人民银行的存款准备金、流通中的现金和金融机构的库存现金。

33. 中央银行提高再贷款或再贴现利率，对商业银行会产生哪些影响？(　　)

A. 降低商业银行向中央银行借款的意愿，减少向中央银行的借款或贴现

B. 提高商业银行向中央银行借款的意愿，增加向中央银行的借款或贴现

C. 收缩对客户的贷款和投资规模，缩减货币供应量

D. 扩大对客户的贷款和投资规模，增大货币供应量

E. 提高商业银行向中央银行融资的成本

【解析】中央银行提高再贷款或再贴现利率，会提高商业银行向中央银行融资的成本，降低商业银行向中央银行的借款意愿，减少向中央银行的借款或贴现。如果准备金不足，商业银行只能收缩对客户的贷款和投资规模，进而缩减货币供应量。BD 两项是中央银行降低再贷款或再贴现利率对商业银行的影响。

34. 下列属于国有及国有控股的大型商业银行的有(　　)。

A. 中国工商银行　B. 中国建设银行　C. 中国招商银行　D. 中国银行

E. 中国农业银行

【解析】改革开放以后，中国工商银行、中国农业银行、中国银行及中国建设银行逐步得以建立、恢复和发展。随着四家银行改制进程的不断深入，以及交通银行和邮政储蓄银行的发展壮大，从同质同类机构监管的角度，这 6 家银行统一归类为“国有及国有控股的大型商业银行”。

35. 下列关于做好金融工作应当遵循的重要原则，说法正确的有(　　)。

A. 回归本源，服从服务于经济社会发展

B. 优化结构，完善金融市场、金融机构、金融产品体系

C. 要坚持数量优先，引导金融业快速发展

D. 市场导向，发挥市场在金融资源配置中的基础性作用

E. 强化监管，提高防范化解金融风险能力

32ABC　33ACE　34ABDE　35ABE

【解析】第五次全国金融工作会议指出，做好金融工作要把握好以下重要原则：①回归本源，服从服务于经济社会发展。②优化结构，完善金融市场、金融机构、金融产品体系。要坚持质量优先，引导金融业发展同经济社会发展相协调，促进融资便利化、降低实体经济成本、提高资源配置效率、保障风险可控。③强化监管，提高防范化解金融风险能力。④市场导向，发挥市场在金融资源配置中的决定性作用。

36. 为了坚持金融业竞争性行业的定位，继续主动、有序扩大金融业对外开放，应当（　　）。

A. 进一步深化人民币汇率形成机制改革

B. 守住不发生系统性风险的底线

C. 将扩大开放与加强监管密切结合

D. 稳妥有序推动资本项目开放

E. 坚决整治严重干扰金融市场秩序的行为

【解析】要坚持金融业本质上是竞争性行业的定位，按照准入前国民待遇和负面清单的原则，继续主动、有序扩大金融业对外开放：①进一步深化人民币汇率形成机制改革，提高金融资源配置效率，完善金融调控机制；②稳妥有序推动资本项目开放，稳步扩大资本账户可兑换，营造公平、透明、可预期的营商环境；③将扩大开放与加强监管密切结合，做好相应配套措施，有效防范和化解金融风险，建立健全与金融业开放相适应的监管框架和金融基础设施，加强宏观审慎管理和金融监管协调配合，抓紧补齐监管制度短板，守住不发生系统性风险的底线。

37. 在国际国内经济下行压力因素综合影响下，我国金融发展面临着哪些风险和挑战？（　　）

A. 实体经济供需失衡　　B. 金融业内部失衡

C. 市场主体行为出现异化　　D. 道德风险明显上升

E. 经济周期性、结构性、体制性矛盾叠加

【解析】在国际国内经济下行压力因素综合影响下，我国金融发展面临不少风险和挑战：①实体经济供需失衡，金融业内部失衡，二者循环不畅，结构性问题突出；②一些市场主体行为出现异化，道德风险明显上升；③在经济全球化深入发展、国际金融危机外溢性加大的背景下，我国经济周期性、结构性、体制性矛盾叠加，防控金融风险变得更加重要。

38. 推进银行业对外开放应当遵循下列哪些原则？（　　）

A. 准入前国民待遇和负面清单原则

B. 金融业对外开放将与汇率形成机制改革和资本项目可兑换进程相互配合

C. 在开放的同时，重视防范金融风险

D. 外资银行业务审批原则

E. 对外资入股中资银行和金融资产管理公司实行差异化股比限制

【解析】在推进银行业对外开放中遵循三条原则：①准入前国民待遇和负面清单原则；②金融业对外开放将与汇率形成机制改革和资本项目可兑换进程相互配合，共同推进；

36ABCDE　37ABCDE　38ABC

③在开放的同时，要重视防范金融风险，要使金融监管能力与金融开放度相匹配。DE两项，我国银行业监管机构先后采取了一系列措施，明确了外资设立、入股境内银行业金融机构的条件和程序等，取消了外资银行开展部分业务的审批，实行报告制，统一中外资银行准入标准，取消对外资入股中资银行和金融资产管理公司的差异化股比限制，简化自贸区内银行机构和高管准入监管方式。

三、判断题(判断以下各小题的对错，正确的用A表示，错误的用B表示)

1. “专精特新”中小企业是指具有“专业化、精细化、特色化、新颖化”特征的中小企业。(　　)[2023年10月真题]

【解析】“专精特新”中小企业是指具有专业化、精细化、特色化、新颖化等四大特征的中小企业，即专注于产业链上某个环节的中小企业。

2. 最初建立存款准备金制度的目的是中央银行对货币供给的调控，即使之成为货币政策工具。(　　)

【解析】存款准备金制度的初始作用是保证存款的支付和清算，之后才逐渐演变成为货币政策工具。

3. 金融市场的参与者通过买卖金融资产转移或者接受风险，利用组合投资可以分散那些投资于单一金融资产所面临的非系统性风险，这属于金融市场优化资源配置的功能。(　　)

【解析】金融市场投资过程就是风险管理过程，金融市场的参与者通过买卖金融资产转移或接受风险，利用组合投资分散投资于单一金融资产所面临的非系统风险。这是指金融市场的风险分散与风险管理功能。

4. 金融市场的参与者通过买卖金融资产转移或者接受风险，利用组合投资可以分散那些投资于单一金融资产所面临的系统性风险。(　　)

【解析】风险分散是指通过多样化的投资来分散和降低风险的策略性选择。对于由相互独立的多种资产组成的投资组合，只要组合中的资产个数足够多，该投资组合的非系统性风险就可以通过这种分散策略完全消除。

5. 金融市场是国民经济景气情况的重要信号系统，是反映国民经济情况的“晴雨表”。(　　)

【解析】金融市场是经济景气情况的重要信号系统，是反映经济情况的“晴雨表”。金融市场反映的经济运行信息，有利于政府部门及时制定和调整宏观经济政策，也可以为企业、个人的投融资决策提供信息依据。

6. 资本市场的主要特点是：风险小、收益较低；期限长、流动性差。(　　)

【解析】在资本市场上，发行主体所筹集的资金大多用于扩大再生产的投资，融通的资金期限长、流动性相对较差、风险较大而收益相对较高。

7. 直接融资工具包括企业债券、商业票据、公司股票、人寿保险单等。(　　)

【解析】按融资方式划分，金融工具可分为直接融资工具和间接融资工具，前者包括政

1A　2B　3B　4B　5A　6B　7B

府、企业发行的国库券、企业债券等；后者包括银行债券、银行承兑汇票、人寿保险单等。

8. 在不同的经济环境中，货币政策的最终目标应有不同的侧重点。（　　）

【解析】货币政策的最终目标包括经济增长、充分就业、物价稳定和国际收支平衡四大目标。这四大目标之间既有统一性，又有矛盾性。因此，在不同的经济环境中，货币政策的最终目标应该有所侧重。

9. 国家开发银行应强化政策性职能定位，坚持以政策性业务为主体。（　　）

【解析】国家开发银行定位为开发性金融机构，服务国家重大战略，支持重点领域和薄弱环节的融资需求；中国进出口银行和中国农业发展银行则强化政策性职能定位，坚持以政策性业务为主体。

10. 定向中期借贷便利的操作期限为 2 年，到期可根据金融机构需求叙做一次，这样实际使用期限可达到 3 年。（　　）

【解析】中国人民银行根据商业银行支持实体经济的力度，特别是对小微企业和民营企业贷款情况，并结合其需求，确定提供定向中期借贷便利的金额。该操作期限为 1 年，到期可根据金融机构需求叙做两次，这样实际使用期限可达到 3 年。

11. 目前我国金融机构高管人员在同质同类外资银行业金融机构间平级调动或改任较低职务的需要事前核准。（　　）

【解析】2018 年修订颁布的《外资银行行政许可事项实施办法》简化高管资格审核程序，对于同质同类外资银行机构间的平级调动或改任较低职务的情形，由事前核准制改为备案制。

8A　9B　10B　11B

第二章　监管概述

一、单项选择题（以下各小题所给出的4个选项中，只有1项最符合题目要求，请将正确选项的代码填入括号内）

1. 下列关于大额风险暴露集中度的说法，错误的是（　　）。［2023年10月真题］

A. 对一组非同业关联客户的风险暴露不得超过一级资本净额的20%

B. 对同业单一客户或集团客户的风险暴露不得超过一级资本净额的25%

C. 对非同业单一客户的风险暴露不得超过资本净额的15%

D. 对非同业单一客户的贷款余额不得超过资本净额的10%

【解析】商业银行对非同业单一客户的贷款余额不得超过资本净额的10%，对非同业单一客户的风险暴露不得超过一级资本净额的15%。此处，非同业单一客户包括主权实体、中央银行、公共部门实体、企事业法人、自然人、匿名客户等。商业银行对一组非同业关联客户的风险暴露不得超过一级资本净额的20%。非同业关联客户包括非同业集团客户、经济依存客户。商业银行对同业单一客户或集团客户的风险暴露不得超过一级资本净额的25%。

2. 国内系统重要性银行附加资本要求为风险加权资产的______，由______来满足。（　　）［2023年10月真题］

A. 1%，核心一级资本　　B. 1%，一级资本

C. 0.5%，一级资本　　D. 0.5%，核心一级资本

【解析】除最低资本要求、储备资本和逆周期资本要求外，系统重要性银行还应当计提附加资本。国内系统重要性银行附加资本要求为风险加权资产的1%，由核心一级资本满足。

3. 第二版巴塞尔协议的第一支柱是（　　）。［2023年10月真题］

A. 市场约束　　B. 外部监管　　C. 内部审计　　D. 最低资本要求

【解析】《巴塞尔协议Ⅱ》构建了"三大支柱"的监管框架，其中，第一支柱为最低资本要求；第二支柱为监督检查；第三支柱为市场纪律。

4. 下列关于商业银行存款业务的说法中，错误的是（　　）。［2023年10月真题］

A. 未经批准任何单位和个人不得从事吸收公众存款等商业银行业务

B. 应当保证存款本金和利息的支付，不得拖延、拒绝支付存款本金和利息

C. 商业银行可以通过降低利率来吸收存款

D. 办理个人储蓄存款业务，应当遵循存款自愿、取款自由、存款有息、为存款人保密的原则

【解析】商业银行应当以合法正当方式吸收存款，不得违反规定提高或者降低利率以及采用其他不正当手段吸收存款。

1C　2A　3D　4C

5. 杠杆率的计算公式为(   )/调整后的表内外资产余额×100%。[2023年10月真题]

A. 一级资本－一级资本扣减项　　B. 一级资本扣减项

C. 一级资本　　D. 核心一级资本

【解析】杠杆率计算公式为：杠杆率=(一级资本－一级资本扣减项)/调整后的表内外资产余额×100%。

6. 以下不属于商业银行信用风险监管指标的有(   )。[2023年6月真题]

A. 全部关联度　　B. 不良贷款率

C. 净稳定资金比例　　D. 拨备覆盖率

【解析】信用风险监管指标包括：①不良贷款率和不良资产率；②拨备覆盖率和贷款拨备率；③大额风险暴露管理；④全部关联度。C项，净稳定资金比例属于流动性风险监管指标。

7. 下列选项中，不属于流动性风险监管指标的是(   )。[2023年6月真题]

A. 流动性覆盖率　　B. 流动性比例　　C. 资本充足率　　D. 流动性匹配率

【解析】流动性风险监管指标包括流动性覆盖率、净稳定资金比例、流动性比例、流动性匹配率和优质流动性资产充足率。

8. 监管部门对商业银行与关联方的授信余额占资本净额的比例规定了上限，要求商业银行对一个关联法人或其他组织所在集团客户的授信余额总数不得超过商业银行资本净额的(   )。[2023年6月真题]

A. 50%　　B. 15%　　C. 30%　　D. 20%

【解析】监管部门对商业银行与关联方的授信余额占资本净额的比例规定了上限，要求商业银行对一个关联方的授信余额不得超过银行资本净额的10%，对一个关联法人或其他组织所在集团客户的授信余额总数不得超过商业银行资本净额的15%，对全部关联方的授信余额不得超过商业银行资本净额的50%。监管部门有权根据商业银行关联交易的风险状况缩减商业银行对其一个或全部关联方的授信余额占资本净额的比例。

9. 银行业监督管理机构对商业银行接管的最长期限为(   )年。[2023年6月真题]

A. 1　　B. 2　　C. 4　　D. 3

【解析】对商业银行进行接管由国务院银行业监督管理机构作出决定，并组织实施。接管自接管决定实施之日起开始。接管期限届满，国务院银行业监督管理机构可以决定延期，但接管期限最长不得超过二年。

10. 以下不属于现场检查可以采取的手段的是(   )。

A. 约谈被查金融机构高管的家属

B. 询问银行业金融机构的工作人员

C. 查阅、复制银行业金融机构与检查事项有关的文件、资料

D. 检查银行业金融机构运用电子计算机管理业务数据的系统

【解析】银行业监督管理机构根据审慎监管的要求，可以采取下列措施进行现场检查：①进入银行业金融机构进行检查；②询问银行业金融机构的工作人员，要求其对有关

5A　6C　7C　8B　9B　10A

检查事项作出说明；③查阅、复制银行业金融机构与检查事项有关的文件、资料，对可能被转移、隐匿或者毁损的文件、资料予以封存；④检查银行业金融机构运用电子计算机管理业务数据的系统。

11. 《中华人民共和国商业银行法》明确的我国商业银行的经营原则是(　　)。[2023 年 6 月真题]

A. 安全性、流动性、效益性　　B. 效益性、安全性、流动性

C. 流动性、效益性、安全性　　D. 自主性、效益性、流动性

【解析】《商业银行法》规定了商业银行“三性四自”经营原则，即以安全性、流动性、效益性为经营原则，实行自主经营、自担风险、自负盈亏、自我约束。商业银行“三性”中，效益性让位于安全性、流动性，而安全性又优先于流动性。

12. 以下属于商业银行市场风险监管指标的是(　　)。[2022 年 7 月真题]

A. 累计外汇敞口头寸比例

B. 单一不合格中央交易对手清算风险暴露集中度

C. 单一合格中央交易对手非清算风险暴露集中度

D. 同业单一客户风险暴露集中度

【解析】A 项属于市场风险监管指标，BCD 三项属于信用风险监管指标。

13. 某农村商业银行 2018 年 3 月末存款余额为 40 亿元，流动性负债余额为 30 亿元，贷款余额为 32 亿元，流动性资产余额为 20 亿元，合格优质流动性资产为 10 亿元，未来 30 天现金净流出量为 15 亿元。下列监管指标中不符合要求的是(　　)。[2022 年 7 月真题]

A. 流动性覆盖率　B. 流动性比例　C. 流动性缺口率　D. 存贷比

【解析】商业银行流动性覆盖率的最低监管标准为不低于 100%，根据公式计算可得：该商业银行流动性覆盖率 =（合格优质流动性资产/未来 30 天现金净流出量）×100% =（10/15）×100% ≈66.67%，低于 100%，不符合要求。

14. 下列不属于我国银行业资本充足监管指标的是(　　)。[2017 年 6 月真题]

A. 杠杆率　　B. 一级资本充足率

C. 二级资本充足率　　D. 资本充足率

【解析】商业银行的资本充足监管指标包括资本充足率和杠杆率。其中，资本充足率指标可细分为核心一级资本充足率、一级资本充足率。

15. 下列属于流动性风险监管指标的是(　　)。[2017 年 6 月真题]

A. 净稳定资金比例　　B. 人民币超额备付率

C. 不良贷款率　　D. 核心负债比例

【解析】流动性风险监管指标包括流动性覆盖率、净稳定资金比例、流动性比例、流动性匹配率和优质流动性资产充足率。

16. 根据《商业银行法》，下列不属于商业银行终止条件的是(　　)。[2017 年 10 月真题]

A. 商业银行破产　　B. 商业银行被撤销

11A　12A　13A　14C　15A　16C

C. 商业银行重组　　　　　　　　　　D. 商业银行解散

【解析】《商业银行法》规定，商业银行因解散、被撤销和被宣告破产而终止。

17. 甲银行5月末流动性资产余额为30亿元，流动性负债余额为100亿元，合格优质流动性资产为20亿元，未来30天现金净流出量为20亿元，未来60天现金净流出量为25亿元。甲银行流动性覆盖率和流动性比例分别为(　　)。[2017年6月真题]

A. 125%；30%　　B. 250%；25%　　C. 150%；25%　　D. 100%；30%

【解析】流动性覆盖率 =（合格优质流动性资产/未来30天现金净流出量）×100% =（20/20）×100% =100%；流动性比例 =（流动性资产余额/流动性负债余额）×100% =（30/100）×100% =30%。

18. 为了控制商业银行资产规模的过度扩张，《巴塞尔协议Ⅲ》引入了(　　)指标。[2017年10月真题]

A. 流动性覆盖率　　　　　　　　　B. 总损失吸收能力

C. 杠杆率　　　　　　　　　　　　D. 净稳定融资比率

【解析】巴塞尔委员会引入杠杆率监管主要为实现两方面目标：①为银行体系杠杆率累积确定底线，通过控制商业银行资产规模的过度扩张，缓释不确定的去杠杆化过程带来的风险以及对金融体系和实际经济的负面影响；②采用简单、透明、基于风险总量的指标，可以防止模型风险和计量错误，补充和强化基于新资本协议的风险资本监管框架。

19. 根据《商业银行贷款损失准备管理办法》，贷款损失准备与各项贷款余额之比为(　　)。[2019年6月真题]

A. 不良贷款率　　B. 拨备覆盖率　　C. 不良资产率　　D. 贷款拨备率

【解析】贷款拨备率为贷款损失准备与各项贷款余额之比，监管要求为1.5%～2.5%。A项，不良贷款率是指不良贷款余额占各项贷款余额的比重，不得高于5%；B项，拨备覆盖率为贷款损失准备与不良贷款余额之比，监管要求为120%～150%；C项，不良资产率为不良资产与资产总额之比，不得高于4%。

20. 《巴塞尔协议Ⅱ》构建了资本监管的“三大支柱”——最低资本要求、监管当局的监督检查和市场约束，并将(　　)都纳入资本监管要求。[2016年10月真题]

A. 信用风险、操作风险和国别风险　　B. 信用风险、市场风险和操作风险

C. 信用风险、声誉风险和市场风险　　D. 信用风险、市场风险和法律风险

【解析】为了加强银行业资本监管，提高银行抵御风险能力，巴塞尔委员会于1988年通过了《巴塞尔协议Ⅰ》，随后在2004年又修订出台了《巴塞尔协议Ⅱ》，构建了资本监管的“三大支柱”——最低资本要求、监管当局的监督检查和市场约束，并将信用风险、市场风险、操作风险都纳入资本监管要求。

21. 计算资本充足率时，下列应当从商业银行核心一级资本中全额扣除的是(　　)。[2016年10月真题]

A. 盈余公积　　　　　　　　　　　B. 一般风险准备

17D　18C　19D　20B　21D

C. 对未并表金融机构的少数资本投资　　D. 商誉

【解析】为了避免商业银行虚增资本，在计算资本充足率时，要求对资本进行对应扣除。核心一级资本应当全额扣除以下项目：①商誉；②其他无形资产（土地使用权除外）；③由经营亏损引起的净递延税资产；④贷款损失准备缺口；⑤资产证券化销售利得；⑥确定受益类的养老金资产净额；⑦直接或间接持有本银行的股票；⑧对资产负债表中未按公允价值计量的项目进行套期形成的现金流储备；⑨商业银行自身信用风险变化导致其负债公允价值变化带来的未实现损益。

22. 商业银行应当在最低资本要求的基础上计提储备资本。储备资本要求为风险加权资产的（　　）。［2016 年 10 月真题］

A. 1%　　B. 2%　　C. 2.5%　　D. 1.5%

【解析】商业银行应当在最低资本要求的基础上计提储备资本。储备资本要求为风险加权资产的 2.5%，由核心一级资本来满足。特定情况下，商业银行应当在最低资本要求和储备资本要求之上计提逆周期资本。

23. 贷款拨备率为贷款损失准备与各项贷款余额之比，贷款拨备率监管要求为（　　）。［2016 年 10 月真题］

A. 1%　　B. 2%　　C. 120% ~150%　　D. 1.5% ~2.5%

【解析】贷款拨备率为贷款损失准备与各项贷款余额之比；拨备覆盖率为贷款损失准备与不良贷款余额之比。贷款拨备率监管要求为 1.5% ~2.5%，拨备覆盖率监管要求为 120% ~150%。

24. 中国银行业协会的服务职责不包括（　　）。［2016 年 10 月真题］

A. 建立和完善行业内部争议调解处理机制
B. 组织开展银行业国际交流与合作
C. 组织开展业务竞技活动
D. 建立会员间信息沟通机制

【解析】中国银行业协会的服务职责包括：①建立会员间信息沟通机制，组织开展会员间的业务、技术、信息等方面的交流与合作；②组织开展银行业国际交流与合作，参加相关国际组织，推动和其他国家及地区的相关资质互认工作；③加强与证券业、保险业等行业协会的沟通和协调；④发挥行业整体宣传功能，协调、组织会员共同开展新业务、新政策的宣传和咨询活动，提高公众的金融意识；⑤组织开展业务竞技活动，增进会员间的了解和友谊，培育健康向上的行业文化。A 项属于中国银行业协会的协调职责。

25. 根据《巴塞尔协议Ⅲ》，流动性覆盖率不得低于（　　）。［2015 年 10 月真题］

A. 150%　　B. 75%　　C. 100%　　D. 25%

【解析】流动性覆盖率监管指标旨在确保商业银行具有充足的合格优质流动性资产，能够在规定的流动性压力情景下，通过变现这些资产满足未来至少 30 天的流动性需求。商业银行流动性覆盖率的最低监管标准为不低于 100%。

22C　23D　24A　25C

26. 按照我国现行银行法律法规，下列不属于各省银行业协会申请加入中国银行业协会成为会员单位的条件的是(   )。[2015 年 10 月真题]

A. 具有独立法人资格　　B. 在中国证监会处登记注册

C. 经相关监管机构批准具有法人资格　　D. 在民政部门登记注册

【解析】凡经国务院银行业监督管理机构批准设立的、具有独立法人资格的银行业金融机构(含在华外资银行业金融机构)以及经相关监管机构批准、具有独立法人资格、在民政部门登记注册的各省(自治区、直辖市、计划单列市)银行业协会均可申请加入中国银行业协会成为会员单位。

27. 第二版巴塞尔资本协议的第一支柱要求是(   )。[2023 年 6 月真题]

A. 最低资本要求　　B. 内部审计　　C. 市场约束　　D. 外部监管

【解析】《巴塞尔协议Ⅱ》构建了资本监管的“三大支柱”——最低资本要求、监管当局的监督检查和市场约束，并将信用风险、市场风险、操作风险都纳入资本监管要求。

28. 中国银行业协会是我国的银行业自律组织，负责对其进行指导和监督的单位是(   )。[2015 年 10 月真题]

A. 国务院银行业监督管理机构　　B. 财政部

C. 中国人民银行　　D. 人社部

【解析】对银行业自律组织的活动，国务院银行业监督管理机构应当进行指导和监督。银行业自律组织的章程应当报银行业监督管理机构备案。

29. 根据《商业银行与内部人和股东关联交易管理办法》，商业银行对全部关联方的授信余额不得超过商业银行资本净额的(   )。[2023 年 6 月真题]

A. 10%　　B. 50%　　C. 100%　　D. 15%

【解析】根据《商业银行与内部人和股东关联交易管理办法》，商业银行对一个关联方的授信余额不得超过商业银行资本净额的 10%，对一个关联法人或其他组织所在集团客户的授信余额总数不得超过商业银行资本净额的 15%，对全部关联方的授信余额不得超过商业银行资本净额的 50%。

30. 商业银行拨备覆盖率监管要求为(   )。[2015 年 10 月真题]

A. 120% ~150%　　B. 120% ~200%　　C. 100% ~150%　　D. 60% ~100%

【解析】贷款拨备率为贷款损失准备与各项贷款余额之比；拨备覆盖率为贷款损失准备与不良贷款余额之比。贷款拨备率监管要求为 1.5% ~2.5%，拨备覆盖率监管要求为 120% ~150%。

31. 根据《中华人民共和国银行业监督管理法》规定，银行业监督管理的目标是(   )。[2015 年 10 月真题]

A. 加强对银行业的监督管理，规范监督管理行为

B. 保持货币币值的稳定，并以此促进经济增长

C. 防范和化解系统重要性银行风险，保护存款人和其他客户的合法权益

D. 促进银行业的合法、稳健运行，维护公众对银行业的信心

26B　27A　28A　29B　30A　31D

【解析】《中华人民共和国银行业监督管理法》第三条规定，银行业监督管理的目标是促进银行业的合法、稳健运行，维护公众对银行业的信心。原银监会在此基础上提出了我国银行业监管的四个具体目标：①通过审慎有效的监管，保护广大存款人和消费者的利益；②通过审慎有效的监管，增进市场信心；③通过宣传教育工作和相关信息的披露，增进公众对现代金融的了解；④努力减少金融犯罪，维护金融稳定。

32. 《商业银行风险监管核心指标(试行)》规定，商业银行累计外汇敞口头寸不得超过资本净额的(　　)。[2025 年 6 月真题]

A. 50%　　B. 25%　　C. 33%　　D. 20%

【解析】商业银行累计外汇敞口头寸比例，即累计外汇敞口头寸与资本净额之比，不得超过 20%。

33. 下列选项中，不属于《中华人民共和国银行业监督管理法》规定监管措施的是(　　)。[2025 年 6 月真题]

A. 限制资产转让

B. 责令暂停部分业务、停止批准开办新业务

C. 限制分配红利和其他收入

D. 罚款

【解析】监管措施包括：①责令暂停部分业务、停止批准开办新业务；②限制分配红利和其他收入；③限制资产转让；④责令控股股东转让股权或者限制有关股东的权利；⑤责令调整董事、高级管理人员或者限制其权利；⑥停止批准增设分支机构。

34. 我国负责制定和执行货币政策，防范和化解金融风险，维护金融稳定的机构是(　　)。

A. 国务院银行业监督管理机构　　B. 中国人民银行

C. 中国证券监督管理委员会　　D. 国家发展和改革委员会

【解析】根据《中国人民银行法》，中国人民银行的职能为：在国务院领导下，制定和执行货币政策，防范和化解金融风险，维护金融稳定。

35. 在金融市场上，既是重要的交易主体又是监管机构的是(　　)。

A. 国务院　　B. 政府　　C. 中央银行　　D. 金融机构

【解析】银行业金融机构的监管职责主要由国务院银行业监督管理机构行使后，中国人民银行主要负责金融宏观调控，但为了实施货币政策和维护金融稳定，中国人民银行仍保留部分监管职责，中国人民银行对商业银行等金融机构的监督管理职责以法律特别规定为限。

36. 我国的银行业自律组织是(　　)。

A. 中国金融学会　　B. 中国银行业协会

C. 中国银行学会　　D. 中国银行业教育工作委员会

【解析】中国银行业协会是经中国人民银行和民政部批准成立，并在民政部登记注册的全国性非营利社会团体，是中国银行业自律组织。

32D　33D　34B　35C　36B

37. 根据《中国人民银行法》，下列不属于中国人民银行的职能的是(　　)。

A. 制定和执行货币政策　　B. 防范和化解金融风险

C. 保证财政收入稳定　　D. 维护金融稳定

【解析】根据《中国人民银行法》，中国人民银行的职能为：在国务院领导下，制定和执行货币政策，防范和化解金融风险，维护金融稳定。其中，制定和执行货币政策的目标是保持货币币值稳定，并以此促进经济增长。

38. 商业银行办理个人储蓄存款业务应当遵循的原则是(　　)。

A. 存款自愿、取款审查、存款有息、为存款人保密

B. 存款自愿、取款自由、存款有息、存入指定银行

C. 存款自愿、取款自由、存款有息、为存款人保密

D. 存款自愿、取款审查、存款有息、存入指定银行

【解析】《商业银行法》规定，商业银行办理个人储蓄存款业务，应当遵循存款自愿、取款自由、存款有息、为存款人保密的原则。

39. 下列关于商业银行存款业务的表述，错误的是(　　)。

A. 对个人储蓄存款，商业银行有权拒绝任何单位或者个人查询，但法律另有规定的除外

B. 对单位存款，商业银行不得拒绝任何单位或者个人查询，但法律另有规定的除外

C. 对个人储蓄存款，商业银行有权拒绝任何单位或者个人冻结、扣划，但法律另有规定的除外

D. 对单位存款，商业银行有权拒绝任何单位或者个人冻结、扣划，但法律另有规定的除外

【解析】商业银行应依法保护存款人合法权益。商业银行应当保证存款本金和利息的支付，不得拖延、拒绝支付存款本金和利息。商业银行保障不论是个人储蓄或是单位存款免于非法遭受查询、冻结、扣划要求的权利。

40. 下列关于关系人的表述，错误的是(　　)。

A. 关系人包括商业银行的管理人员及其近亲属

B. 商业银行不得向关系人发放信用贷款

C. 关系人包括商业银行的董事及其近亲属

D. 商业银行不得向关系人发放担保贷款

【解析】《商业银行法》明确规定："商业银行不得向关系人发放信用贷款；向关系人发放担保贷款的条件不得优于其他借款人同类贷款的条件。"这里所指的关系人包括商业银行的董事、监事、管理人员、信贷业务人员及其近亲属，以及上述所列人员投资或者担任高级管理职务的公司、企业和其他经济组织。

41. 下列关于商业银行贷款的表述，错误的是(　　)。

A. 对同一借款人的贷款余额与商业银行资本余额的比例不得超过10%

B. 商业银行可向关系人发放担保贷款，但条件不得优于其他借款人同类贷款的条件

37C　38C　39B　40D　41D

C. 商业银行不得利用拆入资金进行固定资产贷款

D. 商业银行可向关系人发放信用贷款，但条件不得优于其他借款人同类贷款的条件

【解析】D 项，《商业银行法》明确规定："商业银行不得向关系人发放信用贷款，向关系人发放担保贷款的条件不得优于其他借款人同类贷款的条件。"

42. 下列行为中，商业银行没有尽到依法保护存款人合法权益的义务的是(　　)。

A. 商业银行拒绝向客户透露同类存款客户的存款信息

B. 商业银行向最高人民法院提供其依法查询的存款人存款状况

C. 商业银行因资金周转困难，延期支付存款人存款利息

D. 商业银行依法按照公安机关的合法要求冻结存款人的存款

【解析】《商业银行法》规定，商业银行办理个人储蓄存款业务，应当遵循存款自愿、取款自由、存款有息、为存款人保密的原则。C 项，商业银行应依法保护存款人合法权益。商业银行应当保证存款本金和利息的支付，不得拖延、拒绝支付存款本金和利息。

43. 《商业银行法》规定，商业银行流动性资产余额与流动性负债余额的比例(　　)。

A. 不得低于 4 倍　　B. 不得高于 4 倍

C. 不得低于 25%　　D. 不得高于 25%

【解析】流动性比例是指银行流动性资产余额占流动性负债余额的比例。流动性比例的公式为：流动性比例 =（流动性资产余额/流动性负债余额）×100%，商业银行的流动性比例应当不低于 25%。

44. 下列关于商业银行业务的表述，错误的是(　　)。

A. 商业银行不得拖延、拒绝支付定期存款人本金和利息

B. 依法保护存款人合法权益

C. 企业法人可以根据经营融资需要从事吸收公众存款行为

D. 商业银行不得违反规定提高利率吸收存款

【解析】《商业银行法》规定的存款业务基本法律规则如下：①经营存款业务特许制，未经国务院银行业监督管理机构批准，任何单位和个人不得从事吸收公众存款等商业银行业务，任何单位不得在名称中使用"银行"字样；②以合法正当方式吸收存款，商业银行不得违反规定提高或者降低利率以及采用其他不正当手段吸收存款；③依法保护存款人合法权益，商业银行应当保证存款本金和利息的支付，不得拖延、拒绝支付存款本金和利息。

45. 2008 年国际金融危机后，巴塞尔委员会出台了《巴塞尔协议Ⅲ》、修订了《有效银行监管核心原则》，金融稳定理事会也进行了一系列改革，以下改革内容中上述都涉及的是(　　)。[2025 年 6 月真题]

A. 加强宏观审慎监管　　B. 建立杠杆率监管标准

C. 建立量化流动性监管标准　　D. 扩大资本覆盖面

【解析】《巴塞尔协议Ⅲ》、新修订的《有效银行监管核心原则》、金融稳定理事会的改革内容均包含加强宏观审慎监管。

42C　43C　44C　45A

46. 根据《商业银行资本管理办法》，银行的资本充足率不得低于(　　)。

A. 5%　　B. 6%　　C. 7%　　D. 8%

【解析】商业银行各级资本充足率不得低于如下最低要求：核心一级资本充足率不得低于5%。一级资本充足率不得低于6%，资本充足率不得低于8%。

47. 商业银行的杠杆率是指(　　)。

A. 流动性资产余额与流动性负债余额的比率

B. 一级资本净额与调整后的表内外资产余额的比率

C. 资本净额与风险加权资产的比率

D. 合格优质流动性资产与未来30日的现金净流出量的比率

【解析】杠杆率计算公式为：杠杆率=(一级资本-一级资本扣减项)/调整后的表内外资产余额×100%。A项是商业银行流动性比例；C项是资本充足率；D项是流动性覆盖率。

48. 流动性覆盖率监管指标旨在确保商业银行具有充足的合格优质流动性资产，能够在规定的流动性压力情景下，通过变现这些资产满足未来至少(　　)天的流动性需求。

A. 15　　B. 30　　C. 45　　D. 60

【解析】流动性覆盖率监管指标旨在确保商业银行具有充足的合格优质流动性资产，能够在规定的流动性压力情景下，通过变现这些资产满足未来至少30天的流动性需求。流动性覆盖率=(合格优质流动性资产/未来30天现金净流出量)×100%。

49. 银行业金融机构违反审慎经营规则的，(　　)应当责令限期改正。

A. 中央银行

B. 证监会

C. 国务院银行业监督管理机构或者其省一级派出机构

D. 国务院

【解析】银行业金融机构违反审慎经营规则的，国务院银行业监督管理机构或者其省一级派出机构应当责令限期改正；逾期未改正的，或者其行为严重危及该银行业金融机构的稳健运行、损害存款人和其他客户合法权益的，经国务院银行业监督管理机构或者其省一级派出机构负责人批准，可以采取相应监管措施。

50. 下列关于金融犯罪的说法中，不正确的是(　　)。

A. 《中华人民共和国刑法》对金融犯罪进行了规定

B. 金融犯罪的犯罪主体只能是自然人

C. 金融犯罪侵犯的客体是金融管理秩序，客观方面表现为违反金融管理法规

D. 金融犯罪主要包括破坏金融管理秩序罪和金融诈骗罪两大类

【解析】《中华人民共和国刑法》对金融犯罪进行了规定。金融犯罪侵犯的客体是金融管理秩序，客观方面表现为违反金融管理法规，犯罪主体可以是自然人，也可以是单位。金融犯罪是一种图利犯罪，其主观方面只能是故意，有的还要求其有非法占有目的。金融犯罪主要包括破坏金融管理秩序罪和金融诈骗罪两大类。

46D　47B　48B　49C　50B

51. 优质流动性资产充足率的计算公式为(　　)
A. (合格优质流动性资产/未来 30 天现金净流出量)×100%
B. (优质流动性资产/短期现金净流出)×100%
C. (流动性资产余额/流动性负债余额)×100%
D. (加权资金来源/加权资金运用)×100%
【解析】优质流动性资产充足率监管指标旨在确保商业银行保持充足的、无变现障碍的优质流动性资产，在压力情况下，银行可通过变现这些资产来满足未来 30 天内的流动性需求。A 项为流动性覆盖率计算公式；C 项为流动性比例计算公式；D 项为流动性匹配率计算公式。

52. 商业银行净稳定资金比例的最低监管标准为不低于(　　)。
A. 50%　　B. 75%　　C. 100%　　D. 150%
【解析】净稳定资金比例监管指标旨在确保商业银行具有充足的稳定资金来源，以满足各类资产和表外风险敞口对稳定资金的需求。商业银行净稳定资金比例的最低监管标准为不低于 100%。

53. 旨在引导商业银行合理配置长期稳定负债、高流动性或短期资产的指标是(　　)。
A. 净稳定资金比例　　B. 流动性比例
C. 流动性匹配率　　D. 优质流动性资产充足率
【解析】流动性匹配率监管指标衡量商业银行主要资产与负债的期限配置结构，旨在引导商业银行合理配置长期稳定负债、高流动性或短期资产，避免过度依赖短期资金支持长期业务发展，提高流动性风险抵御能力。

54. 流动性匹配率是加权资金来源和加权资金运用的比值，加权资金运用不包括(　　)。
A. 存放同业　　B. 与中央银行的交易
C. 拆放同业　　D. 投资同业存单
【解析】加权资金运用包括各项贷款、存放同业、拆放同业、买入返售(不含与中央银行的交易)、投资同业存单、其他投资等项目。其中，其他投资指债券投资、股票投资外的表内投资，包括但不限于特定目的载体投资(如商业银行理财产品、信托投资计划、证券投资基金、证券公司资产管理计划、基金管理公司及子公司资产管理计划、保险业资产管理机构资产管理产品等)。

55. 在优质流动性资产充足率指标中，确定现金流入不可超过可能现金流出的(　　)。
A. 50%　　B. 60%　　C. 75%　　D. 90%
【解析】优质流动性资产充足率的计算公式为：优质流动性资产充足率 =(优质流动性资产/短期现金净流出)×100%。短期现金净流出为可能现金流出减去确定现金流入。可能现金流出包括一般性存款、同业业务、发行债券、来自中央银行的资金和其他项目流出等。确定现金流入包括未来 30 天内到期的贷款、同业业务、投资债券和金融工具流入等。确定现金流入不可超过可能现金流出的 75%。

56. 根据《商业银行杠杆率管理办法》的规定，商业银行并表和未并表的杠杆率均不得低于

51B　52C　53C　54B　55C　56D

(　　)。[2025 年 6 月真题]

A. 2%　　B. 5%　　C. 6%　　D. 4%

【解析】《商业银行杠杆率管理办法》设定商业银行并表和未并表的杠杆率均不得低于 4%。

二、多项选择题(以下各小题给出的 5 个选项中，至少有 2 项符合题目要求，请将符合题目要求选项的代码填入括号内)

1. 资产规模小于 2000 亿人民币的商业银行应当持续达到(　　)的最低监管标准。[2024 年 6 月真题]

A. 流动性覆盖率　　B. 净稳定资金比例

C. 优质流动性资产充足率　　D. 流动性比例

E. 流动性匹配率

【解析】资产规模不小于 2000 亿元人民币的商业银行应当持续达到流动性覆盖率、净稳定资金比例、流动性比例和流动性匹配率的最低监管标准。资产规模小于 2000 亿元人民币的商业银行应当持续达到优质流动性资产率、流动性比例和流动性匹配率的最低监管标准。

2. 以下属于商业银行二级资本的有(　　)。[2023 年 6 月真题]

A. 优先股　　B. 超额贷款损失准备

C. 实收资本　　D. 未分配利润

E. 二级资本工具及其溢价

【解析】核心一级资本包括：实收资本或普通股；资本公积；盈余公积；一般风险准备；未分配利润；少数股东资本可计入部分。其他一级资本包括：其他一级资本工具及其溢价；少数股东资本可计入部分。二级资本包括：二级资本工具及其溢价；超额贷款损失准备；少数股东资本可计入部分。

3. 以下属于《商业银行法》立法宗旨的有(　　)。[2018 年 10 月真题]

A. 制定和执行货币政策　　B. 提高商业银行信贷资产质量

C. 保障商业银行稳健运行　　D. 维护金融秩序

E. 保护商业银行、存款人和其他客户的合法权益

【解析】《商业银行法》第一条明确，以保护商业银行、存款人和其他客户的合法权益，规范商业银行的行为，提高信贷资产质量，加强监督管理，保障商业银行的稳健运行，维护金融秩序，促进社会主义市场经济的发展为立法宗旨。

4. 以下关于中国银行业流动性风险监管指标的说法，正确的有(　　)。[2018 年 6 月真题]

A. 流动性风险监管指标包括流动性覆盖率、流动性比例和存贷比

B. 商业银行的同业融入资金余额不得超过该银行负债总额的二分之一

C. 商业银行的流动性覆盖率应当不低于 100%

D. 商业银行应当在法人和集团层面，分别计算未并表和并表的流动性监管指标

E. 商业银行的流动性比例应当不低于 25%

1CDE　2BE　3BCDE　4CDE

【解析】A项，根据《商业银行流动性风险管理办法》，流动性风险监管指标包括流动性覆盖率、净稳定资金比例、流动性比例、流动性匹配率和优质流动性资产充足率；B项，单家商业银行同业融入资金余额不得超过该银行负债总额的1/3，但农村信用社省联社、省内二级法人社及村镇银行可暂不执行。

5. 根据《银行业监督管理法》，银行业监督管理机构现场检查的措施有（　）。［2018年6月真题］

A. 检查银行业金融机构运用电子计算机管理业务数据的系统

B. 进入银行业金融机构进行检查

C. 查阅、复制银行业金融机构与检查事项有关的文件、资料，对可能被转移、隐匿或损毁的文件、资料予以封存

D. 建立银行业金融机构监督管理评级体系

E. 询问银行业金融机构工作人员，要求其对有关检查事项作出说明

【解析】银行业监督管理机构根据审慎监管的要求，可以采取下列措施进行现场检查：①进入银行业金融机构进行检查；②询问银行业金融机构的工作人员，要求其对有关检查事项作出说明；③查阅、复制银行业金融机构与检查事项有关的文件、资料，对可能被转移、隐匿或者毁损的文件、资料予以封存；④检查银行业金融机构运用电子计算机管理业务数据的系统。D项，建立银行业金融机构监督管理评级体系属于非现场监管。

6. 下列关于信用风险监管指标的说法，正确的有（　）。［2017年10月真题］

A. 商业银行贷款拨备率监管要求为1.5%～2.5%，拨备覆盖率监管要求为120%～150%

B. 商业银行对全部关联方的授信余额不得超过商业银行核心一级资本的50%

C. 商业银行对一个关联方的授信余额不得超过银行资本净额的15%

D. 商业银行不良贷款率不得高于5%

E. 商业银行的关联方只能是法人或者社会团体

【解析】B项，商业银行对全部关联方的授信余额不得超过商业银行资本净额的50%；C项，商业银行对一个关联方的授信余额不得超过银行资本净额的10%；E项，商业银行的关联方可以是自然人、法人或其他组织。

7. 《巴塞尔协议Ⅲ》改革的主要内容包括（　）。［2017年6月真题］

A. 建立宏观审慎资本要求　　B. 修改资本定义，强化监管资本基础

C. 建立杠杆率监管标准　　D. 扩大资本覆盖面，增强风险捕捉能力

E. 建立量化流动性监管标准

【解析】《巴塞尔协议Ⅲ》主要包括以下内容：①扩大资本覆盖面，增强风险捕捉能力；②修改资本定义，强化监管资本基础；③建立杠杆率监管标准，弥补资本充足率缺陷；④建立宏观审慎资本要求，反映系统性风险；⑤建立量化流动性监管标准。

8. 2008年进入危机后，巴塞尔委员会《有效银行监管核心原则》的主要变化有（　）。［2016年5月真题］

A. 加强对系统重要性银行的监管　　B. 重视危机管理

5ABCE　6AD　7ABCDE　8ABDE

C. 要求各国设立消费者保护机构　　D. 引入宏观审慎视角

E. 完善公司治理和信息披露

【解析】第三版《有效银行监管核心原则》将原《有效银行监管核心原则》和《核心原则评估办法》整合为一份综合性的文件，此次修订主要针对的是国际金融危机充分暴露出的银行业监管标准、政策和方式的不足问题。修订反映了危机后银行监管的以下变化趋势：①加强对系统重要性银行的监管；②引入宏观审慎视角；③重视危机管理、恢复和处置；④完善公司治理和信息披露。

9. 根据《商业银行资本管理办法》，下列关于资本充足监管指标的说法，正确的有(　　)。[2017 年 10 月真题]

A. 商业银行采用权重法计量信用风险加权资产的，超额贷款损失准备可计入一级资本

B. 杠杆率和一级资本充足率公式的分子相同

C. 商誉必须从核心一级资本中全额扣除

D. 资本组成包括核心一级资本、其他一级资本、二级资本

E. 储备资本要求为风险加权资产的 2.5%

【解析】商业银行采用权重法计量信用风险加权资产的，超额贷款损失准备可计入二级资本，但不得超过信用风险加权资产的 1.25%。

10. 根据《商业银行贷款损失准备管理办法》的规定，银行业监管机构考核商业银行贷款损失准备充足性的指标有(　　)。[2016 年 5 月真题]

A. 不良资产率　　B. 贷款拨备率　　C. 拨备覆盖率　　D. 资本充足率

E. 不良贷款率

【解析】拨备覆盖率和贷款拨备率两个指标可用于考核商业银行贷款损失准备的充足性。贷款拨备率为贷款损失准备与各项贷款余额之比；拨备覆盖率为贷款损失准备与不良贷款余额之比。

11. 根据《商业银行流动性风险管理办法》的规定，流动性风险监管指标包括(　　)。[2016 年 5 月真题]

A. 杠杆率指标　　B. 流动性比例　　C. 核心负债比例　　D. 流动性覆盖率

E. 净稳定资金比例

【解析】根据修订后的《商业银行流动性风险管理办法》，流动性风险监管指标包括流动性覆盖率、净稳定资金比例、流动性比例、流动性匹配率和优质流动性资产充足率。

12. 商业银行资本充足率监管要求包括(　　)。[2015 年 10 月真题]

A. 顺周期资本要求　　B. 系统重要性银行附加资本要求

C. 逆周期资本要求　　D. 最低资本要求

E. 储备资本要求

【解析】商业银行资本充足率监管要求包括最低资本要求、储备资本和逆周期资本要求、系统重要性银行附加资本要求以及第二支柱资本要求。

13. 根据《中华人民共和国商业银行法》，除国家另有规定外，商业银行不得从事的业务有

9BCDE　10BC　11BDE　12BCDE　13ACE

(　　)。[2015 年 10 月真题]

A. 非自用不动产投资　　B. 项目贷款

C. 信托投资　　D. 向金融机构投资

E. 证券经营

【解析】根据《中华人民共和国商业银行法》第四十三条，商业银行在中华人民共和国境内不得从事信托投资和证券经营业务，不得向非自用不动产投资或者向非银行金融机构和企业投资，但国家另有规定的除外。

14. 《巴塞尔协议Ⅱ》构建的资本监管的“三大支柱”是(　　)。[2024 年 6 月真题]

A. 最低资本要求　　B. 监管当局的监督检查

C. 最高资本要求　　D. 市场约束

E. 风险资本

【解析】《巴塞尔协议Ⅱ》构建了资本监管的“三大支柱”——最低资本要求、监管当局的监督检查和市场约束，并将信用风险、市场风险、操作风险都纳入资本监管要求。

15. 根据《商业银行法》，下列选项中属于商业银行可以经营的业务的有(　　)。

A. 吸收公众存款　　B. 发放短期、中期和长期贷款

C. 发行人民币，管理人民币流通　　D. 办理国内外结算

E. 依法制定和执行货币政策

【解析】CE 两项属于中央银行的职责。根据《中国人民银行法》，中国人民银行的职能为：在国务院领导下，制定和执行货币政策，防范和化解金融风险，维护金融稳定。其中，制定和执行货币政策的目标是保持货币币值稳定，并以此促进经济增长。

16. 按照《商业银行法》的规定，下列做法或说法中错误的有(　　)。

A. 王明为某商业银行的行长，信贷人员对其发放信用贷款

B. 商业银行不得对商业银行的董事、监事、管理人员、信贷业务人员的近亲属发放贷款

C. 甲有限责任公司为张某投资兴办的，张某又是乙商业银行的高级管理人员，乙商业银行可以对甲有限责任公司发放信用贷款

D. 经国务院批准的特定贷款项目，国有独资商业银行应当发放贷款

E. 商业银行有权拒绝任何单位和个人强令要求其发放贷款或者提供担保

【解析】《商业银行法》明确规定：“商业银行不得向关系人发放信用贷款；向关系人发放担保贷款的条件不得优于其他借款人同类贷款的条件。”这里所指的关系人包括商业银行的董事、监事、管理人员、信贷业务人员及其近亲属，以及上述所列人员投资或者担任高级管理职务的公司、企业和其他经济组织。AC 两项，王明、张某均为关系人，因此商业银行不得向其发放信用贷款；B 项，商业银行不得向关系人发放信用贷款，但可发放担保贷款。

17. 下列人员属于《商业银行法》规定的“关系人”的有(　　)。

A. 商业银行的董事　　B. 商业银行的监事

14ABD　15ABD　16ABC　17ABCDE

C. 商业银行的管理人员　　D. 信贷业务人员

E. 以上人员的近亲属

【解析】根据《商业银行法》规定，关系人包括：①商业银行的董事、监事、管理人员、信贷业务人员及其近亲属；②前项所列人员投资或者担任高级管理职务的公司、企业和其他经济组织。

18. 根据《银行业监督管理法》，对问题银行业金融机构进行处置的方式主要有(　　)。

A. 解散　　B. 接管　　C. 促成重组　　D. 强制申请破产

E. 撤销

【解析】根据《银行业监督管理法》，对问题银行业金融机构进行处置的方式主要有接管、促成重组和撤销。此外，当商业银行不能支付到期债务时，国务院银行业监督管理机构可以向人民法院提出对该金融机构进行重整或者破产清算的申请。由人民法院依法宣告其破产。

19. 根据《反洗钱法》的规定，金融机构在反洗钱方面的义务主要有(　　)。

A. 负责全国的反洗钱监督管理工作

B. 建立健全客户尽职调查制度

C. 建立健全客户身份资料和交易记录保存制度

D. 建立健全大额交易和可疑交易报告制度

E. 公开客户身份资料和交易信息

【解析】A 项，人民银行作为反洗钱行政主管部门负责全国的反洗钱监督管理工作。金融监督管理机构在各自的职责范围内履行反洗钱监督管理职责。E 项，金融机构及其他主体对依法履行反洗钱职责或者义务获得的客户身份资料和交易信息、反洗钱调查信息等反洗钱信息，应当予以保密；非依法律规定，不得向任何单位和个人提供。

20. 银行监管的基本手段有(　　)。

A. 市场准入　　B. 非现场监管　　C. 并表监管　　D. 现场检查

E. 分业监管

【解析】我国已基本确立银行监管理念，形成市场准入、非现场监管和现场检查监管“三驾马车”。

21. 根据《商业银行资本管理办法》的规定，下列选项中，属于核心一级资本的有(　　)。

A. 盈余公积　　B. 一般风险准备

C. 实收资本或普通股　　D. 未分配利润

E. 资本公积

【解析】核心一级资本是银行资本中最核心的部分，承担风险和吸收损失的能力也最强。核心一级资本主要包括以下七个部分：①实收资本或普通股；②资本公积；③盈余公积；④一般风险准备；⑤未分配利润；⑥累计其他综合收益；⑦少数股东资本可计入部分。

22. 下列关于《商业银行资本管理办法》的表述中，错误的有(　　)。

18BCE　19BCD　20ABD　21ABCDE　22ADE

A. 要求我国商业银行一级资本充足率不低于10.5%
B. 商业银行应在最低资本要求和储备资本要求之上计提逆周期资本
C. 储备资本要求为风险加权资产的2.5%，由核心一级资本来满足
D. 将商业银行资本充足率监管要求分为最低资本要求、储备资本要求和逆周期资本要求
E. 要求我国商业银行核心一级资本充足率不低于8%

【解析】AE两项，商业银行各级资本充足率不得低于如下最低要求：核心一级资本充足率不得低于5%，一级资本充足率不得低于6%，资本充足率不得低于8%。D项，商业银行资本充足率监管要求包括最低资本要求、储备资本要求和逆周期资本要求、系统重要性银行附加资本要求和第二支柱资本要求。

23. 下列关于中国银行业协会的认识，不正确的有(　　)。
A. 是在民政部登记注册的全国性营利社会团体
B. 最高权力机构为会员大会
C. 会员大会的执行机构为理事会，对会员大会负责
D. 常务理事会在会员大会闭会期间负责领导协会开展日常工作
E. 以促进会员单位实现共同利益为宗旨

【解析】A项，中国银行业协会是在民政部登记注册的全国性非营利社会团体；D项，理事会在会员大会闭会期间负责领导协会开展日常工作，理事会闭会期间，常务理事会行使理事会职责。

24. 近年来，我国商业银行面临的流动性风险管理和监管的挑战不断增加，具体表现在(　　)。
A. 资金来源稳定性下降
B. 资产流动性降低
C. 资产负债期限错配加大
D. 流动性风险隐患增加
E. 民营银行数量增加

【解析】随着我国银行业经营环境、业务模式、资金来源的变化，部分商业银行出现资金来源稳定性下降、资产流动性降低、资产负债期限错配加大、流动性风险隐患增加等问题，流动性风险管理和监管面临的挑战不断增加。

25. 实施行政许可的具体内容有(　　)。
A. 机构准入许可
B. 业务准入许可
C. 人员准入许可
D. 高级管理人员退出许可
E. 股东变更审查

【解析】根据《银行业监督管理法》的规定，实施行政许可包括：①机构准入许可。银行业金融机构的设立、变更、终止，银行业监督管理机构应当依照法律、行政法规规定的条件和程序审查批准。②业务准入许可。银行业金融机构的业务范围，银行业监督管理机构应当依照法律、行政法规规定的条件和程序审查批准。银行业金融机构开展相关业务的，应当按照规定报经审查批准或者备案。③人员准入许可。对银行业金融机构的董事和高级管理人员，银行业监督管理机构应当实行任职资格管理。④股东变

23AD　24ABCD　25ABCE

更审查。银行业金融机构变更持有资本总额或者股份总额达到规定比例以上的股东的，银行业监督管理机构应当依法审查其资金来源、财务状况、资本补充能力和诚信状况。

26. 中国银行业协会履行的职能包括(　　)。[2024 年 6 月真题]

A. 自律　　B. 维权　　C. 服务　　D. 监管

E. 协调

【解析】中国银行业协会以促进会员单位实现共同利益为宗旨，履行自律、维权、协调、服务职能，维护银行业合法权益，维护银行业市场秩序，提高银行业从业人员素质，提高为会员服务的水平，促进银行业的健康发展。

27. 流动性匹配率是加权资金来源和加权资金运用的比值，其中加权资金来源包括(　　)。

A. 各项存款　　B. 同业存款　　C. 同业拆入　　D. 卖出回购

E. 存放同业

【解析】加权资金来源包括来自中央银行的资金、各项存款、同业存款、同业拆入、卖出回购(不含与中央银行的交易)、发行债券即发行同业存单等项目。来自中央银行的资金包括通过公开市场操作、常备借贷便利、中期借贷便利、再贷款等从中央银行融入的资金。E 项，存放同业为加权资金的运用。

28. 办理储蓄业务，应当遵循的原则有(　　)。

A. 存款自愿　　B. 存款有息　　C. 取款自由　　D. 为存款人保密

E. 整存整取

【解析】《商业银行法》规定，商业银行办理个人储蓄存款业务，应当遵循存款自愿、取款自由、存款有息、为存款人保密的原则。

三、判断题(判断以下各小题的对错，正确的用 A 表示，错误的用 B 表示)

1.《中华人民共和国人民银行法》中，我国货币政策的目标是保持货币币值稳定，并以此促进经济增长。(　　)[2024 年 6 月真题]

【解析】根据《中国人民银行法》，中国人民银行的职能为：在国务院领导下，制定和执行货币政策，防范和化解金融风险，维护金融稳定。其中，制定和执行货币政策的目标是保持货币币值稳定，并以此促进经济增长。

2. 贷款拨备率和拨备覆盖率两项标准中较低者为商业银行贷款损失准备的监管标准。(　　)[2024 年 6 月真题]

【解析】贷款拨备率和拨备覆盖率两项标准中的较高者为商业银行贷款损失准备的监管标准。

3. 银行业金融机构严重违反审慎性经营规则，银行业金融监管机构可以区别不同情形，对直接负责的董事、高级管理人员和其他直接责任人员给予通报批评，并处五万元以上五十万元以下罚款。(　　)[2017 年 10 月真题]

【解析】银行业金融机构违反审慎经营规则的，国务院银行业监督管理机构或者其省一级派出机构应当责令限期改正；逾期未改正的，或者其行为严重危及该银行业金融机构的

26ABCE　27ABCD　28ABCD　▎　1A　2B　3B

稳健运行、损害存款人和其他客户合法权益的，经国务院银行业监督管理机构或者其省一级派出机构负责人批准，可以区别情形，采取下列监管措施：①责令暂停部分业务、停止批准开办新业务；②限制分配红利和其他收入；③限制资产转让；④责令控股股东转让股权或者限制有关股东的权利；⑤责令调整董事、高级管理人员或者限制其权利；⑥停止批准增设分支机构。

4. 根据《银行业监督管理法》，银行业金融机构的审慎经营规则，由国务院银行业监督管理机构依照法律、行政法规制定，也可以由银行业金融机构依照法律、行政法规制定。(　　)[2017 年 10 月真题]

【解析】国务院银行业监督管理机构依照法律、行政法规制定并发布对银行业金融机构及其业务活动监督管理的规章、规则。其中，审慎经营规则是法律、行政法规和国务院银行业监督管理机构对银行业金融机构提出的核心经营目标，包括风险管理、内部控制、资本充足率、资产质量、损失准备金、风险集中、关联交易、资产流动性等内容。银行业金融机构应当严格遵守审慎经营规则。

5. 商业银行已经或者可能发生信用危机，严重影响存款人的利益时，国务院银行业监督管理机构可以对该银行实行接管。(　　)[2023 年 6 月真题]

【解析】接管是商业银行已经或者可能发生信用危机，严重影响存款人的利益时，国务院银行业监督管理机构对该银行采取的监管措施。接管的目的是对被接管的商业银行采取必要措施，以保护存款人的利益，恢复商业银行的正常经营能力。

6. 根据《商业银行资本管理办法》的规定，商业银行之间通过协议相互持有的各级资本工具，应从相应监管资本中对应扣除。(　　)[2016 年 5 月真题]

【解析】商业银行之间通过协议相互持有的各级资本工具，或监管部门认定为虚增资本的各级资本投资，应从相应监管资本中对应扣除。

7. 商业银行应当在最低资本要求的基础上计提储备资本，储备资本要求为风险加权资产的 2.5%，由其他的一级资本来满足。(　　)[2022 年 7 月真题]

【解析】商业银行应当在最低资本要求的基础上计提储备资本。储备资本要求为风险加权资产的 2.5%，由核心一级资本来满足。

8. 根据《商业银行贷款损失准备管理办法》，拨备覆盖率为贷款损失准备与不良贷款余额之比。(　　)[2015 年 10 月真题]

【解析】拨备覆盖率和贷款拨备率两个指标可用于考核商业银行贷款损失准备的充足性。贷款拨备率为贷款损失准备与各项贷款余额之比；拨备覆盖率为贷款损失准备与不良贷款余额之比。

9. 商业银行向关系人发放担保贷款的条件可以优于其他贷款人同类贷款的条件。(　　)

【解析】《商业银行法》明确规定："商业银行不得向关系人发放信用贷款；向关系人发放担保贷款的条件不得优于其他借款人同类贷款的条件。"

10. 《商业银行法》规定商业银行的资本充足率不得低于 8%。(　　)

4B　5A　6A　7B　8A　9B　10A

【解析】商业银行各级资本充足率不得低于如下最低要求：核心一级资本充足率不得低于5%。一级资本充足率不得低于6%。资本充足率不得低于8%。

11. 自律组织即自我管理机构，是监管机构进行监管必要的和有益的补充。（　　）

【解析】自律组织即自我管理机构，是监管机构进行监管的必要和有益的补充，如中国银行业协会、中国信托业协会、中国财务公司协会等。

12. 根据规定，银行不良贷款率不能高于6%。（　　）

【解析】根据《商业银行风险监管核心指标（试行）》，不良贷款率是指不良贷款余额占各项贷款余额的比重，不得高于5%。

13. 中国财务公司协会是企业集团财务公司的行业自律性组织，是全国性、营利性的社会团体法人。（　　）

【解析】中国财务公司协会成立于1994年，是企业集团财务公司的行业自律性组织，是全国性、非营利性的社会团体法人，在中国境内批准设立的企业集团财务公司可自愿申请成为中国财务公司协会会员。

14. 商业银行的流动性覆盖率应当不低于200%。（　　）

【解析】流动性覆盖率监管指标旨在确保商业银行具有充足的合格优质流动性资产，能够在规定的流动性压力情景下，通过变现这些资产满足未来至少30天的流动性需求。商业银行流动性覆盖率的最低监管标准为不低于100%。

15. 我国《商业银行法》规定，商业银行的流动性比例应当不低于50%。（　　）

【解析】流动性比例的公式为：流动性比例＝流动性资产余额/流动性负债余额×100%。商业银行的流动性比例应当不低于25%。

16. 优质流动性资产充足率指标旨在确保商业银行具有充足的稳定资金来源，以满足各类资产和表外风险敞口对稳定资金的需求。（　　）

【解析】净稳定资金比例监管指标旨在确保商业银行具有充足的稳定资金来源，以满足各类资产和表外风险敞口对稳定资金的需求。优质流动性资产充足率监管指标旨在确保商业银行保持充足的、无变现障碍的优质流动性资产，在压力情况下，银行可通过变现这些资产来满足未来30天内的流动性需求。

17. 流动性资产是指能够通过出售或抵（质）押方式，在无损失或极小损失的情况下在金融市场快速变现的各类资产。（　　）

【解析】优质流动性资产充足率监管指标旨在确保商业银行保持充足的、无变现障碍的优质流动性资产。优质流动性资产是指能够通过出售或抵（质）押方式，在无损失或极小损失的情况下在金融市场快速变现的各类资产。

11A　12B　13B　14B　15B　16B　17B

第三章　市场准入、非现场监管和现场检查

一、单项选择题（以下各小题所给出的 4 个选项中，只有 1 项最符合题目要求，请将正确选项的代码填入括号内）

1. 银行业金融机构提供虚假或者隐瞒重要事实的报表、报告等文件、资料的，按照《中华人民共和国银行业监督管理法》规定，由银行业监督管理机构责令改正，并处以（　　）罚款。[2023 年 10 月真题]

A. 十万元以上三十万元以下　　B. 二十万元以上五十万元以下

C. 五十万元以上二百万元以下　　D. 三十万元以上二百万元以下

【解析】根据《中华人民共和国银行业监督管理法》第四十六条，银行业金融机构有下列情形之一，由国务院银行业监督管理机构责令改正，并处二十万元以上五十万元以下罚款；情节特别严重或者逾期不改正的，可以责令停业整顿或者吊销其经营许可证；构成犯罪的，依法追究刑事责任：①未经任职资格审查任命董事、高级管理人员的；②拒绝或者阻碍非现场监管或者现场检查的；③提供虚假的或者隐瞒重要事实的报表、报告等文件、资料的；④未按照规定进行信息披露的；⑤严重违反审慎经营规则的；⑥拒绝执行本法第三十七条规定的措施的。

2. 在年度现场检查计划之外，根据重大工作部署或针对银行业金融机构的重大突发事件开展的检查是（　　）。[2022 年 7 月真题]

A. 临时检查　　B. 后续检查　　C. 常规检查　　D. 稽核调查

【解析】A 项，临时检查是在年度现场检查计划之外，根据重大工作部署或针对银行业金融机构的重大突发事件等临时工作任务开展的检查。B 项，后续检查是对被查机构以往现场检查中发现的重大问题整改落实情况进行的检查。C 项，常规检查是纳入年度现场检查计划的检查。D 项，稽核调查是指采用现场检查方法对特定事项进行专门调查的活动。

3. 根据《商业银行法》，商业银行的下列事项中不需要国务院银行业监督管理机构批准的是（　　）。[2021 年 10 月真题]

A. 设立分支机构

B. 变更注册资本

C. 变更信用卡章程

D. 变更持有资本总额或者股份总额百分之五以上的股东

【解析】《商业银行法》规定，商业银行有下列变更事项之一的，应当经国务院银行业监督管理机构批准：包括变更名称，变更注册资本，变更总行或者分支行所在地，调整业务范围，变更持有资本总额或者股份总额百分之五以上的股东，修改章程，以及国务院银行业监督管理机构规定的其他变更事项。

4. 我国审查批准银行业金融机构业务范围的机构是（　　）。

1B　2A　3C　4B

A. 中国银行业协会　　B. 银行业监督管理机构

C. 中国人民银行　　D. 中国人民银行货币政策委员会

【解析】《银行业监督管理法》规定，银行业监督管理机构依照规定的条件和程序，审查批准银行业金融机构的业务范围；银行业金融机构业务范围内的业务品种，应当按照规定经银行业监督管理机构审查批准或者备案。

5. 银行监管的非现场监管的审查对象是(　　)。

A. 会计师事务所的审计报告　　B. 银行的合规性和风险性

C. 银行的各种报告和统计报表　　D. 银行的治理情况

【解析】非现场监管是指通过收集银行业金融机构以及行业整体的业务活动和风险状况的报表数据、经营管理情况以及其他内外部资料等信息，对银行业金融机构以及行业整体风险状况和服务实体经济情况进行分析，作出评价，并采取相应措施的持续性监管过程。

二、多项选择题(以下各小题给出的5个选项中，至少有2项符合题目要求，请将符合题目要求选项的代码填入括号内)

1. 监管评级应遵循的原则包括(　　)。

A. 全面性　　B. 及时性　　C. 系统性　　D. 审慎性

E. 安全性

【解析】监管评级应当遵循以下原则：①全面性原则。即汇集监管过程中搜集到的各方面信息，全面反映银行业金融机构公司治理、风险管理、业务经营、并表管理等各方面情况。②及时性原则。即发生对监管评级结论可能产生实质影响的重大事件后，应当遵循评级流程和权限及时调整监管评级。③系统性原则。即在评级过程中充分考虑同业的情况、宏观经济形势、区域经济发展、外部政策等影响因素。④审慎性原则。即尽可能作出合理的判断和审慎的预测，对于被监管机构不愿提供或者无法证实的信息，应视为对机构不利的信息。

2. 按照检查范围划分，现场检查可分为哪几类？(　　)

A. 常规检查　　B. 专项检查　　C. 后续检查　　D. 临时检查

E. 稽核调查

【解析】按照检查范围划分，现场检查分为常规检查、临时检查和稽核调查。常规检查是纳入年度现场检查计划的检查；临时检查是在年度现场检查计划之外，根据重大工作部署或针对银行业金融机构的重大突发事件等临时工作任务开展的检查；稽核调查是适用简化现场检查流程对特定事项进行专门调查的活动。

3. 银行业金融机构的市场准入行政许可实施程序包括哪些环节？(　　)

A. 申请与受理环节　　B. 业务执行环节

C. 审查环节　　D. 决定与送达环节

E. 监督与检查环节

【解析】《行政许可实施程序规定》明确了银行业金融机构行政许可事项的实施程序，规

5C　▎　1ABCD　2ADE　3ACD

范了银行业监督管理机构及其派出机构实施行政许可的行为。行政许可实施程序分为申请与受理、审查、决定与送达三个环节。

4. 机构准入包括哪些形式？(　　)

A. 法人机构设立　B. 分支机构设立　C. 投资设立　D. 收购

E. 机构终止

【解析】机构准入包括五种形式：①法人机构设立；②分支机构设立；③投资设立、参股、收购；④机构变更；⑤机构终止。

5. 商业银行衍生产品的种类包括(　　)。

A. 互换　B. 期货　C. 期权　D. 远期

E. 具有远期、期货、掉期(互换)和期权中一种或多种特征的混合金融工具

【解析】衍生产品是一种金融合约，其价值取决于一种或多种基础资产或指数，合约的基本种类包括远期、期货、掉期(互换)和期权。衍生产品还包括具有远期、期货、掉期(互换)和期权中一种或多种特征的混合金融工具。

三、判断题(判断以下各小题的对错，正确的用A表示，错误的用B表示)

1. 为防范道德风险，非现场监管与现场检查相互独立，各负其责，一般情况下不分享各自信息。(　　)[2018年10月真题]

【解析】通过非现场监管，能够及时、持续监测银行业金融机构的经营和风险状况，对其存在的问题和风险进行早期识别，并能为现场检查提供依据和指导，使现场检查更有针对性。

2. 银行业金融管理机构的非现场监管的工作结果可以反映被监管机构最新、最及时的状况，提高监管时效性。(　　)[2018年6月真题]

【解析】非现场监管通过持续收集、整理、积累监管数据来分析银行业金融机构的各种经营和监管指标，对其实施动态监测，实现风险识别和预警，弥补现场检查时间和频率的局限性，实施持续有效监管，是对银行业金融机构监管的重要手段。

3. 银行业在进行行政处罚时，应遵循“只罚机构、不罚个人”的原则。(　　)

【解析】现场检查是提升监管有效性和权威性的重要依托，这就需要对现场检查发现的问题进行严厉惩处，树立监管权威，切实做到“三铁三见”。“三见”，即责任追究要见人，实施“双罚”，即在处罚违法机构时，依法对相关责任人员采取责令纪律处分、行政处罚等方式追究法律责任；进行经济处罚要见钱，与违法行为造成的经济损失要匹配，提高违规成本；整改落实要见实效，所有整改必须一一落实，更好地发挥警示监督和震慑触动作用。

4. 在行政许可实施程序中的申请与受理环节，受理机关发现申请材料不齐全或不符合规定要求的，受理机关不予受理。(　　)

【解析】受理机关首先对申请材料要件和形式进行审查，发现申请材料不齐全或不符合规定要求的，告知申请人限期3个月内进行补正。申请材料齐全并符合规定要求的，受理

4ABCDE　5ABCDE　▌　1B　2A　3B　4B

机关将正式予以受理，并向申请人发出受理通知书。申请人如未能在规定期限内提交补正申请材料，或者提交的补正申请材料不齐全或者不符合规定要求，受理机关将作出不予受理申请的决定，向申请人发出不予受理通知书。

5. 目前我国银行业金融机构支行的“筹建”和“开业”事项均实行审批制。

【解析】《中资商业银行行政许可事项实施办法》2017 年修订时，简化了支行“筹建”和“开业”审批程序，仅保留支行“开业”事项审批，“筹建”事项改为报告制。

第四章　监管措施、行政处罚与行政救济

一、单项选择题（以下各小题所给出的4个选项中，只有1项最符合题目要求，请将正确选项的代码填入括号内）

1．2021年12月至2022年10月，某商业银行在办理内保外贷签约及履约付汇时，未尽审核责任，未按规定对预计还款资金来源、贷款资金用途及担保履约可能性进行尽职审核和调查。有关部门认定，该行上述行为违反了《跨境担保外汇管理规定》第十二条及第二十八条的相关规定，下列关于对该违法行为处罚的说法正确的是（　　）。［2024年6月真题］

A．应当根据《银行业监督管理法》，由银行业监督管理机构责令限期改正，没收违法所得，并处20万元以上50万元以下的罚款

B．应当根据《外汇管理条例》，由中国人民银行责令限期改正，没收违法所得，并处20万元以上50万元以下的罚款

C．应当根据《商业银行法》，由银行业监督管理机构责令限期改正，没收违法所得，并处5万元以上50万元以下的罚款

D．应当根据《外汇管理条例》，由外汇管理机关责令限期改正，没收违法所得，并处20万元以上100万元以下的罚款

【解析】根据《外汇管理条例》第四十七条，该行上述行为违反了《跨境担保外汇管理规定》第十二条及第二十八条的相关规定，应由外汇管理机关责令限期改正，没收违法所得，并处20万元以上100万元以下的罚款；情节严重或者逾期不改正的，由外汇管理机关责令停止经营相关业务。

2．根据《中国银保监会行政处罚办法》，银行业监督管理机构及其派出机构依法对银行保险机构给予的行政处罚不包括（　　）。［2023年6月真题］

A．没收违法所得　　B．罚款　　C．责令改正　　D．警告

【解析】根据《行政处罚法》《银行业监督管理法》等规定，《行政处罚办法》对银行业监管处罚领域的行政处罚进行了系统的梳理，并规定了以下八种行政处罚：①警告；②罚款；③没收违法所得；④责令停业整顿；⑤吊销金融许可证；⑥取消董（理）事、高级管理人员一定期限直至终身任职资格；⑦禁止一定期限直至终身从事银行业工作；⑧法律、行政法规规定的其他行政处罚。

3．下列选项中不属于实体公正要求的是（　　）。

A．存在利害关系争议时，应回避　　B．依法进行行政处罚，不偏私

C．平等对待相对人，不歧视　　D．合理考虑相关因素，不专断

【解析】公正原则包括实体公正和程序公正两个方面的要求。实体公正的要求有：依法进行行政处罚，不偏私；平等对待相对人，不歧视；合理考虑相关因素，不专断。程序公正的要求有：处理涉及与自己有利害关系的事物或裁决与自己有利害关系的争议时，应

1D　2C　3A

实行回避制度；不在事先未通知和听取相对人申辩意见的情况下作出对行政相对人不利的行政处罚行为。

4. 根据《中国银保监会行政处罚办法》，行政处罚应当遵守法定程序，坚持(　　)的原则。

A. 效率优先、兼顾公平　　B. 诚信合规、审慎监管

C. 公平、公正、公开　　D. 有法可依、有法必依

【解析】《中国银保监会行政处罚办法》第四条规定，行政处罚应当遵守法定程序，坚持公平、公正、公开原则以及程序合法、过罚相当、维护当事人的合法权益、处罚与教育相结合。

5. 根据《中国银行业监督管理委员会行政复议办法》规定，下列有关行政复议的表述，正确的是(　　)。

A. 行政复议只审查具体行政行为是否合法

B. 公民、法人或其他组织认为行政机关的具体行政行为侵犯其合法权益，可以向该行政机关申请复议

C. 复议机关依法复议后不得再提起行政诉讼

D. 书面审理是复议机关审理复议案件的基本形式

【解析】A 项，行政复议机关依照法定程序对申请的行政行为进行合法性、适当性审查，并作出行政复议决定；B 项，行政相对人认为行政机关作出的行政行为侵犯其合法权益，依法可向行政复议机关请求重新审查；C 项，申请人如果不服行政复议决定，可依法提起行政诉讼。

6. 根据《银行业监督管理法》，下列不属于国务院银行业监督管理机构可以采取的监管强制措施的是(　　)。

A. 责令撤换董事、高级管理人员或者限制其权利

B. 责令控股股东转让股权或者限制有关股东的权利

C. 责令分支机构终止营业

D. 责令暂停部分业务、停止批准开办新业务

【解析】根据《银行业监督管理法》第三十七条，监管强制措施可以分为以下几种类型：①对银行业金融机构的措施，具体包括责令暂停部分业务、停止批准开办新业务、停止增设分支机构申请的审查批准；限制资产转让；限制分配红利和其他收入。②对银行业金融机构股东的措施，监管部门可以责令控股方转让股权或者限制部分股东的权利。③对银行业金融机构董事、高级管理人员的措施，监管部门有权责令银行业金融机构撤换董事、高级管理人员或者限制其权利。

7. 下列关于行政处罚原则中维护当事人的合法权益原则，说法错误的是(　　)。

A. 在行政处罚过程中，当事人无赔偿请求权、申诉检举权

B. 在行政处罚过程中，当事人有知情权、确认权、申请回避权、陈述申辩权、举证权、免于不利陈述权、申请听证权、申请复议权、提起诉讼权等

C. 行政机关在处罚过程中，有可能存在适用法律不当、滥用自由裁量权、办案程序不

4C　5D　6C　7A

当、不注重当事人陈述申辩甚至掺杂个人好恶等问题

D. 维护当事人合法权益原则，其目的是维护法律的公正性，把权力装进制度的笼子

【解析】在行政处罚过程中，当事人有知情权、确认权、申请回避权、陈述申辩权、举证权、免于不利陈述权、申请听证权、申请复议权、提起诉讼权、赔偿请求权、申诉检举权等多项权利。

8. 当银行业金融机构存在着严重违规的关联交易行为，有可能低价转让资产时，可采取(　　)的强制措施。

A. 责令暂停部分业务

B. 限制资产转让

C. 限制分配红利和其他收入

D. 撤换董事、高级管理人员或者限制其权利

【解析】限制资产转让主要是针对银行业金融机构的内部控制和风险管理有比较严重的缺陷，存在着严重违规的关联交易行为，有可能低价转让资产，使该机构蒙受损失等情况。

9. 根据《中国银保监会行政处罚办法》，当事人有以下(　　)情形的，应当依法从轻或者减轻行政处罚。

A. 隐藏违法违规材料

B. 违法行为轻微并及时纠正

C. 受他人胁迫有违法行为的

D. 阻碍监管检查的进行

【解析】根据《中国银保监会行政处罚办法》第七条，当事人有下列情形之一的，应当依法从轻或者减轻行政处罚：①主动消除或者减轻违法行为危害后果的；②受他人胁迫有违法行为的；③配合行政机关查处违法行为有立功表现的；④其他依法从轻或者减轻行政处罚的。违法行为轻微并及时纠正，没有造成危害后果的，不予行政处罚。

10. 下列关于行政处罚原则中处罚与教育相结合原则的相关说法，错误的是(　　)。

A. 处罚本身的教育作用不强，需要与教育相结合

B. 一方面要对违反行政管理法律规范的行政相对人进行惩罚，另一方面也要教育他们自觉遵守法律

C. 教育须以处罚为后盾，教育代替不了处罚

D. 行政处罚主要是通过对违反行政法义务的行政相对人进行惩罚，从而对其本人及其他行政管理相对人产生威慑作用，抑制并预防将来可能的对行政管理秩序的侵害

【解析】A项，行政处罚主要是通过对违反行政法义务的行政相对人进行惩罚，从而对其本人及其他行政管理相对人产生威慑作用，抑制并预防将来可能的对行政管理秩序的侵害，所以处罚本身具有很强的教育作用。

11. 行政处罚委员会办公室应当在行政处罚决定作出(　　)日内，依照行政诉讼法有关规定，将行政处罚决定书送达当事人。

A. 3　　B. 5　　C. 7　　D. 15

【解析】行政处罚委员会办公室应当在行政处罚决定作出7日内，依照《行政诉讼法》有

8B　9C　10A　11C

关规定，将行政处罚决定书送达当事人。当事人逾期不履行行政处罚决定的，作出行政处罚决定的机构可以加收行政处罚款或申请人民法院强制执行。

12. 下列属于行政处罚公正原则中程序公正的是(　　)。

A. 依法进行行政处罚

B. 涉及与自己有利害关系的争议时，实行回避制度

C. 平等对待相对人

D. 合理考虑相关因素

【解析】实体公正的要求有：①依法进行行政处罚，不偏私；②平等对待相对人，不歧视；③合理考虑相关因素，不专断。程序公正的要求有：①处理涉及与自己有利害关系的事物或裁决与自己有利害关系的争议时，应实行回避制度；②不在事先未通知和听取相对人申辩意见的情况下做出对行政相对人不利的行政处罚行为。

13. 行政处罚原则中的公平原则最初来源于(　　)。

A. 民法领域　　B. 商法领域　　C. 刑法领域　　D. 行政法领域

【解析】公平原则最初来源于民法领域，其核心要义在于平等。

14. “设定和实施行政处罚必须以事实为依据，与违法行为的事实、性质、情节以及社会危害程度相当”指的是行政处罚原则中的(　　)。

A. 公平、公正、公开原则　　B. 程序合法原则

C. 过罚相当原则　　D. 维护当事人的合法权益原则

【解析】过罚相当原则是指设定和实施行政处罚必须以事实为依据，与违法行为的事实、性质、情节以及社会危害程度相当。

15. 下列关于行政处罚体制的说法错误的是(　　)。

A. 监督检查部门负责立案、调查取证

B. 行政处罚委员会负责提出行政处罚建议

C. 行政处罚委员会办公室负责行政处罚案件的审理、组织听证

D. 行政处罚委员会负责审议决定行政处罚案件

【解析】最新修订的《行政处罚办法》确立了调查、审理和决定环节负责部门分离的行政处罚体制。明确了监督检查部门负责立案、调查取证、提出行政处罚建议；行政处罚委员会办公室负责行政处罚案件的审理、组织听证和行政处罚委员会审议会议；行政处罚委员会负责审议决定行政处罚案件。

16. 下列有关审议的说法错误的是(　　)。

A. 作出行政处罚决定的，应当获得行政处罚委员会全体委员三分之二及以上的同意

B. 行政处罚委员会办公室审理后认为应当予以行政处罚的，必须制作审理报告，提出拟处罚意见、理由和依据

C. 当事人需要陈述和申辩的，应当在收到行政处罚意见告知书之日起 10 日内将陈述和申辩的书面材料提交拟作出处罚的国务院银行业监督管理机构或其派出机构

D. 行政处罚委员会办公室应当审查当事人的陈述和申辩意见，对当事人提出的事实、

12B　13A　14C　15B　16A

理由和证据进行复核

【解析】A 项，作出行政处罚决定的，应当获得行政处罚委员会全体委员半数以上的同意。

17. 监督检查部门应当在立案之日起(　　)日内完成调查工作。在规定时间内无法完成的，经行政处罚委员会主任委员批准，可以延长调查期限。

A. 30　　B. 60　　C. 90　　D. 120

【解析】监督检查部门应当在立案之日起 90 日内完成调查工作。有特殊情况的，可以适当延长。调查终结，监督检查部门认为违法、违规行为应当予以行政处罚的，必须制作调查报告。

18. 在行政处罚的审理环节中，监督检查部门认为需要给予行政处罚的，行政处罚委员会办公室应当在______日内作出是否接收的决定，并自接收之日起______日内完成审理工作。(　　)

A. 5；30　　B. 5；60　　C. 7；30　　D. 7；60

【解析】监督检查部门认为需要给予行政处罚的，应当将相关案件材料移送行政处罚委员会办公室。行政处罚委员会办公室应当在 5 日内作出是否接收的决定，并自接收之日起 60 日内完成审理工作。

19. 下列有关行政诉讼程序的说法错误的是(　　)。

A. 行政诉讼的一审程序，又称上诉审程序

B. 行政诉讼的一审程序包括审理前的准备、开庭审理、合议庭评议和判决等阶段

C. 二审法院经过对案件的审理，应根据行政行为的不同情况作出裁定撤销一审判决或裁定、依法改判、维持原判的裁判

D. 当事人对不予受理的裁定不服的，可以在接到裁定书之日起的规定期限内向上一级人民法院提出上诉，上一级人民法院的裁定为终局裁定

【解析】A 项，行政诉讼的二审程序又称上诉审程序，是指一审法院作出裁决后，诉讼当事人不服，在法定期限内提请一审法院的上一级法院重新审理并作出裁判的程序。

20. 下列有关行政复议程序说法错误的是(　　)。

A. 复议决定有三种：维持决定、履行法定职责决定、驳回申请决定

B. 复议申请不符合法定条件的，决定不予受理，并告知理由和相应的处理方式，而不能简单地一退了之

C. 复议申请符合其他法定条件，但不属于本行政机关受理的，应告知申请人向有关行政机关提出

D. 复议机关既有权审查行政行为是否合法，也有权审查行政行为是否适当

【解析】A 项，复议决定有四种：①维持决定；②履行法定职责决定；③撤销、变更、确认违法和重新作出具体行政行为的决定；④驳回申请决定。

21. 下列关于行政复议作用的说法错误的是(　　)。

A. 行政复议有利于解决行政争议

17C　18B　19A　20A　21C

B. 行政复议是行政监督的重要手段
C. 行政复议是一种重要的司法救济方法
D. 行政复议可以维护行政活动的严肃性和权威性

【解析】C 项，行政复议作为一种重要的行政救济方法，可以为公民、法人或者其他组织的合法权益提供有力的法制保障，使其免受不法行政的侵害，又能够维护行政活动的严肃性和权威性，保障行政活动顺畅进行，提高行政效率。

二、多项选择题(以下各小题给出的 5 个选项中，至少有 2 项符合题目要求，请将符合题目要求选项的代码填入括号内)

1. 以下行政处罚中，既可适用于对机构的处罚，也可适用于对个人的处罚的有(　　)。
A. 取消董(理)事、高级管理人员一定期限直至终身的任职资格
B. 没收违法所得
C. 责令停业整顿
D. 警告
E. 罚款

【解析】A 项，取消董(理)事、高级管理人员一定期限直至终身任职资格属于资格罚，因任职资格一般以履行职务为基础，根据《银行业监督管理法》第四十八条的规定，取消董(理)事、高级管理人员一定期限直至终身任职资格的行政处罚，其适用须以在履行职务期间有违法、违规行为为前提。C 项，责令停业整顿是指行政机关对违反行政管理法规的金融机构，依法在一定期限内剥夺其开展经营活动的权利的行政处罚。责令停业整顿将极大地影响银行业金融机构的经济利益，因此只有对情节特别严重的行政违法行为才能适用。

2. 银行业监督管理机构依法实施行政处罚，对(　　)具有重要作用。
A. 提升银行业务依法合规经营水平
B. 维护金融秩序
C. 提升银行业资本管理水平
D. 惩治金融违法行为
E. 保护金融投资者和消费者合法权益

【解析】行政处罚是国务院银行业监督管理机构及其派出机构的一项重要监管权力，是有效银行监管的重要制度保障。依法正确实施行政处罚，对惩治金融违法行为、维护金融秩序、保护金融投资者和消费者合法权益、提升银行业依法合规经营水平具有重要作用。

3. 根据《银行业监督管理法》，属于银行业金融机构的审慎经营规则的是(　　)。
A. 风险管理
B. 关联交易
C. 内部控制
D. 资本充足率
E. 损失准备金

【解析】审慎经营规则的内容可以包括风险管理、内部控制、资本充足率、流动性、资产质量、损失准备金、风险集中、关联交易等各个方面。

4. 下列可以对银行业金融机构进行行政处罚的种类包括(　　)。
A. 警告、罚款、没收违法所得

1BDE　2ABDE　3ABCDE　4ABDE

B. 取消董(理)事、高级管理人员一定期限直至终身任职资格

C. 暂停部分业务，停止审批新业务

D. 禁止一定期限直至终身从事银行业工作

E. 吊销金融许可证

【解析】行政处罚的种类包括：①警告；②罚款；③没收违法所得；④责令停业整顿；⑤吊销金融许可证；⑥取消董(理)事、高级管理人员一定期限直至终身任职资格；⑦禁止一定期限直至终身从事银行业工作；⑧法律、行政法规规定的其他行政处罚。

5. 下列有关监管强制措施错误的有(　　)。

A. 银行业金融机构监管部门应当自验收完毕之日起五日内解除对其采取的有关措施，防止监管机构滥用监督管理权力

B. 我国监管强制措施的类型分为对银行业金融机构的措施、对银行业金融机构股东的措施、对银行业金融机构董事、高级管理人员的措施

C. 严重危及该机构的稳健运行、损害存款人和其他客户合法权益，银行业监督管理机构不需要经过责令银行业金融机构限期改正这一过程，可直接采取监管强制措施

D. 针对银行从业人员，监管部门有权责令银行业金融机构撤换董事、高级管理人员或者限制其权利

E. 银行业监督管理机构根据检查确认的事实，由国务院银行业监督管理机构或者其市一级派出机构发布通知执行

【解析】A 项，银行业金融机构完成整改，经验收符合有关审慎经营规则时，监管部门应当自验收完毕之日起三日内解除有关措施，防止监管机构滥用监管权力；E 项，应由国务院银行业监督管理机构或者其省一级派出机构发布通知执行。

6. 属于实施行政处罚的程序的有(　　)。

A. 立案　　B. 调查　　C. 取证　　D. 审理

E. 审议

【解析】根据《行政处罚办法》，国务院银行业监督管理机构及其派出机构实施行政处罚的程序可分为立案、调查、取证、审理、审议、听证、决定与执行等环节。

7. 下列有关听证的说法错误的是(　　)。

A. 银行业监督管理机构在作出重大行政处罚决定前，应当在行政处罚意见告知书中告知当事人有要求举行听证的权利

B. 当事人应当自收到行政处罚意见告知书之日起 7 日内，向银行业监督管理机构提交经本人签字或盖章的听证申请书，说明听证的要求和理由

C. 银行业监督管理机构决定组织听证的，应当在举行听证 7 日前，书面通知当事人举行听证的时间、地点、方式

D. 听证工作组应当充分听取当事人或其代理人的意见，对当事人或其代理人提出的事实、理由和证据进行复核

E. 银行业监督管理机构决定组织听证的，应当自收到听证申请之日起 60 日内举行听证

【解析】B 项，当事人应当自收到行政处罚意见告知书之日起 5 日内，向银行业监督管理

5AE　6ABCDE　7BE

机构提交经本人签字或盖章的听证申请书，说明听证的要求和理由；E 项，银行业监督管理机构决定组织听证的，应当自收到听证申请之日起 30 日内举行听证。

8. 行政复议的具体程序有(　　)。

A. 起诉　　B. 申请　　C. 受理　　D. 审理

E. 决定

【解析】行政复议的具体程序分为申请、受理、审理、决定四个环节。A 项属于行政诉讼程序。

9. 行政复议的原则有(　　)。

A. 公平原则　　B. 公正原则　　C. 便民原则　　D. 一级复议原则

E. 司法最终原则

【解析】行政复议的原则主要有合法审查原则、合理性审查原则、公开原则、公正原则、效率原则、便民原则、一级复议原则和司法最终原则。

10. 行政诉讼执行启动必须要有的条件包括(　　)。

A. 生效的判决书　　B. 生效的裁定书

C. 可供执行的内容　　D. 被执行人有能力履行而不履行义务

E. 申请人在法定期限内提出了执行申请

【解析】行政诉讼的执行，必须在具备法律规定的一定条件后才能发生，没有这些条件，执行程序也就不能启动。启动的条件包括：①须有执行根据，就是强制执行据以执行的法律文书，即生效的判决书、裁定书和赔偿调解书；②须有可供执行的内容，一般是指赔偿，实施特定行为的义务；③被执行人有能力履行而不履行义务；④申请人在法定期限内提出了执行申请。

11. 下列属于行政诉讼参加人的有(　　)。

A. 行政复议代理人　　B. 当事人

C. 行政复议被申请人　　D. 诉讼中的第三人

E. 诉讼代理人

【解析】依据《行政诉讼法》的规定，行政诉讼参加人具体包括当事人、共同诉讼人、诉讼中的第三人和诉讼代理人。AC 两项均属于行政复议参加人。

12. 《行政处罚办法》对银行业监管处罚领域的行政处罚进行了系统的梳理，下列选项属于该办法规定的行政处罚的有(　　)。

A. 警告　　B. 罚款　　C. 没收违法所得　　D. 拘留

E. 禁止一定期限直至终身从事银行业工作

【解析】《行政处罚办法》对银行业监管处罚领域的行政处罚进行了系统的梳理，并规定了以下八种行政处罚：①警告；②罚款；③没收违法所得；④责令停业整顿；⑤吊销金融许可证；⑥取消董(理)事、高级管理人员一定期限直至终身任职资格；⑦禁止一定期限直至终身从事银行业工作；⑧法律、行政法规规定的其他行政处罚。

8BCDE　9BCDE　10ABCDE　11BDE　12ABCE

三、判断题(判断以下各小题的对错，正确的用A表示，错误的用B表示)

1. 监管强制措施给审慎经营规则的执行提供了保证，使监督机构在银行业金融机构偏离审慎经营方向或从事损害客户利益的行为时，及时阻止并进行纠正。(　　)

【解析】监管强制措施是银行业监督管理机构对银行业金融机构实施有效监督管理的必要手段。监管强制措施为审慎经营规则的执行提供了保证，使监管机构在银行业金融机构偏离审慎经营方向或从事损害客户利益的行为时，能够及时阻止并进行纠正，促使银行业金融机构自觉遵守法律法规。

2. 重要的行政救济途径只有行政复议。(　　)

【解析】行政复议与行政诉讼是两种重要的行政救济途径，都是基于行政行为争议的存在，用以解决争议的法律制度，都是权利救济手段。

3. 根据《行政诉讼法》，行政处罚违反法定程序的，将面临被人民法院予以判决撤销的严重后果。(　　)

【解析】程序法定是行政法治的主要理念之一，《行政处罚法》规定，不遵守法定程序的，行政处罚无效。这意味着严格遵循法定程序是行政处罚合法有效的前提，根据《行政诉讼法》规定，行政处罚违反法定程序的，将面临被人民法院予以判决撤销的严重后果。

4. 行政处罚的公正原则是公开原则的必然要求和必要保障。(　　)

【解析】行政处罚的公开原则是公正原则的必然要求和必要保障。

5. 银行业监督管理机构发现当事人涉嫌违反法律相关规定，依法应当给予行政处罚且有管辖权的，应当予以立案。(　　)

【解析】银行业监督管理机构发现当事人涉嫌违反法律、行政法规和银行业及保险业监管规定，依法应当给予行政处罚且有管辖权的，应当予以立案。

6. 行政处罚委员会办公室审理后认为应当予以行政处罚的，可直接进行处罚。(　　)

【解析】行政处罚委员会办公室审理后认为应当予以行政处罚的，必须制作审理报告，提出拟处罚意见、理由和依据。

7. 罚款不同于刑法中的罚金，罚金是一种附加刑，只能由人民法院依法判决。(　　)

【解析】罚款是行政处罚的一种，是指行政机关依法强制对违反行政管理法规的公民、法人及其他组织在一定期限内缴纳一定数量货币的处罚行为。罚款不同于《刑法》中的罚金，罚金是一种附加刑，只能由人民法院依法判决。

8. 根据证据的不同形式，行政诉讼的证据可以分为书证、物资、视听资料、电子数据、证人证言、当事人陈述、鉴定意见七类。(　　)

【解析】依据《行政诉讼法》的规定，根据证据的不同形式，行政诉讼的证据可以分为书证、物资、视听资料、电子数据、证人证言、当事人陈述、鉴定意见、勘验笔录和现场笔录。

1A　2B　3A　4B　5A　6B　7A　8B

9. 银行业监督管理机构通过非现场监管和现场检查手段发现银行业金融机构存在符合实施监管强制措施前提条件的行为时，根据检查确认的事实，经监管检查人员报请所在地银行业监督管理派出机构发布通知执行。（　　）

【解析】银行业监督管理机构通过非现场监管和现场检查手段发现银行业金融机构存在符合实施监管强制措施前提条件的行为时，根据检查确认的事实，经监管检查人员报请国务院银行业监督管理机构或者其省一级派出机构负责人批准，由国务院银行业监督管理机构或者其省一级派出机构发布通知执行。

第五章　负债业务

一、单项选择题(以下各小题所给出的 4 个选项中，只有 1 项最符合题目要求，请将正确选项的代码填入括号内)

1. 根据《大额存单管理暂行办法》，机构投资人认购大额存单起点金额不低于(　　)万元。[2024 年 6 月真题]

A. 800　　B. 1000　　C. 600　　D. 500

【解析】个人投资人认购的大额存单起点金额不低于 20 万元，机构投资人则不低于 1000 万元。

2. 个人投资人认购大额存单起点金额不低于(　　)。[2023 年 6 月真题]

A. 100　　B. 30　　C. 20　　D. 50

【解析】个人投资人认购的大额存单起点金额不低于 20 万元，机构投资人则不低于 1000 万元。

3. 根据《储蓄管理条例》的规定，下列关于储蓄机构的设置必须具备的条件，说法错误的是(　　)。[2015 年 10 月真题]

A. 储蓄机构有必要的安全防范设备

B. 储蓄机构熟悉储蓄业务的工作人员不少于四人

C. 储蓄机构有机构名称、组织机构和营业场所

D. 储蓄机构熟悉储蓄业务的工作人员不少于三人

【解析】根据《储蓄管理条例》第十一条，储蓄机构的设置必须具备下列三个条件：①有机构名称、组织机构和营业场所；②熟悉储蓄业务的工作人员不少于四人；③有必要的安全防范设备。

4. 按存款的(　　)不同，单位存款可分为单位活期存款、单位定期存款、单位通知存款等。[2019 年 6 月真题]

A. 业务品种　　B. 支取方式　　C. 流动性　　D. 期限

【解析】按存款的支取方式不同，单位存款一般分为单位活期存款、单位定期存款、单位通知存款、单位协定存款和协议存款等。

5. 债券回购交易是一种比较灵活的融资方式，作一笔回购交易，对于债券持有者来说，是卖债券的______和买债券______的结合；对于货币持有者来说，是买债券的______和卖债券的______结合。(　　)[2018 年 6 月真题]

A. 即期合同；远期交易；即期合同；远期交易

B. 即期交易；远期合同；即期交易；远期合同

C. 远期交易；即期合同；远期交易；即期合同

D. 远期合同；即期交易；远期合同；即期交易

1B　2C　3D　4B　5B

【解析】回购交易是现货交易与远期交易的结合。回购交易是一种比较灵活的融资方式，作一笔回购交易，对于债券持有者来说，是卖债券的即期交易和买债券远期合同的结合；对于货币持有者来说，是买债券的即期交易和卖债券远期合同的结合。

6. 下列表述中不是金融债券的特点的是(　　)。[2017 年 6 月真题]
   A. 债券到期还本付息
   B. 发行者有较大的主动权，筹资对象范围广泛，筹资效率较高
   C. 债券的盈利性、流动性较好，有较强的吸引力
   D. 须向中央银行账户缴纳法定存款准备金

   【解析】金融债券的特点包括：①发行者有较大的主动权，筹资对象范围广泛，筹资效率较高；②债券的盈利性、流动性较好，有较强的吸引力；③债券到期还本付息，因而筹集的资金稳定，并且不必向中央银行账户缴纳法定存款准备金。

7. 下列各项中不属于商业银行负债业务的是(　　)。[2017 年 6 月真题]
   A. 资本金　　B. 吸收存款
   C. 向中央银行借款　　D. 发行金融债券

   【解析】商业银行的负债业务主要由存款和借款构成。按业务品种分类，可分为：单位存款、储蓄存款、同业存放、同业拆入、向中央银行借款、债券融资以及应付款项等。A 项，资本金属于商业银行的权益。

8. 商业银行可以长期独立运用的最稳定的资金来源是(　　)。[2016 年 10 月真题]
   A. 向中央银行借款　　B. 资本金
   C. 发行金融债券　　D. 吸收存款

   【解析】存款是存款人基于对银行的信任而将资金存入银行，并可以随时或按约定时间支取款项的一种信用行为。存款是银行对存款人的负债，是我国商业银行最主要的资金来源。

9. 对个人储蓄存款，商业银行有权拒绝任何单位或个人的查询、冻结、扣划，但(　　)另有规定除外。[2016 年 5 月真题]
   A. 法律、行政法规和监管部门规章　　B. 法律和行政法规
   C. 法律和地方性法规　　D. 法律

   【解析】对于个人存款，法律行政法规等规定了严格的保密义务。对个人储蓄存款，商业银行有权拒绝任何单位或个人查询、冻结、扣划，但法律另有规定的除外。

10. 《人民币银行结算账户管理办法》中所称的银行结算账户，是指(　　)。[2016 年 5 月真题]
    A. 人民币单位协议存款账户　　B. 人民币定期存款账户
    C. 单位通知存款账户　　D. 人民币活期存款账户

    【解析】根据《人民币银行结算账户管理办法》第二条，银行结算账户，是指银行为存款人开立的办理资金收付结算的人民币活期存款账户。

6D　7A　8D　9D　10D

11. 大额存单的期限品种不包括(　　)。

A. 7天　　B. 3个月　　C. 6个月　　D. 5年

【解析】大额存单采用标准期限的产品形式，期限包括1个月、3个月、6个月、9个月、1年、18个月、2年、3年和5年共9个品种。

12. 证券发行者自己组织销售的证券发行方式是(　　)。

A. 直接发行　　B. 间接发行　　C. 代理发行　　D. 公开发行

【解析】直接发行，即发行人不通过承销商而直接发行金融债券，中国金融债券的发行大多选择这种方式。

13. 存款是我国商业银行最主要的(　　)。

A. 风险资产　　B. 投资业务　　C. 资金来源　　D. 资金运用

【解析】存款是存款人基于对银行的信任而将资金存入银行，并可以随时或按约定时间支取款项的一种信用行为。存款是银行对存款人的负债，是我国商业银行最主要的资金来源。

14. 关于个人存款业务，下列说法中正确的是(　　)。

A. 存款具体采用何种计息方式由储户决定

B. 活期存款按月结息

C. 定期存款通常期限越长，利率越高

D. 定期存款不能提前支取

【解析】A项，存款具体采用何种计息方式由各银行决定，储户只能选择银行，不能选择计息方式；B项，我国对活期存款实行按季度结息，每季度末月的20日为结息日，次日付息；D项，提前支取的定期存款，支取部分按活期存款利率计付利息，提前支取部分的利息同本金一并支取。

15. 下面关于外币存款业务与人民币存款业务异同的描述错误的是(　　)。

A. 存款币种不同

B. 具体管理方式不同

C. 可分为活期存款和定期存款

D. 只有人民币存款可以按客户类型分为个人存款和单位存款

【解析】外币存款业务与人民币存款业务除了存款币种和具体管理方式不同之外，有许多共同点：两种存款业务都是存款人将资金存入银行的信用行为，都可按存款期限分为活期存款和定期存款，按客户类型分为个人存款和单位存款等。

16. 教育储蓄的对象为在校小学(　　)以上学生。

A. 三年级(含三年级)　　B. 四年级(含四年级)

C. 五年级(含五年级)　　D. 六年级(含六年级)

【解析】教育储蓄是指父母为了子女接受非义务教育而存钱，分次存入，到期一次支取本金和利息的储蓄存款，教育储蓄的对象为在校小学四年级(含四年级)以上学生。

11A　12A　13C　14C　15D　16B

17. 下列关于存款的说法正确的是(　　)。

A. 定活两便储蓄存款的利率要比活期存款低

B. 个人通知存款可以按照储户需要随时支取

C. 教育储蓄存款的利息征税税率为5%

D. 教育储蓄存款本金最高限额为2万元

【解析】A项，定活两便储蓄存款的利息高于活期储蓄存款；B项，个人通知存款开户时不约定存期，预先确定品种，支取时只要提前一定时间通知银行，约定支取日期及金额；C项，教育储蓄存款免征储蓄存款利息所得税。

18. 小张硕士毕业后，准备前往美国自费攻读博士学位。在他取得前往美国的入境签证之前，他需要在我国商业银行持有(　　)。

A. 个人通知存款　　B. 定活两便储蓄存款

C. 外汇储蓄存款　　D. 个人保证金存款

【解析】按照保证金担保的对象不同，保证金存款可分为以下五种：①银行承兑汇票保证金；②信用证保证金；③黄金交易保证金；④个人购汇保证金；⑤远期结售汇保证金。其中，由于我国境内居民个人自费出国(境)留学需预交一定比例外汇保证金才能取得前往国家入境签证，外汇管理局允许商业银行向居民个人收存一定比例人民币，即个人购汇保证金，作为居民购汇取得外汇保证金的前提。

19. (　　)是商业银行为客户出具具有结算功能的信用工具、或提供资金融通后按约履行相关义务，而与其约定将一定数量的资金存入特定账户所形成的存款类别。

A. 单位定期存款　B. 单位活期存款　C. 单位协定存款　D. 保证金存款

【解析】A项，单位定期存款是指单位类客户在商业银行办理的约定期限、整笔存入，到期一次性支取本息的存款类型；B项，活期存款是指不规定存期，可随时转账、存取，银行按结息日人民银行规定的活期存款利率计付利息的一种存款；C项，单位协定存款是一种单位类客户通过与商业银行签订合同的形式约定合同期限、确定结算账户需要保留的基本存款额度、对超过基本存款额度的存款按中国人民银行规定的上浮利率计付利息、对基本存款额度按活期存款利率付息的存款类型。

20. 以下不属于个人存款的是(　　)。

A. 定活两便储蓄存款　　B. 教育储蓄存款

C. 协定存款　　D. 个人通知存款

【解析】按存款的支取方式不同，个人存款一般分为以下类型：①活期存款；②定期存款；③定活两便储蓄存款；④个人通知存款；⑤教育储蓄存款。C项，协定存款属于单位存款。

21. 目前我国银行开办的外币存款业务币种不包括(　　)。[2022年7月真题]

A. 加拿大元　B. 德国马克　C. 瑞士法郎　D. 新加坡元

【解析】目前，我国银行开办的外币存款业务币种主要有美元、欧元、日元、港元、英镑、澳大利亚元、加拿大元、瑞士法郎、新加坡元等。

17D　18D　19D　20C　21B

22. 根据我国金融监管法规，目前能够合法吸收公众存款的金融机构只有(　　)。

A. 集团财务公司　　B. 民间小额贷款公司

C. 互联网金融公司　　D. 银行类金融机构

【解析】根据我国相关金融监管法规规定，目前能够合法吸收公众存款的金融机构只有银行类金融机构。其他一些机构，如企业集团财务公司等，虽然也能办理存款业务，但只能向特定客户吸收存款，不得向社会公众吸收存款。

23. 境内机构经常项目外汇账户的限额统一采用的核定币种是(　　)。

A. 美元　　B. 人民币　　C. 欧元　　D. 日元

【解析】境内机构原则上只能开立一个经常项目外汇账户。境内机构经常项目外汇账户的限额统一采用美元核定。

24. 中国政策性银行向商业银行发行金融债券常常选择(　　)的方式。

A. 直接发行　　B. 间接发行　　C. 私募　　D. 公募

【解析】私募是指发行人向特定的投资者直接发行金融债券，中国政策性银行向商业银行发行的金融债券常常选择这种方式。

25. 债券回购的最长期限为(　　)。

A. 6 个月　　B. 12 个月　　C. 18 个月　　D. 24 个月

【解析】债券回购是指债券交易的双方在进行债券交易的同时，以契约方式约定在将来某一日期以约定价格，由债券的“卖方”向“买方”再次购回该笔债券的交易行为。债券回购的最长期限为 1 年，利率由双方协商确定。

26. 隔日回购是指最初售出者在卖出债券的(　　)即将该债券购回。

A. 当日　　B. 次日　　C. 第三天　　D. 至少两天以后

【解析】回购交易方式按照期限不同可以分为隔日回购和定期回购。隔日回购是指最初售出者在卖出债券次日即将该债券购回；定期回购则是指最初出售者在卖出债券至少两天以后再将同一债券买回。

27. 商业银行一般把向(　　)借款作为融资的最后选择。

A. 中央银行　　B. 银行同业　　C. 市场　　D. 居民

【解析】商业银行一般把向中央银行借款作为融资的最后选择，只有在通过其他方式难以借到足够的资金时，才会求助于中央银行，这也是中央银行被称为“最后贷款人”的原因。

28. 下列关于银行存款定价的说法中，不正确的是(　　)。

A. 银行的存款定价是指确定存款的利率、附加收费和相关条款

B. 存款定价原则上主要考虑价格对存款人的吸引力，其他因素为次要

C. 银行存款定价要与市场价格保持均衡、区别确定差别价格

D. 商业银行制定存款价格后，还应适时根据市场形势进行灵活的调整

【解析】B 项，存款定价原则即商业银行应在明确自身阶段经营目标前提下，综合分析

22D　23A　24C　25B　26B　27A　28B

价格对存款人的吸引力、自身的承受能力、资金用途、盈利能力、资金价格走势等因素后，制定适宜的价格标准。

29. 回购交易要发生(　　)次券款交割。

A. 0　　B. 1　　C. 2　　D. 3

【解析】回购交易要发生两次券款交割。回购交易在签订回购合同当时就有一次券款的交割，待回购合同到期时，还有一次相反方向的券款交割，交割共发生两次。

30. 商业银行与特定客户签署协议，自主确定存款期限、金额、利率、结息方式的存款为(　　)。

A. 单位协定存款　　B. 协议存款

C. 保证金存款　　D. 定期存款

【解析】协议存款是指在利率市场化前，根据人民银行有关规定，商业银行可与保险公司、全国社会保障基金会等特定客户签署协议，自主确定存款期限、金额、利率、结息方式的存款，各类协议存款有最低起存期限和金额要求。

二、多项选择题(以下各小题给出的5个选项中，至少有2项符合题目要求，请将符合题目要求选项的代码填入括号内)

1. 大额存单在投资认购后，可以将大额存单(　　)。[2024年6月真题]

A. 转让给其他商业银行　　B. 转让给非金融机构

C. 办理质押　　D. 通过发行机构自有渠道办理赎回

E. 提前支取

【解析】大额存单转让可以通过第三方平台开展，转让范围限于非金融机构投资人及人民银行认可的其他机构；通过发行人营业网点、电子银行等自有渠道发行的大额存单，可以根据发行条款通过自有渠道办理提前支取和赎回。此外，大额存单还可以用于办理质押。大额存单作为一般性存款纳入存款保险的保障范围。

2. 根据《大额存单管理暂行办法》，下列说法中正确的有(　　)。[2017年6月真题]

A. 保险公司、社保基金也可以投资大额存单

B. 个人投资人认购的大额存单起点金额不低于50万元，机构投资人认购大额存单起点金额不低于500万元

C. 大额存单可以转让、提前支取和赎回

D. 大额存单是由银行业存款类金融机构面向非金融机构投资人发行的、以人民币计价的凭证式大额存款凭证，是银行存款类金融产品，属一般性存款

E. 大额存单自认购之日起计息，付息方式为到期一次还本付息

【解析】B项，个人投资人认购的大额存单起点金额不低于20万元，机构投资人则不低于1000万元；D项，大额存单是由银行业存款类金融机构面向非金融机构投资人发行的、以人民币计价的记账式大额存款凭证，具有利率通过市场化方式确定、到期兑付前可以自由转让等特点，属于一般性存款；E项，大额存单自认购之日起计息，付息方式分为到期一次还本付息和定期付息、到期还本两种。

29C　30B　❙　1BCDE　2AC

3. 商业银行的下列存款种类中，只要不超过中国人民银行同期限档次存款利率上限，计结息规则可由银行自己把握的有(　　)。

A. 定期整存整取　B. 协定存款　C. 通知存款　D. 零存整取

E. 活期存款

【解析】除活期存款和定期整存整取两种存款外，计结息规则由各银行自己把握，既可以沿用普遍使用的每年 360 天(每月 30 天)计息期，也可选择将计息期全部化为实际天数计算利息，即每年为 365 天(闰年为 366 天)，每月为当月公历的实际天数。

4. 关于定期存款计息规则，下列说法正确的有(　　)。

A. 逾期支取的定期储蓄存款，超过原定存期的部分，除约定自动转存外，按支取日挂牌公告的活期储蓄存款利率计付利息

B. 逾期支取的定期储蓄存款，除约定自动转存外，全部按支取日挂牌公告的活期储蓄存款利率计付利息

C. 部分提前支取的定期储蓄存款，全部按活期存款利率计付利息

D. 提前支取的定期储蓄存款，支取部分按活期存款利率计付利息

E. 定期存款在存期内如果遇到利率调整，则整个存期内的利息按照存单开户日挂牌公告的利率计算

【解析】B 项，逾期支取的定期存款，超过原定存期的部分，除约定自动转存外，按支取日挂牌公告的活期存款利率计付利息，并全部计入本金；C 项，提前支取的定期存款，支取部分按活期存款利率计付利息，提前支取部分的利息同本金一并支取。

5. 关于各类定期存款，下列说法正确的有(　　)。

A. 整存整取的起存金额为 100 元

B. 零存整取每月存入固定金额，到期一次支取本息

C. 整存零取是指整笔存入，固定期限分期支取

D. 存本取息的起存金额为 10000 元

E. 存本取息的起存金额为 5000 元

【解析】A 项，整存整取的起存金额为 50 元；D 两项，存本取息定期存款是指整笔存入，约定取息期到期一次性支取本金、分期支取利息的定期存款形式，起存金额为 5000 元。

6. 以下属于单位存款的有(　　)。

A. 定期存款　B. 活期存款　C. 定活两便存款　D. 协定存款

E. 协议存款

【解析】按存款的支取方式不同，单位存款一般可做如下划分：①单位活期存款；②单位定期存款；③单位通知存款；④单位协定存款；⑤协议存款。C 项，定活两便存款属于个人存款。

7. 单位通知存款是指单位类客户在存入款项时不约定存期，支取时需提前通知商业银行的存款。目前，银行提供(　　)通知存款。

A. 1 天　B. 3 天　C. 5 天　D. 7 天

3BCD　4ADE　5BCE　6ABDE　7AD

E. 10 天

【解析】单位通知存款是指单位类客户在存入款项时不约定存期，支取时需提前通知商业银行，并约定支取存款日期和金额方能支取的存款类型。不论实际存期多长，按存款人提前通知的期限长短，可再分为 1 天通知存款和 7 天通知存款两个品种。

8. 下列关于个人外汇储蓄存款，说法不正确的有(　　)。

A. 我国不区分现钞和现汇账户，对个人非经营性外汇收付统一通过外汇储蓄账户进行管理

B. 个人外汇账户按主体类别区分为外汇结算账户、资本项目账户及外汇储蓄账户

C. 现钞和现汇独立核算

D. 外汇储蓄账户只能用于外汇存取，不能进行转账

E. 按账户性质区分为境内个人外汇账户和境外个人外汇账户

【解析】B 项，个人外汇账户按主体类别区分为境内个人外汇账户和境外个人外汇账户；E 项，按账户性质区分为外汇结算账户、资本项目账户及外汇储蓄账户。

9. 单位活期存款账户又称单位结算账户，包括的类型有(　　)。

A. 基本存款账户　B. 一般存款账户　C. 专用存款账户　D. 临时存款账户

E. 单位存款账户

【解析】单位活期存款是指单位类客户在商业银行开立结算账户，将人民币存入银行，不规定存期，可随时转账、存取，银行按结息日人民银行规定的活期存款利率计付利息的一种存款。单位活期存款账户又称为单位结算账户，包括基本存款账户、一般存款账户、专用存款账户和临时存款账户。

10. 银行不得(　　)消费者个人金融信息。[2022 年 7 月真题]

A. 出售　B. 保存　C. 违法使用　D. 篡改

E. 收集

【解析】银行业金融机构应建立、健全覆盖存款业务的内部控制制度，依法合规配合有权机关对存款的查询、冻结和扣划工作，并注意尊重银行业消费者的个人金融信息安全权，采取有效措施加强对个人金融信息的保护，不得篡改、违法使用银行业消费者个人金融信息，不得在未经银行业消费者授权或同意的情况下向第三方提供个人金融信息。《(刑法)修正案(七)》明确对出售、非法提供公民个人信息的行为进行刑事制裁。

11. 下列关于大额存单业务说法正确的有(　　)。

A. 进一步扩大了负债产品市场化定价范围

B. 有利于健全市场化利率形成机制

C. 有利于进一步锻炼金融机构的自主定价能力，培育企业、个人等零售市场参与者的市场化定价理念

D. 大额存单付息方式分为到期一次还本付息和定期付息、到期还本

E. 大额存单发行利率采用监管机构指定利率

8BE　9ABCD　10ACD　11ABCD

【解析】大额存单是由银行业存款类金融机构面向非金融机构投资人发行的、以人民币计价的记账式大额存款凭证，具有利率通过市场化方式确定、到期兑付前可以自由转让等特点，属于一般性存款。E 项，大额存单发行利率以市场化方式确定。固定利率存单采用票面年化收益率的形式计息，浮动利率存单以上海银行间同业拆借利率(Shibor)为浮动利率基准计息。

12. 根据存款自愿，居民的(　　)不受干预。

A. 存与不存　　B. 存多存少　　C. 存期长短　　D. 参加储蓄的种类

E. 存到哪一个营业网点

【解析】商业银行办理个人储蓄存款业务，应当遵循存款自愿、取款自由、存款有息、为存款人保密的原则。其中，存款自愿是指城乡居民持有的闲置货币存与不存、存多存少、存期长短、参加储蓄的种类、存到哪一个营业网点都由个人选择，不受任何干预。

13. 存款价格制定后，银行还应适时根据市场形势进行灵活的调整，具体是指(　　)。

A. 根据储户要求调整存款价格　　B. 根据利率走势调整存款价格

C. 根据经营需要调整存款价格　　D. 根据政府要求调整存款价格

E. 根据国际形势调整存款价格

【解析】商业银行制定存款价格后，还应适时根据市场形势进行灵活的调整。具体调整有以下几种方式：①根据利率走势调整存款价格；②根据经营需要调整存款价格；③根据资金头寸调整价格。

14. 按照监管规定，商业银行发行金融债券应具备的条件有(　　)。

A. 具有良好的公司治理机制　　B. 核心资本充足率不低于5%

C. 最近两年连续盈利　　D. 贷款损失准备计提充足

E. 风险监管指标符合监管机构的有关规定

【解析】商业银行发行金融债券前需报经中国人民银行许可，需要具备如下条件：①具有良好的公司治理机制；②核心资本充足率不低于4%；③最近三年连续盈利；④贷款损失准备计提充足；⑤风险监管指标符合监管机构的有关规定；⑥最近三年没有重大违法、违规行为；⑦中国人民银行要求的其他条件等。

15. 中国金融债券发行的特殊性表现在(　　)。

A. 发行债券筹集的资金用途常常有特别限制

B. 发行的金融债券数量大、时间集中、期次少

C. 发行方式大多采取直接私募或间接私募

D. 金融债券的发行须经特别审批

E. 认购者以商业银行为主

【解析】我国金融债券发行的特殊性主要包括：①发行的金融债券大多是筹集专项资金的债券，即发债资金的用途常常有特别限制；②发行的金融债券数量大、时间集中、期次少；③发行方式大多采取直接私募或间接公募，认购者以商业银行为主；④金融

12ABCDE　13BC　14ADE　15ABCDE

债券的发行须经特别审批。

16\. 大额存单发行的渠道包括(　　)。

A. 第三方平台发行　　B. 全国银行间同业拆借中心发行

C. 发行人的营业网点发行　　D. 电子银行发行

E. 线下一对一发行

【解析】大额存单发行采用电子化的方式，既可以在发行人的营业网点、电子银行发行，也可以在第三方平台以及经中国人民银行认可的其他渠道发行。人民银行授权全国银行间同业拆借中心为大额存单业务提供第三方发行、交易和信息披露平台。

三、判断题(判断以下各小题的对错，正确的用 A 表示，错误的用 B 表示)

1\. 单位通知存款通知时间是 7 天和 14 天。(　　)[2023 年 10 月真题]

【解析】不论实际存期多长，按存款人提前通知的期限长短，单位通知存款可分为 1 天通知存款和 7 天通知存款两个品种。

2\. 大额存单是市场化的负债产品，存单期限和购买起点可由商业银行自行设定。(　　)[2020 年 10 月真题]

【解析】大额存单采用标准期限的产品形式。大额存单发行利率以市场化方式确定：固定利率存单采用票面年化收益率的形式计息，浮动利率存单以上海银行间同业拆借利率(Shibor)为浮动利率基准计息。大额存单自认购之日起计息，付息方式分为到期一次还本付息和定期付息、到期还本。

3\. 某银行为达到一个月吸收存款过亿元的指标，可以采取“一万送床单”的吸收存款方式。(　　)

【解析】商业银行不得违反规定提高或者降低利率以及采用返还现金或有价证券、赠送实物等不正当手段吸收存款。商业银行不得采取以下手段违规吸收和虚假增加存款：①违规返利吸存。即通过返还现金或有价证券、赠送实物等不正当手段吸收存款；②通过第三方中介吸存；③延迟支付吸存；④以贷转存吸存；⑤以贷开票吸存；⑥通过理财产品倒存；⑦通过同业业务倒存。

4\. 大额存单是由银行业存款类金融机构面向非金融机构投资人发行的、以人民币计价的记账式大额存款凭证。(　　)[2018 年 10 月真题]

【解析】大额存单是由银行业存款类金融机构面向非金融机构投资人发行的、以人民币计价的记账式大额存款凭证，具有利率通过市场化方式确定、到期兑付前可以自由转让等特点，属于一般性存款。

5\. 单位定期存款是单位类客户在商业银行存入一定数额货币资金，约定存款期限，到期后一次性支取本息的存款类型。(　　)[2018 年 6 月真题]

【解析】单位定期存款是指单位类客户在商业银行办理的约定期限、整笔存入，到期一次性支取本息的存款类型，存期分 3 个月、6 个月、1 年、2 年、3 年、5 年六个档次。

6\. 目前，我国各家商业银行多使用逐笔计息法计算活期存款利息，使用积数计息法计算整

16ABCD　▌　1B　2B　3B　4A　5A　6B

存整取存款利息。(　　)[2017 年 10 月真题]

【解析】《关于人民币存贷款计结息问题的通知》中提供了两种存款计息方式选择：①积数计息法，即按实际天数每日累计账户余额，以累计积数乘以日利率计算利息；②逐笔计息法，按预先确定的计息公式逐笔计算利息。目前，各家银行多使用积数计息法计算活期存款利息，使用逐笔计息法计算整存整取定期存款利息。

7. 债券回购是商业银行短期借款的重要方式，它包括买断式回购与质押式回购。(　　)[2016 年10 月真题]

【解析】债券回购是指债券交易的双方在进行债券交易的同时，以契约方式约定在将来某一日期以约定价格(本金和按约定回购利率计算的利息)，由债券的“卖方”(正回购方)向“买方”(逆回购方)再次购回该笔债券的交易行为。债券回购是商业银行短期借款的重要方式，包括质押式回购与买断式回购。

8. 在我国，大额存单有固定利率存单，也有浮动利率存单。(　　)

【解析】大额存单发行利率以市场化方式确定。固定利率存单采用票面年化收益率的形式计息，浮动利率存单以上海银行间同业拆借利率(Shibor)为浮动利率基准计息。

9. 同业拆借是金融机构满足短期资金需求的重要途径，因此同业拆借的交易量要远大于债券回购。(　　)

【解析】与纯粹以信用为基础的、没有任何担保的同业拆借相比，债券回购的风险要低得多，对信用等级相同的金融机构来说，债券回购利率一般低于拆借利率。因此，债券回购的交易量要远大于同业拆借。

10. 个人通知存款的起存金额一般为 5 万。(　　)

【解析】个人通知存款的业务特点有：开户时不约定存期，预先确定品种，支取时只要提前一定时间通知银行，约定支取日期及金额。目前，银行提供一天、七天通知储蓄存款两个品种，一般 5 万元起存。

11. 教育储蓄存款存期分为一年、三年和六年，提前支取时必须全额支取。(　　)

【解析】教育储蓄属于零存整取定期储蓄存款，存期分为 1 年、3 年和 6 年。提前支取时必须全额支取。

12.《中国人民银行关于人民币存贷款计结息问题的通知》中规定储户能自由选择银行与计息方式。(　　)

【解析】除活期和定期整存整取两种存款外，计结息规则由各银行自己把握，既可以沿用普遍使用的每年 360 天(每月 30 天)计息期，也可选择将计息期全部化为实际天数计算利息，即每年为 365 天(闰年为 366 天)，每月为当月公历的实际天数。

13. 教育储蓄存款是指父母为其子女接受义务教育积蓄资金，到期支取本息的一种定期储蓄存款。(　　)

【解析】教育储蓄存款是指父母为其子女接受非义务教育而存钱，分次存入，到期一次支取本金和利息的存款类型，属于零存整取定期储蓄存款，存期分为 1 年、3 年、6

7A　8A　9B　10A　11A　12B　13B

年。教育储蓄存款的对象为在校小学四年级(含四年级)以上学生。该存款起存金额为50元，本金合计最高限额为2万元。

14. 我国个人活期存款通常1元起存，按季结息。( )
【解析】活期存款是指不规定存款期限，客户可以随时存取、存取金额不限的存款类型。活期存款通常1元起存，以存折或银行卡作为存取凭证。我国对活期存款实行按季度结息，每季度末月的20日为结息日，次日付息。

15. 定期存款的储户在未到期时就将存款取出，会承担利息损失。( )
【解析】如果储户在存款到期前要求提前支取，则支取部分按活期存款利率计付利息，提前支取部分的利息同本金一并支取。通常活期储蓄存款利率要低于定期储蓄存款利率，因此用户提前支取定期存款会遭受利息损失。

16. 单位通知存款按存款期限可分为1天通知存款和7天通知存款两个品种。( )[2022年7月真题]
【解析】不论实际存期多长，按存款人提前通知的期限长短，可分为1天通知存款和7天通知存款两个品种。

17. 单位定期存款不能提前支取或逾期支取，只能在存期到期时支取。( )
【解析】单位定期存款是指单位类客户在商业银行办理的约定期限、整笔存入，到期一次性支取本息的存款类型。可部分提前支取或逾期支取，支取或逾期部分存款按实存天数和支取日挂牌中国人民银行公布的活期存款利率计息，利随本清。

18. 定期回购信用风险比隔日回购大。( )
【解析】回购期限长短不同，其信用风险也不同。定期回购的信用风险比隔日回购的大，在定期回购中，回购期越长，其信用风险越大，所以在做定期回购时，回购方(即最初出售者)需交纳一定的保证金，以防止回购方到期不及时将债券买回。

14A 15A 16A 17B 18A

第六章　资产业务

一、单项选择题(以下各小题所给出的4个选项中，只有1项最符合题目要求，请将正确选项的代码填入括号内)

1. 下列关于商业银行贷款业务的说法错误的是(　　)。[2024年6月真题]

A. 表外业务构成了商业银行的或有资产和或有负债，在风险成为现实、银行进行垫款时，就转为表内业务

B. 信用贷款仅凭借款人的信用就可取得，不需要保证和抵押

C. 抵押贷款是指以第三人承诺在借款人不能偿还贷款时，按约定承担一般保证责任的贷款

D. 长期贷款是指贷款期限在五年以上(不含五年)的贷款

【解析】C项，抵押贷款是指为担保债务的履行，债务人或者第三人不转移财产的占有，将该财产抵押给银行，借款人不履行到期债务或者发生当事人约定的实现抵押权的情形，银行有权就该财产优先受偿的贷款。

2. 修订后的《固定资产贷款管理办法》明确，固定资产贷款期限一般不超过(　　)年。[2024年6月真题]

A. 5　　B. 10　　C. 15　　D. 20

【解析】修订后的《固定资产贷款管理办法》明确，固定资产贷款期限一般不超过10年，并强调，确需办理期限超过10年贷款的，应由贷款人总行负责审批，或根据实际情况审慎授权相应层级负责审批。

3. 下列关于贷款机构显示贷款利率的方式，正确的是(　　)。[2024年6月真题]

A. 消费金融公司在其网站上展示贷款产品，标明万元贷款日息2元

B. 汽车金融公司在其宣传海报中展示某款汽车贷款产品，标明月息1.2%

C. 某商业银行在其个人商品房贷款产品宣传手册中标明，最低贷款利率为6%/年

D. 小额贷款公司在其与客户签订的贷款合同中，标明月息2%

【解析】所有从事贷款业务的机构，在网站、移动端应用程序、宣传海报等渠道进行营销时，所有贷款产品(包括信用卡分期、信用卡透支等)均应当以明显的方式向借款人展示年化利率，并在签订贷款合同时载明，也可根据需要同时展示日利率、月利率等信息，但不应比年化利率更明显。

4. 下列财产中不得办理抵押的是(　　)。[2023年10月真题]

A. 土地所有权　　B. 正在建造的船舶

C. 房屋使用权　　D. 土地使用权

【解析】债务人或第三人有权处置的下列财产可作为抵押物：建筑物和其他土地附着物；建设用地使用权；海域使用权；生产设备、原材料、半成品、产品；正在建造的建筑物、船舶、航空器；交通运输工具；法律、行政法规未禁止抵押的其他财产。

1C　2B　3C　4A

5. 债券投资已成为商业银行的一种重要资产形式，商业银行债券投资的目标不包括(　　)。[2025 年 6 月真题]

A. 增加银行吸收存款的能力　　B. 降低资产组合的风险

C. 提高资本充足率　　D. 平衡流动性和盈利性

【解析】商业银行债券投资的目标主要是平衡流动性和盈利性，并降低资产组合的风险、提高资本充足率。相对于贷款来说，债券的流动性要强得多；而相对于现金资产来说，债券的盈利性要高得多，因此，债券投资是平衡银行流动性和盈利性的优良工具。

6. 银团贷款的组织者或安排者称为(　　)。[2020 年 10 真题]

A. 牵头行　　B. 代理行　　C. 参加行　　D. 经理行

【解析】银团贷款牵头行是指经借款人同意，负责发起组织银团、分销银团贷款份额的银行，是银团贷款的组织者和安排者。

7. 甲向乙贷款 6 万元，由丙书面承诺在甲不能履行债务时，由丙承担一般保证责任，借款到期后，甲虽有钱仍想赖账不还，乙找甲催款未果，遂要求丙履行保证责任还款，下列关于保证责任的表述，正确的是(　　)。

A. 丙目前可以拒绝承担保证责任

B. 丙应当履行保证责任，先代甲还款 6 万元后，再向甲追债

C. 丙应当履行保证责任，代甲还款 6 万元

D. 丙应当履行保证责任，与乙共同向甲追款，追款未果给乙还款 6 万元

【解析】保证贷款是指保证人和银行约定，当借款人不履行到期债务或者发生当事人约定的情形时，保证人履行债务或者承担责任的贷款。保证的方式包括一般保证和连带责任保证。当事人在保证合同中约定，债务人不能履行债务时，由保证人承担保证责任的，为一般保证。一般保证的保证人在主合同纠纷未经审判或者仲裁，并就债务人财产依法强制执行仍不能履行债务前，对债权人可以拒绝承担保证责任。

8. 某商业银行接受客户拥有的股权作为其借款担保，该担保方式属于(　　)。

A. 信用贷款　　B. 保证　　C. 质押　　D. 抵押

【解析】质押贷款是指以借款人或者第三人的动产、权利出质给银行，借款人不履行到期债务或者发生当事人约定的实现质权的情形，银行有权就该动产、权利优先受偿的贷款。质押分为动产质押和权利质押。动产作为质押财产的，应当交付银行占有或者符合银行准入条件的第三方保管。可以出质的财产权利包括有价证券、基金份额和股权、知识产权中的财产权、应收账款四种。

9. 下列各项属于银行信贷所涉及的担保方式的是(　　)。

A. 托收承付　　B. 保理　　C. 保证　　D. 信用证

【解析】担保贷款是指由借款人或第三方依法提供担保而发放的贷款，包括保证贷款、抵押贷款、质押贷款。

10. 资产证券化是指把缺乏______，但具有______的资产汇集起来，通过结构性重组，将其转变为可以在金融市场上出售和流通的证券，据以融通资金的机制和过程。(　　)

5A　6A　7A　8C　9C　10D

［2018 年 10 月真题］

A. 流通性；未来现金流　　B. 未来现金流；流动性

C. 未来现金流；流通性　　D. 流动性；未来现金流

【解析】信贷资产支持证券是信贷资产证券化产生的资产。资产证券化是指把缺乏流动性，但具有未来现金流的资产汇集起来，通过结构性重组，将其转变为可以在金融市场上出售和流通的证券，据以融通资金的机制和过程。

11. 当债券违约风险相对较高，通常该债券的收益率______；当市场利率上升时，通常债券价格______(　　)。［2022 年 7 月真题］

A. 较高；上升　　B. 较高；下跌　　C. 较低；上升　　D. 较低；下跌

【解析】信用风险又称违约风险，是指发行债券的借款人不能按时支付债券利息或偿还本金，而给债券投资者带来损失的风险。如果市场认为一种债券的违约风险相对较高，那么就会要求债券的收益率较高，从而弥补可能承受的损失。利率风险是指利率的变动导致债券价格与收益率发生变动的风险。当市场利率上升时，债券价格下跌，使债券持有者的资本遭受损失。

12. 根据《流动资金贷款管理办法》，下列不属于贷款人加强动态贷后管理，防范化解信贷风险的措施是(　　)。［2017 年 10 月真题］

A. 调整贷款定价　　B. 提前收贷

C. 追加担保　　D. 动态关注借款人重大预警信号

【解析】在日常贷后管理中，商业银行应动态关注借款人经营、管理、财务及资金流向等重大预警信号，根据合同约定及时采取提前收贷、追加担保等有效措施防范化解贷款风险。对于借款人重大经营活动，如大额融资、资产出售以及兼并、分立、股份制改造、破产清算等活动，商业银行应根据法律法规规定和借款合同的约定积极参与，以维护债权。

13. 关于项目融资业务，下列表述错误的是(　　)。［2021 年 10 月真题］

A. 还款资金来源主要依赖该项目产生的销售收入、补贴收入和其他收入

B. 项目融资的借款人只能是企业法人，不能是事业法人

C. 项目融资的贷款通常是用于建造一个或一组大型生产装置、基础设施、房地产项目或其他项目

D. 针对项目融资金额较大、期限较长、风险较大的特点，为防止盲目降低贷款条件而恶性竞争，有效分散风险，要求在多个商业银行为同一项目提供贷款时，原则上应采取银团贷款的方式

【解析】借款人通常是为建设、经营该项目或为该项目融资而专门组建的企事业法人，包括主要从事该项目建设、经营或融资的既有企事业法人。

14. 某人投资某债券，买入价格为 100 元，一年后卖出价格为 110 元，期间获得利息收入 10 元，则该投资持有期收益率为(　　)。［2017 年 10 月真题］

A. 10%　　B. 9.1%　　C. 18.2%　　D. 20%

11B　12A　13B　14D

【解析】持有期收益率是债券买卖价格差价加上利息收入后与购买价格之间的比率。根据公式，可得：持有期收益率 =（出售价格 - 购买价格 + 利息）/购买价格 ×100% =（110 - 100 + 10）/100 ×100% = 20%。

15. 下列有关贷款管理的说法正确的是（　　）。［2017 年 6 月真题］
A. 集团客户授信业务有助于管控集团客户多头授信
B. 项目贷款对于已建项目不得再融资
C. 项目融资的各类风险仅按照项目经营期分析即可
D. 贷款人可以发放无指定用途的个人贷款
【解析】B 项，项目贷款包括对在建或已建项目的再融资；C 项，需根据项目建设期、经营期不同的风险特征，充分识别、评估和管理项目融资中存在的建设期风险和经营期风险；D 项，商业银行不得发放无指定用途的个人贷款。

16. （　　）的授信对象是符合规定条件的自然人。［2016 年 10 月真题］
A. 项目融资贷款　B. 固定资产贷款　C. 流动资金贷款　D. 个人贷款
【解析】按照借款人性质不同，贷款可分为公司贷款和个人贷款。其中，个人贷款是指商业银行向符合条件的自然人发放的用于个人消费、生产经营等用途的本外币贷款。

17. 商业银行贷款应实行（　　）的贷款管理原则。［2016 年 10 月真题］
A. 信贷调查与风险管理联合审批原则　B. 谁审查谁审批原则
C. 信贷人员调查、业务主管审批　D. 审贷分离、分级授权、按权限审批
【解析】商业银行应按“审贷分离、分级授权、按权限审批”原则明确贷款审批权限、规范贷款审批流程。

18. 债券投资业务中，债券票面利息与购买价格之间的比率为（　　）。［2016 年 5 月真题］
A. 到期收益率　B. 即期收益率　C. 持有期收益率　D. 名义收益率
【解析】即期收益率是债券票面利率与购买价格之间的比率，反映的是以现行价格购买债券时，通过按债券票面利率计算的利息收入而能够获得的收益。A 项，到期收益率是投资购买债券的内部收益率，即可以使投资购买债券获得的未来现金流量的现值等于债券当前市场价格的贴现率；C 项，持有期收益率是债券买卖价格差价加上利息收入后与购买价格之间的比率；D 项，名义收益率又称票面收益率，是票面利息与面值的比率。

19. 商业银行从事项目融资业务，评估项目风险时应当以（　　）为核心。［2016 年 5 月真题］
A. 经营期风险分析　B. 政策变化分析
C. 市场波动分析　D. 偿还能力分析
【解析】商业银行从事项目融资业务，应当以偿债能力分析为核心，重点从项目技术可行性、财务可行性和还款来源可靠性等方面评估项目风险，充分考虑政策变化、市场波动等不确定因素对项目的影响，审慎预测项目的未来收益和现金流。

15A　16D　17D　18B　19D

20. 包买商从出口商那里无追索地购买已经承兑的，并通常由进口商所在地银行担保的远期汇票或本票的业务是指(　　)。[2023年6月真题]

A. 保理融资　　B. 福费廷　　C. 出口押汇　　D. 信用证

【解析】福费廷是指包买商从出口商那里无追索地购买已经承兑的，并通常由进口商所在地银行担保的远期汇票或本票的业务。A项，保理融资，是指销售商(供应商、应收账款债权人)通过将其合法拥有的应收账款转让给银行(保理人、保理商)，从而获得融资的行为；C项，出口押汇是指银行凭出口商提供的信用证项下完备的货运单据作抵押，在收到开证行支付的货款之前，向出口商融通资金的业务；D项，信用证是指由银行(开证行)依照(申请人的)要求和指示或自己主动，在符合信用证条款的条件下，凭规定单据向第三者(受益人)或其指定方进行付款的书面文件。

21. 银行保理融资是指销售商通过将其合法拥有的(　　)转让给银行(保理人、保理商)，从而获得融资的行为。[2019年6月真题]

A. 银行承兑汇票　　B. 应收账款　　C. 固定资产　　D. 不良资产

【解析】保理融资，是指销售商(供应商、应收账款债权人)通过将其合法拥有的应收账款转让给银行(保理人、保理商)，从而获得融资的行为。

22. 贷款人可以根据需要，将(　　)为贷款设定质押担保。[2015年10月真题]

A. 为项目所投保的商业保险的第一顺位保险金请求权

B. 符合条件的项目资产

C. 项目发起人持有的项目公司股权

D. 项目批准文书

【解析】商业银行应当要求将符合抵质押条件的项目资产和/或项目预期收益等权利为贷款设定担保，并根据需要，将项目发起人持有的项目公司股权为贷款设定质押担保。

23. (　　)是指贷款利率在贷款期限内保持不变，遇利率调整也不分段计息的贷款。

A. 浮动利率贷款　　B. 固定利率贷款　　C. 实际利率贷款　　D. 拆借利率贷款

【解析】按贷款利率是否变化，贷款可分为固定利率贷款和浮动利率贷款。固定利率贷款是指贷款利率在贷款期限内保持不变，遇利率调整也不分段计息的贷款。

24. 贷款利率在贷款期限内随市场利率或官方利率波动按约定时间和方法自动进行调整的贷款是(　　)。

A. 浮动利率贷款　　B. 市场利率贷款　　C. 实际利率贷款　　D. 拆借利率贷款

【解析】浮动利率贷款是指贷款利率在贷款期限内随市场利率或官方利率波动按约定时间和方法自动进行调整的贷款。

25. 我国商业银行的最主要资产是(　　)。

A. 库存现金　　B. 在中央银行存款

C. 现金资产　　D. 贷款

【解析】商业银行的资产业务大体可分为现金资产、贷款、证券投资、固定资产和其他资产等。其中，贷款是商业银行最主要的资产，也是其最主要的资金运用。

20B　21B　22C　23B　24A　25D

26. 当企业经营周转资金出现缺口，可以申请的贷款是(　　)。

A. 项目贷款　B. 固定资产贷款　C. 流动资金贷款　D. 房地产贷款

【解析】流动资金贷款是指贷款人向企事业法人或国家规定可以作为借款人的其他组织发放的用于借款人日常生产经营周转的本外币贷款。流动资金贷款用途限于借款人日常生产经营周转，即用来弥补营运资金的不足。

27. 由两家或两家以上银行依据同一贷款合同，按约定时间和比例，通过代理行向借款人提供的本外币贷款或授信业务是(　　)。

A. 流动资金贷款　B. 固定资产贷款　C. 房地产贷款　D. 银团贷款

【解析】银团贷款是指由两家或两家以上银行依据同一贷款合同，按约定时间和比例，通过代理行向借款人提供的本外币贷款或授信业务。

28. 下列关于银团贷款的说法不正确的是(　　)。

A. 银团贷款成员按照“信息共享、独立审批、自主决策、风险自担”的原则自主确定各自授信行为

B. 银团成员通常分为牵头行、代理行和参加行等角色

C. 代理行不可以由牵头行担任，只能由银团贷款成员协商在除牵头行以外的成员中确定

D. 银团贷款信息备忘录由牵头行分发给潜在参加行，作为潜在参加行审贷和提出修改建议的重要依据

【解析】银团代理行是指银团贷款合同签订后，按相关贷款条件确定的金额和进度归集资金向借款人提供贷款，并接受银团委托按银团贷款协议规定的职责对银团资金进行管理的银行。C 项，代理行可以由牵头行担任，也可由银团贷款成员协商确定。

29. 下列不属于我国个人贷款业务的是(　　)。

A. 个人住房贷款　B. 房地产开发贷款

C. 个人消费贷款　D. 个人经营贷款

【解析】个人贷款是指商业银行向符合条件的自然人发放的用于个人消费、生产经营等用途的本外币贷款。根据个人贷款用途的不同，个人贷款产品可以分为个人住房贷款、个人经营贷款和个人消费贷款等。B 项，房地产开发贷款属于公司贷款业务。

30. 下列对贷款业务的分类，正确的是(　　)。

A. 按照借款人性质不同分为商业贷款和个人贷款

B. 按照贷款方式不同分为短期贷款和银团贷款

C. 按照贷款资金来源和经营模式不同分为集团贷款和个人贷款

D. 按照贷款期限不同分为短期贷款、中期贷款和长期贷款

【解析】贷款的业务分类，具体包括：①按照借款人性质不同，贷款可分为公司贷款和个人贷款；②按照贷款期限不同，贷款可分为短期贷款、中期贷款和长期贷款；③按照贷款方式不同，贷款可分为信用贷款和担保贷款；④按照是否在商业银行资产负债表上反映，贷款业务可分为表内贷款和表外业务；⑤按照贷款资金来源和经营模式不

26C　27D　28C　29B　30D

同，商业银行贷款可分为自营贷款、委托贷款和特定贷款；⑥按贷款利率是否变化，贷款可分为固定利率贷款和浮动利率贷款；⑦按照贷款币种不同，贷款可分为人民币贷款和外币贷款；⑧按照偿还方式不同，贷款可分为一次还清贷款和分期偿还贷款。

31. 以下不属于个人消费贷款的是(　　)。

A. 个人耐用消费品贷款　　B. 助学贷款

C. 个人汽车贷款　　D. 个人住房贷款

【解析】根据个人贷款用途的不同，个人贷款产品主要分为个人住房贷款、个人经营贷款和个人消费贷款等。其中，各商业银行根据客户和自身经营特点对个人消费贷款进行细化分类，市场上常见的个人消费贷款主要有个人汽车贷款、个人教育贷款、个人耐用消费品贷款、个人消费额度贷款、个人旅游消费贷款和个人医疗贷款等。

32. (　　)直接关系到商业银行预期收益的实现和信贷资金的安全。

A. 受理与调查　　B. 贷后管理

C. 贷款回收与处置　　D. 信贷档案管理

【解析】贷款到期按合同约定足额归还本息，是借款人履行借款合同、维护信用关系当事人各方权益的基本要求。贷款回收与处置直接关系到商业银行预期收益的实现和信贷资金的安全。

33. 贷款期限在1年以上(不含1年)5年以下(含5年)的贷款属于(　　)。

A. 短期贷款　　B. 中期贷款　　C. 中长期贷款　　D. 长期贷款

【解析】短期贷款一般是指贷款期限在1年以内(含1年)的贷款；中期贷款是指贷款期限在1年以上(不含1年)5年以下(含5年)的贷款；长期贷款是指贷款期限在5年(不含5年)以上的贷款。

34. 信用贷款是指以借款人信誉发放的贷款，其最大特点是(　　)。

A. 借贷成本低　　B. 风险较大

C. 以短期借款为主　　D. 不需要保证、抵押或质押

【解析】信用贷款是指以借款人信誉发放的贷款，其最大特点是不需要保证、抵押或质押，仅凭借款人的信用就可以取得贷款。

35. 以汇票出质的，质权设立的时间为(　　)。[2022年7月真题]

A. 合同签定之日　　B. 权利确定之日

C. 权利凭证交付之日　　D. 债务不能履行之日

【解析】以汇票、本票、支票、债券、存款单、仓单、提单出质，权利凭证应当交付银行，质权自权利凭证交付质权人时设立。

36. 商业银行表内授信不包括(　　)。[2022年7月真题]

A. 票据承兑　　B. 票据贴现　　C. 公司贷款　　D. 同业拆借

【解析】表内贷款是指在商业银行资产负债表上反映的贷款。表外业务是指商业银行从事的，按照通行的会计准则不计入资产负债表内的经营活动，传统的、常见的银行表

31D　32C　33B　34D　35C　36A

外贷款业务主要指票据承兑、担保、信用证、贷款承诺等业务。其他的表外业务还包括金融衍生工具(互换及套期保值业务)、证券业务(如证券的分销、包销、代客买卖证券)等。

37. 储蓄国债(电子式)是指(　　)在中华人民共和国境内发行，通过试点银行面向个人投资者销售的，以电子方式记录债权的不可流通人民币债券。[2022年7月真题]

A. 银行业监督管理机构　　B. 中国人民银行

C. 试点商业银行　　D. 财政部

【解析】储蓄国债(电子式)是指财政部在中华人民共和国境内发行，通过试点银行面向个人投资者销售的，以电子方式记录债权的不可流通人民币债券。

38. 我国商业银行最为传统的贷款业务是(　　)。

A. 流动资金贷款　　B. 固定资产贷款　　C. 并购贷款　　D. 银团贷款

【解析】流动资金贷款是我国商业银行最为传统的贷款业务，但同时也是企业使用较为频繁、出现问题较多，且易于导致挪用的贷款品种。

39. 在履行尽职调查环节后，相关部门及人员应该完成(　　)。

A. 电子档案　　B. 书面报告　　C. 网站公示　　D. 发放通知

【解析】商业银行应采取现场与非现场相结合的形式履行尽职调查，形成书面报告，并对其内容的真实性、完整性和有效性负责。

40. 商业银行开办并购贷款，其资本充足率不低于(　　)。

A. 3%　　B. 5%　　C. 10%　　D. 12%

【解析】开办并购贷款业务的商业银行法人机构应当符合以下条件：①有健全的风险管理和有效的内控机制；②资本充足率不低于10%；③其他各项监管指标符合监管要求；④有并购贷款尽职调查和风险评估的专业团队。

41. 以下不属于我国商业银行债券投资的对象的是(　　)。

A. 国债　　B. 金融债券　　C. 企业债券　　D. 商业银行票据

【解析】商业银行债券投资的对象，与债券市场的发展密切相关。随着银行间债券市场的不断发展，我国商业银行可用于投资的证券种类也在不断丰富，主要包括国债、地方政府债券、中央银行票据、金融债券、信贷资产支持证券、企业债券和公司债券、境外债券等。

42. 以下几种债券类型中，一般情况下没有信用风险的是(　　)。

A. 金融债券　　B. 地方政府债券　　C. 国债　　D. 企业和公司债券

【解析】国债是国家为筹措资金而向投资者出具的书面借款凭证，承诺在一定的时期内按约定的条件，按期支付利息和到期归还本金。国债以国家信用为后盾，通常被认为是没有信用风险。

43. 我国信贷资产支持证券的主要投资者是(　　)。

A. 中央银行　　B. 金融机构　　C. 商业银行　　D. 个人投资者

37D　38A　39B　40C　41D　42C　43C

【解析】我国信贷资产支持证券只在全国银行间债券市场上发行和交易，其投资者仅限于银行间债券市场的参与者。因此，商业银行是信贷资产支持证券的主要投资者。

44. 下列不属于银团贷款牵头行职责的是(　　)。[2021 年 10 月真题]

A. 与借款人进行前期谈判，包括贷款的用途、额度、利率、期限、担保方式等

B. 与借款人谈妥银团贷款的初步条件，并获得借款人签署的银团贷款委任书

C. 在银团贷款存续期间，跟踪了解项目进展情况，及时发现银团贷款可能出现的问题

D. 编制银团贷款信息备忘录，作为潜在参加行审贷和提出修改建议的重要依据

【解析】C 项，银团贷款的日常管理工作主要由代理行负责。代理行应在银团贷款存续期内跟踪了解项目的进展情况，及时发现银团贷款可能出现的问题，并以书面形式尽快通报银团成员。

45. 根据《个人贷款管理办法》，下列不属于采用贷款人受托支付的例外情形的是(　　)。[2021 年 10 月真题]

A. 借款人无法事先确定具体交易对象且金额不超过三十万元人民币的

B. 借款人能够事先确定具体交易对象，且以保证方式担保的

C. 借款人交易对象不具备条件有效使用非现金结算方式的

D. 贷款资金用于生产经营且金额不超过五十万元人民币的

【解析】个人贷款资金应当采用商业银行受托支付方式向借款人交易对象支付，但有下列情形之一的个人贷款，经商业银行同意可以采取借款人自主支付方式：借款人无法事先确定具体交易对象且单次提款金额不超过 30 万元人民币的；借款人交易对象不具备条件有效使用非现金结算方式的；贷款资金用于生产经营且单次提款金额不超过 50 万元人民币的；法律法规规定的其他情形的。

二、多项选择题(以下各小题给出的 5 个选项中，至少有 2 项符合题目要求，请将符合题目要求选项的代码填入括号内)

1. 商业银行公司贷款业务种类根据贷款用途和风险特征不同可以分为(　　)。[2018 年 6 月真题]

A. 固定资产贷款　B. 贸易融资　C. 项目融资　D. 保理

E. 流动资金贷款

【解析】按照贷款用途和风险特征不同，公司贷款可细分为流动资金贷款、固定资产贷款、项目融资、贸易融资、贴现、透支、保理等。

2. 项目融资，是指符合下列特征的贷款(　　)。[2016 年 5 月真题]

A. 贷款用途通常是用于建造一个或一组大型生产装置、基础设施、房地产项目或其他项目

B. 借款人通常是为建设、经营该项目或为该项目融资而专门组建的企事业法人

C. 贷款用途通常为补充流动资金

D. 贷款用途通常用于借款人日常生产经营周转

E. 贷款金额不超过五十万人民币

44C　45B　▎　1ABCDE　2AB

【解析】根据《项目融资业务指引》的规定，除AB两项外，项目融资的特征还包括：还款资金来源主要依赖该项目产生的销售收入、补贴收入或其他收入，一般不具备其他还款来源。

3. 商业银行表外授信包括(　　)。[2015年10月真题]

A. 贷款承诺　　B. 担保　　C. 信用证　　D. 票据承兑

E. 金融衍生工具

【解析】按照是否在商业银行资产负债表上反映，贷款业务可分为表内贷款和表外业务，也称表内授信和表外授信，或者表内业务和表外业务。传统的、常见的银行表外贷款业务主要指票据承兑、担保、信用证、贷款承诺等业务。其他的表外业务还包括金融衍生工具(互换及套期保值业务)、证券业务(如证券的分销、包销、代客买卖证券)等。这些业务构成了商业银行的或有资产和或有负债，在风险成为现实、银行进行垫款时，就转为表内业务。

4. 金融债券是指依法在我国境内设立的金融机构法人在境内外债券市场发行的、按约定还本付息的有价证券，具体包括发行(　　)。

A. 普通债券　　B. 次级债券

C. 混合资本债券　　D. 一年以内到期的债券

E. 回购协议债券

【解析】我国金融债券是指依法在中华人民共和国境内设立的金融机构法人在全国银行间债券市场发行的、按约定还本付息的有价证券。主要包括：政策性金融债券；商业银行债券，包括商业银行普通债券、次级债券、可转换债券、混合资本债券等；其他金融债券，即企业集团财务公司及其他金融机构所发行的金融债券等。

5. 按照贷款用途划分，个人贷款主要分为(　　)。

A. 个人投资贷款　　B. 个人住房贷款　　C. 并购贷款　　D. 个人经营贷款

E. 个人消费贷款

【解析】个人贷款是指商业银行向符合条件的自然人发放的用于个人消费、生产经营等用途的本外币贷款。根据个人贷款用途的不同，个人贷款产品主要分为个人住房贷款、个人经营贷款和个人消费贷款等。

6. 我国个人贷款业务包括(　　)。

A. 个人助学贷款　　B. 银团贷款　　C. 信用卡透支　　D. 个人汽车贷款

E. 个人住房贷款

【解析】根据个人贷款用途的不同，个人贷款产品主要分为个人住房贷款、个人经营贷款和个人消费贷款等。市场上常见的个人消费贷款主要有个人汽车贷款、个人教育贷款、个人耐用消费品贷款、个人消费额度贷款、个人旅游消费贷款和个人医疗贷款等。B项，银团贷款属于公司贷款业务。

7. 个人住房贷款，是个人贷款最主要的组成部分，是指向借款人发放的用于购买、建造和大修理各类型住房的贷款。以下属于个人住房贷款种类的有(　　)。

3ABCDE　4ABC　5BDE　6ACDE　7BCD

A. 个人耐用消费品贷款　　B. 自营性个人住房贷款
C. 个人住房组合贷款　　D. 公积金个人住房贷款
E. 个人汽车贷款

【解析】根据个人贷款用途的不同，个人贷款产品主要分为个人住房贷款、个人经营贷款和个人消费贷款等。其中，个人住房贷款包括：①自营性个人住房贷款；②公积金个人住房贷款；③个人住房组合贷款。AE 两项属于个人消费贷款。

8. 个人贷款业务的等额还款方式通常包括(　　)。
A. 等额本息还款法　　B. 递增还款法
C. 递减还款法　　D. 等额本金还款法
E. 随心还还款法

【解析】还款方式一般分为一次性还款和分次还款，分次还款又有定额还款和不定额还款两种方式。定额还款包括等额还款和约定还款，其中，等额还款中通常包括等额本金还款和等额本息还款等方式。

9. 商业银行贷款业务根据贷款方式可以分为(　　)。
A. 担保贷款　B. 公司贷款　C. 流动资金贷款　D. 个人贷款
E. 信用贷款

【解析】贷款根据不同的维度有不同的分类。按照借款人性质不同，贷款可分为公司贷款和个人贷款；按照贷款期限不同，贷款可分为短期贷款、中期贷款和长期贷款；按照贷款方式不同，贷款可分为信用贷款和担保贷款。

10. 贷款业务品种不同、对象各异，但都有其内在的、本质的、共同的管理流程，如(　　)。
A. 贷款设计　B. 不良贷款管理　C. 受理与调查　D. 风险评价
E. 合同签订

【解析】一般来说，一笔贷款的管理流程分为以下环节：①受理与调查；②风险评价与审批；③合同签订；④贷款发放；⑤贷后管理；⑥不良贷款管理。

11. 常见的银行表外信贷业务主要有(　　)。
A. 票据承兑　B. 担保　C. 信用证　D. 贷款承诺
E. 证券包销

【解析】传统的、常见的银行表外贷款业务主要指票据承兑、担保、信用证、贷款承诺等业务。其他的表外业务还包括金融衍生工具(互换及套期保值业务)、证券业务(如证券的分销、包销、代客买卖证券)等。

12. 以下几项属于贷款的基本要素的是(　　)。
A. 借款主体　B. 贷款产品　C. 贷款金额　D. 贷款利率
E. 还款方式

【解析】贷款基本要素主要包括借款主体、贷款产品、贷款金额、贷款期限、贷款利率和费率、还款方式、担保方式和提款条件等。

8AD　9AE　10BCDE　11ABCD　12ABCDE

13. 贷款的费率类型较多，主要包括(　　)。
A. 担保费　　B. 承诺费　　C. 承兑费　　D. 银团安排费
E. 开证费

【解析】费率是指商业银行在贷款利率以外对提供贷款服务要求的收益报酬，一般以贷款产品金额为基数按一定比率计算。费率类型主要包括担保费、承诺费、承兑费、开证费以及银团贷款安排费、代理费等。

14. 商业银行应加强贷款资金发放后的管理，贷后管理的内容包括(　　)。
A. 对于确因借款人暂时经营困难不能按期还款的，商业银行可与借款人协商贷款重组
B. 通过定期与不定期现场检查与非现场监测，跟踪掌握企业财务状况及其清偿能力
C. 提前提示借款人到期还本付息
D. 对贷款需要展期的，商业银行应审慎评估展期的合理性和可行性
E. 科学确定展期期限，加强展期后管理

【解析】商业银行应加强贷款资金发放后的管理，针对借款人所属行业及经营特点，通过定期与不定期现场检查与非现场监测，分析借款人经营、财务、信用、支付、担保及融资数量和渠道变化等状况，掌握各种影响借款人偿债能力的风险因素。出现可能影响贷款安全的不利情形时，贷款人应对贷款风险进行重新评价并采取针对性措施。贷款到期前，商业银行应提前提示借款人到期还本付息，对贷款需要展期的，商业银行应审慎评估展期的合理性和可行性，科学确定展期期限，加强展期后管理。对于确因借款人暂时经营困难不能按期还款的，商业银行可与借款人协商贷款重组。

15. 借款人申请流动资金贷款应符合的基本条件包括(　　)。
A. 借款人依法设立　　B. 贷款用途明确合法
C. 借款人具有持续经营能力　　D. 借款人拥有中国国籍
E. 借款人信用状况良好

【解析】借款人申请流动资金贷款应具备以下条件：①借款人依法设立；②借款用途明确、合法；③借款人生产经营合法、合规；④借款人具有持续经营能力，有合法的还款来源；⑤借款人信用状况良好，无重大不良信用记录；⑥贷款人要求的其他条件。

16. 客户申请固定资产贷款应具备的条件包括(　　)。
A. 借款人依法经税务机关或主管机关核准登记
B. 借款用途及还款来源明确、合法
C. 借款人信用状况良好，无重大不良记录
D. 借款人应为中国公民
E. 符合国家有关投资项目资本金制度的规定

【解析】借款人申请固定资产贷款应具备以下条件：①借款人依法设立；②借款人信用状况良好，无重大不良记录；③借款人为新设项目法人的，其控股股东应有良好的信用状况，无重大不良记录；④国家对拟投资项目有投资主体资格和经营资质要求的，符合其要求；⑤借款用途及还款来源明确、合法；⑥项目符合国家的产业、土地、环保等相关政策，并按规定履行了固定资产投资项目的合法管理程序；⑦符合国家有关

13ABCDE　14ABCDE　15ABCE　16BCE

投资项目资本金制度的规定等。

17. 项目融资具有不同于一般固定资产投资项目的风险特征，比如说(　　)。

A. 贷款偿还主要依赖项目未来的现金流或者项目自身资产价值

B. 风险较小

C. 通过复杂的融资和担保结构以分散和降低风险

D. 融资比例较高、金额较大

E. 只能由一家银行参与

【解析】项目融资具有不同于一般固定资产投资项目的风险特征，如：①贷款偿还主要依赖项目未来的现金流或者项目自身资产价值；②通常融资比例较高、金额较大、期限较长、成本较高和参与者较多，从而风险较大；③往往需要多家银行业金融机构参与；④通过复杂的融资和担保结构以分散和降低风险等。

18. 因为项目融资具有不同于一般固定资产投资项目的风险特征，因此需要采取一些更有针对性的措施，具体包括(　　)。

A. 不能采取银团贷款方式

B. 加强项目收入账户管理

C. 明确识别、评估、管理项目建设期的风险

D. 明确识别、评估、管理项目经营期的风险

E. 明确和增加保证商业银行相关权益的措施

【解析】A 项，针对项目融资金额较大、期限较长、风险较大的特点，为防止盲目降低贷款条件、恶性竞争，有效分散风险，要求在多个商业银行为同一项目提供贷款的情况下，原则上应当采取银团贷款方式。

19. 商业银行办理并购贷款业务，涉及跨境交易时可能出现的特有的风险有(　　)。

A. 汇率风险　　B. 经营风险　　C. 整合风险　　D. 国别风险

E. 资金过境风险

【解析】商业银行开展并购贷款业务，要在全面分析战略风险、法律与合规风险、整合风险、经营风险以及财务风险等与并购有关的各项风险的基础上评估并购贷款的风险，涉及跨境并购的，还应分析国别风险、汇率风险和资金过境风险等。

20. 在国际贸易中，规范的金融工具为企业融资发挥了重要作用。国际贸易中运用各种金融工具融资的方式主要有(　　)。

A. 信用证　　B. 福费廷　　C. 出口押汇　　D. 进口押汇

E. 保理

【解析】贸易融资是指银行对进口商或出口商提供的与进出口贸易结算相关的短期融资或信用便利，是企业在贸易过程中运用各种贸易手段和金融工具增信和加快资金周转的融资方式。贸易融资方式主要有：保理、信用证、福费廷、信用证抵押贷款、出口押汇、进口押汇。

21. 债券投资已成为商业银行的一种重要资产形式，商业银行债券投资的目标主要

17ACD　18BCDE　19ADE　20ABCDE　21CDE

是(　　)。

A. 增加银行吸收存款的能力　　B. 增加银行的固定资产规模

C. 降低资产组合的风险　　D. 提高资本充足率

E. 平衡流动性和盈利性

【解析】商业银行债券投资的目标主要是平衡流动性和盈利性，并降低资产组合的风险、提高资本充足率。相对于贷款来说，债券的流动性要强得多；而相对于现金资产来说，债券的盈利性要高得多，因此，债券投资是平衡银行流动性和盈利性的优良工具。

22. 以下几种债券中属于金融债券的有(　　)。

A. 商业银行普通债券　　B. 可转换债券

C. 政策性金融债券　　D. 企业和公司债券

E. 资产支持证券

【解析】我国金融债券是指依法在中华人民共和国境内设立的金融机构法人在全国银行间债券市场发行的、按约定还本付息的有价证券。主要包括：①政策性金融债券；②商业银行债券，包括商业银行普通债券、次级债券、可转换债券、混合资本债券等；③其他金融债券，即企业集团财务公司及其他金融机构所发行的金融债券等。

23. 债券投资的收益一般通过债券收益率进行衡量和比较，那么债券收益率分为(　　)。

A. 持有期收益率　　B. 名义收益率

C. 到期收益率　　D. 年收益率

E. 即期收益率

【解析】债券收益率是指在一定时期内，一定数量的债券投资收益与投资额的比率。由于投资者所投资债券的种类和中途是否转让等因素的不同，收益率的概念和计算公式也有所不同。具体包括：名义收益率、即期收益率、持有期收益率、到期收益率。

24. 商业银行债券投资的风险有(　　)。

A. 信用风险　　B. 政治风险　　C. 价格风险　　D. 操作风险

E. 流动性风险

【解析】商业银行债券投资的风险，主要包括信用风险、价格风险、利率风险、购买力风险、流动性风险、政治风险、操作风险等。其中主要是信用风险、利率风险、购买力风险和流动性风险。

25. 下列属于商业银行表外业务的有(　　)。[2022 年 7 月真题]

A. 代理保险　　B. 委托贷款　　C. 债券承销　　D. 并购贷款

E. 开立信用证

【解析】表外业务是指商业银行从事的，按照通行的会计准则不计入资产负债表内，不影响资产负债总额，但能改变当期损益及营运资金，从而提高银行资产报酬率的经营活动。传统的、常见的银行表外贷款业务主要指票据承兑、担保、信用证、贷款承诺等业务。其他的表外业务还包括金融衍生工具(互换及套期保值业务)、证券业务(如证券的分销、包销、代客买卖证券)等。

22ABC　23ABCE　24ABCDE　25ABCE

26. 下列属于《商业银行服务价格管理办法》和关于小微企业金融服务收费的各项监管政策中的“两禁两限”要求的是(　　)。

A. 除银团贷款外，商业银行不得对小微企业贷款收取承诺费、资金管理费

B. 严格限制商业银行对小微企业及其增信机构收取财务顾问费、咨询费等费用

C. 严禁商业银行在发放贷款时附加不合理条件

D. 严禁商业银行在对小微企业提供金融服务时向其收取开证费

E. 严禁商业银行通过克扣放款数额、以贷返存、捆绑销售理财产品等行为，变相抬升小微企业融资成本

【解析】对于小微企业，各商业银行应认真贯彻落实《商业银行服务价格管理办法》和关于小微企业金融服务收费的各项监管政策，执行“两禁两限”要求，即：①除银团贷款外，不得对小微企业贷款收取承诺费、资金管理费，严格限制对小微企业及其增信机构收取财务顾问费、咨询费等费用；②严禁在发放贷款时附加不合理条件；③严禁通过克扣放款数额、以贷返存、捆绑销售理财产品等行为，变相抬升小微企业融资成本。D 项，开证费是商业银行合法收取的费率类型。

27. 关于商业银行保理业务风险管理，下列说法正确的有(　　)。

A. 应当将保理业务的风险管理纳入全面风险管理体系

B. 参照国际应收账款标准，规范应收账款范围

C. 将保理业务纳入统一授信管理

D. 可以合并管理卖方融资风险、买方付款风险与保理机构风险

E. 商业银行不得基于寄售合同、未来应收账款等开展保理融资业务

【解析】B 项，商业银行应当根据自身内部控制水平和风险管理能力，制定适合叙做保理融资业务的应收账款标准，规范应收账款范围；D 项，商业银行不得基于不合法基础交易合同、寄售合同、未来应收账款、权属不清的应收账款、因票据或其他有价证券而产生的付款请求权等开展保理融资业务。

三、判断题(判断以下各小题的对错，正确的用 A 表示，错误的用 B 表示)

1. 中央银行票据简称央行票据或央票，是指中国人民银行面向全国银行间债券市场成员发行的、期限一般在五年以内的中长期债券。(　　)［2024 年 6 月真题］

【解析】中央银行票据简称央行票据或央票，是指中国人民银行面向全国银行间债券市场成员发行的、期限从 3 个月到 3 年不等、以 1 年期以下的短期票据为主的中短期债券。

2. 福费廷是指包买商从进口商那里无追索地购买已经承兑的，并通常由出口商所在地银行担保的远期汇票或本票的业务。(　　)

【解析】福费廷是指包买商从出口商那里无追索地购买已经承兑的，并通常由进口商所在地银行担保的远期汇票或本票的业务，也被称作包买票据。

3. 在保证担保方式中，当借款人不履行到期债务或者发生当事人约定的情形时，保证人履行债务或者承担责任。(　　)

【解析】保证贷款是指保证人和银行约定，当借款人不履行到期债务或者发生当事人约定

26ABCE　27ACE　▌　1B　2B　3A

的情形时，保证人履行债务或者承担责任的贷款。保证的方式包括一般保证和连带责任保证。

4. 质押贷款是指以借款人或者第三人的动产、权利出质给银行，借款人不履行到期债务或者发生当事人约定的实现质权的情形，银行有权就该动产、权利优先受偿的贷款。(　　)

【解析】质押贷款是指以借款人或者第三人的动产、权利出质给银行，借款人不履行到期债务或者发生当事人约定的实现质权的情形，银行有权就该动产、权利优先受偿的贷款。质押分为动产质押和权利质押。动产质押是指可移动并因此不损害其效用的物品的质押，权利质押是指以可转让的权利为标的物的质押。

5. 项目融资属于商业银行特殊的固定资产贷款。(　　)[2018 年 6 月真题]

【解析】项目融资属于特殊的固定资产贷款，采用项目融资方式的项目通常都属于固定资产投资项目，所发放的贷款属于固定资产贷款，因此，项目融资中贷款的全流程管理、支付管理等内容均按照固定资产贷款管理的有关要求执行。

6. 根据《流动资金贷款管理办法》，流动资金贷款是指贷款人向企事业法人或国家规定可以作为借款人的其他组织发放的用于借款人项目投资的本外币贷款。(　　)[2016 年 10 月真题]

【解析】流动资金贷款是我国商业银行最为传统的贷款业务，根据《流动资金贷款管理办法》，流动资金贷款是指商业银行向企事业法人或国家规定可以作为借款人的其他组织发放的用于借款人日常生产经营周转的本外币贷款。

7. 固定资产贷款是指商业银行向企(事)业法人或国家规定可以作为借款人的其他组织发放的，用于借款人固定资产投资的本外币贷款。(　　)[2016 年 10 月真题]

【解析】固定资产贷款是指商业银行向法人或非法人组织(按照国家有关规定不得办理银行贷款的主体除外)发放的，用于借款人固定资产投资的本外币贷款。固定资产投资是指借款人在经营过程中对于固定资产的建设、购置、改造等行为。

8. 债券违约风险是发行债券的公司不能按时偿还本金，但不包括不能按时支付利息。(　　)[2016 年 5 月真题]

【解析】信用风险又称违约风险，是指发行债券的借款人不能按时支付债券利息或偿还本金，而给债券投资者带来损失的风险。

9. 商业银行开办并购贷款业务时资本充足率应不低于 8%。(　　)[2022 年 7 月真题]

【解析】开办并购贷款业务的商业银行法人机构应当符合以下条件：①有健全的风险管理和有效的内控机制；②资本充足率不低于 10%；③其他各项监管指标符合监管要求；④有并购贷款尽职调查和风险评估的专业团队。

10. 按照在银团贷款中的职能和分工，银团贷款成员通常分为牵头行、代理行和参加行等角色。(　　)

【解析】银团贷款是指由两家或两家以上银行依据同一贷款合同，按约定时间和比例，

4A　5A　6B　7A　8B　9B　10A

通过代理行向借款人提供的本外币贷款或授信业务。按照在银团贷款中的职能和分工，银团贷款成员通常分为牵头行、代理行和参加行等角色。

11. 担保贷款不同于信用贷款，需要保证和抵押，因此主要包括保证贷款、抵押贷款两种方式。(　　)

【解析】担保贷款是指由借款人或第三方依法提供担保而发放的贷款，包括保证贷款、抵押贷款、质押贷款。

12. 短期贷款通常采用一次还清贷款的还款方式。(　　)

【解析】按照偿还方式不同，贷款可分为一次还清贷款和分期偿还贷款。一次还清贷款是指借款人在贷款到期时一次性还清贷款本息，短期贷款通常采取一次还清贷款的还款方式。分期偿还贷款是指借款人与银行约定在贷款期限内分若干期偿还贷款本金，中长期贷款采用分期偿还方式。

13. 广义的贷款期限是指从具体贷款产品发放到约定的最后还款或清偿的期限。(　　)

【解析】广义的贷款期限是指银行承诺向借款人提供以货币计量的贷款产品的整个期间，即从签订合同到合同结束的整个期间。狭义的贷款期限是指从具体贷款产品发放到约定的最后还款或清偿的期限。

14. 还款期是指从借款合同规定的第一次还款日起至全部本息清偿日止的期间。(　　)

【解析】在广义的定义下，贷款期限通常分为提款期、宽限期和还款期。其中，还款期是指从借款合同规定的第一次还款日起至全部本息清偿日止的期间。

15. 固定资产贷款是当前国内银行业金融机构最重要的贷款品种之一，在支持国家建设、促进经济发展方面发挥着重要作用。(　　)

【解析】固定资产贷款是指商业银行向企(事)业法人或国家规定可以作为借款人的其他组织发放的，用于借款人固定资产投资的本外币贷款。固定资产贷款是当前国内商业银行最重要的贷款品种之一，在支持国家建设、促进经济发展方面发挥着重要作用。

16. 不管商业银行内部对贷款品种、称谓如何划分，只要用于固定资产投资的，皆纳入“固定资产贷款”范畴。(　　)

【解析】固定资产贷款是指商业银行向企(事)业法人或国家规定可以作为借款人的其他组织发放的，用于借款人固定资产投资的本外币贷款。不管商业银行内部对贷款品种、称谓如何划分，只要用于固定资产投资的，皆纳入“固定资产贷款”范畴。

17. 商业银行在与借款人及其他相关当事人签订合同时，可以不规定各方当事人的权利、义务及违约责任。(　　)

【解析】商业银行应与借款人及其他相关当事人签订书面借款合同、担保合同等相关合同。合同中应详细规定各方当事人的权利、义务及违约责任，避免对重要事项未约定、约定不明或约定无效。

18. 商业银行并购贷款的期限一般不能超过5年。(　　)

11B　12A　13B　14A　15A　16A　17B　18B

【解析】商业银行应按照管理强度高于其他贷款种类的原则建立相应的并购贷款管理制度和管理信息系统，确保业务流程、内控制度以及管理信息系统能够有效地识别、计量、监测和控制并购贷款的风险。并购贷款期限一般不超过 7 年。

19. 银团成员之间权利义务关系只能在银团贷款合同中约定。(　　)

【解析】银团成员之间的权利义务关系可以在银团贷款合同中约定，也可以另行签订《银团内部协议》(或称为《银团贷款银行间协议》等)加以约定。

20. 中国人民银行发行票据的目的是筹资。(　　)

【解析】与财政部通过发行国债筹集资金的性质不同，中国人民银行发行票据的目的不是筹资，而是通过公开市场操作调节金融体系的流动性，是一种重要的货币政策手段。

21. 违约风险越高的债券，其收益率越高。(　　)

【解析】一般来说，如果市场认为一种债券的违约风险相对较高，那么就会要求债券的收益率也要较高，从而弥补可能承受的损失。

22. 流动性风险是指投资者在短期内无法以合理的价格将债券变现的风险。(　　)

【解析】流动性风险即变现能力风险，是指投资者在短期内无法以合理的价格卖掉债券的风险。如果投资者遇到一个更好的投资机会，想出售现有债券，但短期内找不到愿意出合理价格的买主，要把价格降到很低或者很长时间才能找到买主，那么投资者或者遭受降低损失，或者丧失新的投资机会。

23. 按《商业银行保理业务暂行管理办法》规定，保理业务是指以债务人转让其应收账款为前提，集应收账款催收、管理、坏账担保及融资于一体的综合性金融服务。(　　)

【解析】按《商业银行保理业务暂行管理办法》规定，保理业务是指以债权人转让其应收账款为前提，集应收账款催收、管理、坏账担保及融资于一体的综合性金融服务。

19B　20B　21A　22A　23B

第七章　其他业务

一、单项选择题（以下各小题所给出的4个选项中，只有1项最符合题目要求，请将正确选项的代码填入括号内）

1. 根据《商业银行理财业务监督管理办法》，商业银行理财产品（　　）。［2024年6月真题］

A. 可以投资于其他银行业金融机构发行的理财产品

B. 可以直接投资于信贷资产

C. 可以投资于其他银行业金融机构发行的次级信贷资产支持证券

D. 可以间接投资于本行信贷资产

【解析】商业银行理财产品可以投资于国债、地方政府债券、中央银行票据、政府机构债券、金融债券、银行存款、大额存单、同业存单、公司信用类债券、在银行间市场和证券交易所市场发行的资产支持证券、公募证券投资基金、其他债权类资产、权益类资产以及国务院银行业监督管理机构认可的其他资产。

商业银行理财产品不得直接投资于信贷资产，不得直接或间接投资于本行信贷资产，不得直接或间接投资于本行或其他银行业金融机构发行的理财产品，不得直接或间接投资于本行发行的次级档信贷资产支持证券。

商业银行面向非机构投资者发行的理财产品不得直接或间接投资于不良资产、不良资产支持证券，国务院银行业监督管理机构另有规定的除外。

2. 以下资金中，商业银行可以接受用来发放委托贷款的是（　　）。［2024年6月真题］

A. 受托管理的他人资金

B. 具有特定用途的专项基金

C. 银行的信贷资金

D. 企业来源合法且有权自主支配的自有资金

【解析】对委托贷款资金来源提出合法合规性要求，商业银行不得接受受托管理的他人资金、银行的授信资金、具有特定用途的各类专项基金、其他债务性资金和无法证明来源的资金等发放委托贷款。

3. 根据《商业银行理财业务监督管理办法》，具有2年以上投资经历且满足以下（　　）的投资者为合格投资者。［2024年6月真题］

A. 近5年本人年均收入不低于30万元人民币

B. 近2年本人年均收入不低于50万元人民币

C. 近3年本人年均收入不低于40万元人民币

D. 近1年本人年均收入不低于20万元人民币

【解析】合格投资者是指具备相应风险识别能力和风险承担能力，投资于单只资产管理产品不低于一定金额且符合下列条件的自然人、法人或者其他组织。这些类型有：①具有2年以上投资经历，且满足以下条件之一：家庭金融净资产不低于300万元，家庭金融

1C　2D　3C

资产不低于500万元，或者近3年本人年均收入不低于40万元；②最近1年末净资产不低于1000万元的法人单位；③金融管理部门视为合格投资者的其他情形。

4. 单家商业银行同业融入资金余额不得超过该银行负债总额的(　　)。[2025年6月真题]

A. 四分之一　　B. 五分之一　　C. 三分之一　　D. 二分之一

【解析】单家商业银行同业融入资金余额不得超过该银行负债总额的1/3，但农村信用社省联社、省内二级法人社及村镇银行可暂不执行。

5. 某金融机构发行的资产管理产品说明书载明，该产品投资于债券的比例为50%，投资于未上市企业股权资产的比例为30%，投资于商品的比例为20%，根据《关于规范金融机构资产管理业务的指导意见》，该产品属于(　　)。[2023年6月真题]

A. 权益类产品　　B. 混合类产品

C. 商品及金融衍生品类产品　　D. 固定收益类产品

【解析】根据投资性质的不同，将理财产品分为固定收益类理财产品、权益类理财产品、商品及金融衍生品类理财产品和混合类理财产品。固定收益类理财产品投资于存款、债券等债权类资产的比例不低于80%。权益类理财产品投资于权益类资产的比例不低于80%。商品及金融衍生品类理财产品投资于商品及金融衍生品的比例不低于80%。混合类理财产品投资于债权类资产、权益类资产、商品及金融衍生品类资产且任一资产的投资比例未达到前三类理财产品标准。

6. 以下选项中，不属于信用证定义的三个要素的是(　　)。[2019年6月真题]

A. 信用证应当是开证行开出的确定承诺文件

B. 开证行的承付承诺不可撤销

C. 开证行承付的前提条件是相符交单

D. 信用证是独立文件，与销售合同分离

【解析】UCP600关于信用证的定义为：信用证是指一项不可撤销的安排，无论其名称或描述如何，该项安排构成开证行对相符交单予以承付的确定承诺。根据这一定义，一项约定如果具备了以下三个要素就是信用证：①信用证应当是开证行开出的确定承诺文件；②开证行承付的前提条件是相符交单；③开证行的承付承诺不可撤销。

7. 根据《关于规范商业银行同业业务治理的通知》，下列关于同业业务治理的说法，错误的是(　　)。[2024年6月真题]

A. 由法人总部对同业业务进行统一管理　　B. 分支机构经营同业业务须经总行授权

C. 开展同业业务实行专营部门制　　D. 对表内外同业业务进行集中统一授信

【解析】商业银行开展同业业务实行专营部门制，由法人总部建立或指定专营部门负责经营，商业银行同业业务专营部门以外的其他部门和分支机构不得经营同业业务。

8. 代理商业银行业务不包括(　　)。[2017年6月真题]

A. 代理外币清算业务　　B. 代理外币现钞业务

C. 代理结算业务　　D. 代理保险业务

【解析】代理商业银行业务是商业银行之间相互代理的业务，包括：代理结算业务、代理

4C　5B　6D　7B　8D

外币清算业务、代理外币现钞业务等。

9. 同业投资是指金融机构购买同业金融资产或特定目的载体的投资行为，下列不属于特殊目的载体的是(　　)。[2017 年 6 月真题]

A. 商业银行理财产品　　B. 中期票据

C. 信托投资计划　　D. 证券公司资产管理计划

【解析】同业投资是指金融机构购买(或委托其他金融机构购买)同业金融资产(包括但不限于金融债、次级债等在银行间市场或证券交易所市场交易的同业金融资产)或特殊目的载体(包括但不限于商业银行理财产品、信托投资计划、证券投资基金、证券公司资产管理计划、基金管理公司及子公司资产管理计划、保险业资产管理机构资产管理产品等)的投资行为。

10. 根据《商业银行信用卡业务监督管理办法》，境内商业银行开办信用卡发卡业务应符合的条件是(　　)。[2017 年 6 月真题]

A. 在境内建有发卡业务主机、信用卡业务申请管理系统等专业化运营基础设施

B. 注册资本为实缴资本，且不低于人民币 1 亿元或等值可兑换货币

C. 企业贷款业务客户规模和客户结构较为稳定

D. 具备开办收单业务的良好业务基础

【解析】境内商业银行开办信用卡发卡业务应当符合以下条件：①注册资本为实缴资本，且不低于人民币 5 亿元或等值可兑换货币；②具备办理零售业务的良好基础，最近 3 年个人存贷款业务规模和业务结构稳定，个人存贷款业务客户规模和客户结构良好，银行卡业务运行情况良好，身份证件验证系统和征信系统的连接和使用情况良好；③具备办理信用卡业务的专业系统，在境内建有发卡业务主机、信用卡业务申请管理系统、信用评估管理系统、信用卡账户管理系统、信用卡交易授权系统、信用卡交易监测和伪冒交易预警系统、信用卡客户服务中心系统、催收业务管理系统等专业化运营基础设施，相关设施通过了必要的安全检测和业务测试，能够保障客户资料和业务数据的完整性和安全性。

11. 单家商业银行对单一金融机构法人的不含结算性同业存款的同业融出资金，扣除风险权重为零的资产后的净额，不得超过该银行一级资本的(　　)。[2017 年 6 月真题]

A. 15%　　B. 45%　　C. 50%　　D. 25%

【解析】单家商业银行对单一金融机构法人的不含结算性同业存款的同业融出资金，扣除风险权重为零的资产后的净额，不得超过该银行一级资本的 50%。单家商业银行同业融入资金余额不得超过该银行负债总额的 1/3，但农村信用社省联社、省内二级法人社及村镇银行可暂不执行。

12. 关于商业银行理财业务的特点，下列表述不正确的是(　　)。[2021 年 10 月真题]

A. 商业银行理财业务运作的不是银行自有资金，而是客户委托资金

B. 理财业务是一项金融知识技术密集型业务

C. 银行是理财业务风险的主要承担者

9B　10A　11C　12C

D. 银行理财业务是“轻资本”业务

【解析】理财业务是资管业务的一种类型，具有与传统银行业务截然不同的鲜明特征，这些特征主要表现在：①理财业务是代理业务，不是银行的自营业务；②理财业务的盈利方式是收取投资管理费或业绩报酬；③客户是理财业务风险的主要承担者；④理财业务是“轻资本”业务；⑤理财业务是一项知识技术密集型业务。C 项，客户是理财业务风险的主要承担者。

13. 下列关于同业拆借业务的说法中错误的是(　　)。[2017 年 6 月真题]

A. 同业拆借市场上的利率是货币市场最重要的基准利率之一

B. 商业银行与非商业银行金融机构(如证券商)之间的短期资金拆借市场，一般没有固定场所

C. 同业拆借的拆入资金不得用于发放固定资产贷款

D. 同业拆借双方在协商一致的基础上签订合同，但最长期限不得超过 3 个月

【解析】D 项，同业拆借应遵守相互自愿、恪守信用的原则，利率和期限均由拆借双方在协商一致的基础上签订合同确定，但期限最长不得超过 4 个月。

14. 根据《商业银行信用卡业务监督管理办法》规定，向符合条件的同一申请人核发学生信用卡的发卡银行不得超过(　　)家(附属卡除外)。[2017 年 10 月真题]

A. 四　　B. 两　　C. 三　　D. 一

【解析】根据《商业银行信用卡业务监督管理办法》规定，发卡银行应当对信用卡申请人开展资信调查，充分核实并完整记录申请人有效身份、财务状况、消费和信贷记录等信息，并确认申请人拥有固定工作、稳定的收入来源或可靠的还款保障。发卡银行不得向未满十八周岁的客户核发信用卡(附属卡除外)。向符合条件的同一申请人核发学生信用卡的发卡银行不得超过两家(附属卡除外)。

15. 下列不属于商业银行同业业务的是(　　)。[2015 年 10 月真题]

A. 买入返售　　B. 同业代付　　C. 保理融资　　D. 同业拆借

【解析】同业业务是指中华人民共和国境内依法设立的金融机构之间开展的以投融资为核心的各项业务，主要业务类型包括：同业拆借、同业存款、同业借款、同业代付、买入返售(卖出回购)等同业融资业务和同业投资业务。

16. 商业银行销售理财产品，应当加强(　　)管理，不得误导投资者购买与其风险承受能力不相匹配的理财产品。

A. 风险匹配　　B. 投资者适当性　　C. 效用最大化　　D. 产品评级

【解析】商业银行销售理财产品，应当加强投资者适当性管理，向投资者充分披露信息和揭示风险，不得宣传或承诺保本保收益，不得误导投资者购买与其风险承受能力不相匹配的理财产品。

17. 下列金融市场中，(　　)是商业银行之间进行短期资金拆借的市场。

A. 资本市场　　B. 股票市场

C. 银行同业拆借市场　　D. 长期信贷市场

13D　14B　15C　16B　17C

【解析】同业拆借市场包括银行同业拆借市场，以及商业银行与非商业银行金融机构(如证券商)之间的短期资金拆借市场。银行同业拆借市场是指银行业同业之间的短期资金拆借市场。

18. 各金融机构参与同业拆借市场的主要目的是(　　)。

A. 调剂短期资金余缺　　B. 增加收入

C. 增加流动性　　D. 降低风险

【解析】各银行在日常经营活动中会经常发生头寸不足或盈余的情况，银行同业间为了互相支持对方业务的正常开展，并使多余资金产生短期收益，就产生了银行间的同业拆借交易。同业拆借对于发挥金融市场机制、调剂资金余缺、促进资金横向融通和地区间的横向经济联合、调动银行自主经营的积极性，都有着十分重要的作用。

19. 关于信用卡透支计息方式，下列说法错误的是(　　)。[2021 年 10 月真题]

A. 容差计息在性质上仍是全额罚息，只是银行对全额罚息规则的细微妥协性安排

B. 信用卡透支的计息方式，以及对信用卡溢缴款计付利息及其利率标准，由发卡机构自主确定

C. 传统上我国商业银行采用的信用卡透支计息方式主要有全额罚息、余额计息、容差全额罚息三种方式

D. 我国对信用卡透支利率统一实行日利率万分之五的罚息

【解析】D 项，我国曾经对信用卡透支利率统一实行日利率万分之五罚息。自 2021 年 1 月 1 日起，信用卡透支利率由发卡机构与持卡人自主协商确定，取消信用卡透支利率上限和下限管理。此次信用卡透支利率的放开，将会促进商业银行提升管理效率，改善资产质量，对信用卡业务的发展产生深刻影响。

20. 以下关于银行汇票的说法错误的是(　　)。[2021 年 10 月真题]

A. 见票即付、无需提示　　B. 可以背书转让

C. 在同城结算中广为应用　　D. 具有较强的流通性和兑现性

【解析】银行汇票是一种见票即付、无须提示承兑的票据，票随人走，人到款到，凭票取款，可以背书转让。其特点在于方便、灵活，具有较强的流通性和兑现性，是异地结算中广受欢迎、广为应用的结算工具。

21. 现金支票只能用于______；转账支票只能用于______(　　)。

A. 转账；支付现金　　B. 支付现金；转账

C. 支付现金；支付现金　　D. 转账；转账

【解析】支票分为现金支票、转账支票和普通支票。现金支票只能用于支付现金；转账支票只能用于转账；普通支票既可以用于支取现金，也可以用于转账。

22. (　　)是货币市场最重要的基准利率之一。[2025 年 6 月真题]

A. 债券回购利率　　B. 同业拆借利率

C. 零息债券的贴现率　　D. 付息债券的票面利率

【解析】同业拆借特点是期限短、金额大、流动性强，从而能够反映金融市场上的资金

18A　19D　20C　21B　22B

供求状况。因此，同业拆借市场上的利率是货币市场最重要的基准利率之一。

23. 信汇汇款方式采用者较少的原因是(　　)。

A. 费用较高　　B. 支付凭证邮寄时间过长而收款较慢

C. 安全性较低　　D. 不能背书和转让

【解析】信汇汇款是汇出行应汇款人申请，将信汇委托书或支付委托书邮寄给汇入行，授权其解付一定金额给收款人的一种汇款方式。信汇的费用比电汇低廉，但因支付凭证邮寄时间较长而收款较慢，故采用者较少。

24. 以下几种在进出口业务中所采用的结算方式，涉及到保兑行的是(　　)。

A. 汇款　　B. 托收　　C. 信用证　　D. 跟单托收

【解析】信用证业务所涉及的基本当事人有三个：开证申请人、开证行和受益人。除此以外，还可能出现保兑行、通知行、被指定银行、转让行和偿付行等。

25. 传统上，我国商业银行采用的信用卡透支计息方式不包括(　　)。[2022 年 7 月真题]

A. 全额罚息　　B. 余额计息　　C. 容差全额罚息　　D. 积数计息

【解析】传统上，我国商业银行采用的信用卡透支计息方式主要有三种，分别是全额罚息、余额计息和容差全额罚息。信用卡透支的计结息方式，以及对信用卡溢缴款是否计付利息及其利率标准，由发卡机构自主确定。

26. 非银借款业务最长期限为(　　)。

A. 1 年　　B. 2 年　　C. 3 年　　D. 4 年

【解析】非银借款业务最长期限为 3 年(含)，业务到期后不得展期。根据业务期限将非银借款业务细分为短期非银借款[不超过(含)1 年]和中长期非银借款[大于 1 年且不超过(含)3 年]两个品种。

27. 下列关于风险监管要求的说法中，不正确的是(　　)。

A. 商业银行开展同业业务，遵循协商自愿、诚信自律和风险自担原则

B. 金融机构办理同业借款业务最长期限不得超过 3 年，其他同业融资业务最长期限不得超过 1 年，但是业务到期后可以展期

C. 金融机构开展同业投资业务，不得接受和提供任何直接或间接、显性或隐性的第三方金融机构信用担保

D. 单家商业银行对单一金融机构法人的不含结算性同业存款的同业融出资金，扣除风险权重为零的资产后的净额，不得超过该银行一级资本的 50%

【解析】B 项，金融机构办理同业业务，应当合理审慎确定融资期限。其中，同业借款业务最长期限不得超过 3 年，其他同业融资业务最长期限不得超过 1 年，业务到期后不得展期。

28. 合格投资者是指具备相应的______能力和______能力，投资于单只资产管理产品不低于一定金额且符合一定条件的自然人和法人或者其他组织。(　　)

A. 风险识别；风险转移　　B. 风险识别；风险承担

23B　24C　25D　26C　27B　28B

C. 风险管理；风险承担　　D. 风险管理；风险转移

【解析】资产管理产品的投资者分为不特定社会公众和合格投资者两大类。合格投资者是指具备相应风险识别能力和风险承担能力，投资于单只资产管理产品不低于一定金额且符合下列条件的自然人、法人或者其他组织：①具有2年以上投资经历，且满足以下条件之一：家庭金融净资产不低于300万元，家庭金融资产不低于500万元，或者近3年本人年均收入不低于40万元。②最近1年末净资产不低于1000万元的法人单位。③金融管理部门视为合格投资者的其他情形。

29. 委托贷款中的委托人不包括(　　)。

A. 提供委托贷款资金的法人

B. 提供委托贷款资金的非法人组织

C. 提供委托贷款资金的个体工商户

D. 开出汇票委托银行向国外付款方收款的人

【解析】委托贷款中的委托人是指提供委托贷款资金的法人、非法人组织、个体工商户和具有完全民事行为能力的自然人。D项是指托收业务中的委托人。

30. 委托贷款的主要风险点包括(　　)。

A. 信用风险、操作风险　　B. 信用风险、流动性风险

C. 市场风险、流动性风险　　D. 操作风险、市场风险

【解析】委托贷款主要有以下风险点：①信用风险，虽然商业银行不承担委托贷款本身的信用风险，但是委托贷款的借款人是商业银行存量授信客户的，商业银行应综合考虑借款人取得委托贷款后，信用风险敞口扩大对本行授信业务带来的风险影响，并采取相应风险管控措施。②操作风险，商业银行应对委托贷款业务实行分级授权管理，商业银行分支机构不得未经授权或超授权办理委托贷款业务。

31. 金融机构前期以摊余成本计量的金融资产的加权平均价格与资产管理产品实际兑付时金融资产的价值的偏离度不得达到(　　)或以上。

A. 3%　　B. 5%　　C. 10%　　D. 20%

【解析】金融机构前期以摊余成本计量的金融资产的加权平均价格与资产管理产品实际兑付时金融资产的价值的偏离度不得达到5%或以上，如果偏离5%或以上的产品数超过所发行产品总数的5%，金融机构不得再发行以摊余成本计量金融资产的资产管理产品。

32. Ⅱ类户非绑定账户转入资金、存入现金日累计限额合计为______万元，年累计限额合计为______万元。(　　)

A. 1；20　　B. 2；20　　C. 3；60　　D. 1；25

【解析】Ⅱ类户非绑定账户转入资金、存入现金日累计限额合计为1万元，年累计限额合计为20万元；消费和缴费、向非绑定账户转出资金、取出现金日累计限额合计为1万元，年累计限额合计为20万元。

33. 资产管理产品的合格投资者投资于单只固定收益类产品的金额不低于______万元，投

29D　30A　31B　32A　33A

资于单只混合类产品的金额不低于______万元。(　　)

A. 30；40　　B. 30；50　　C. 20；40　　D. 20；50

【解析】合格投资者投资于单只固定收益类产品的金额不低于30万元，投资于单只混合类产品的金额不低于40万元，投资于单只权益类产品、单只商品及金融衍生品类产品的金额不低于100万元。投资者不得使用贷款、发行债券等筹集的非自有资金投资资产管理产品。

34. 金融资产符合下列哪项条件的，可按企业会计准则以摊余成本进行计量？(　　)

A. 资产管理产品为开放式产品

B. 资产管理产品为封闭式产品，且所投金融资产以收取合同现金流量为目的并持有到期

C. 资产管理产品为封闭式产品，且所投金融资产具备活跃交易市场

D. 资产管理产品为封闭式产品，且所投金融资产在活跃市场中有报价

【解析】金融资产坚持公允价值计量原则，鼓励使用市值计量。符合以下条件之一的，可按照企业会计准则以摊余成本进行计量：①资产管理产品为封闭式产品，且所投金融资产以收取合同现金流量为目的并持有到期；②资产管理产品为封闭式产品，且所投金融资产暂不具备活跃交易市场，或者在活跃市场中没有报价、也不能采用估值技术可靠计量公允价值。

35. 银行为客户或因自身经营活动需求办理的人民币与外汇之间兑换的业务是指(　　)。

A. 结售汇　　B. 贸易融资　　C. 国际结算　　D. 代客外汇理财

【解析】银行的基本外汇业务包括结售汇、贸易融资、国际结算、外汇理财等。结售汇业务是指银行为客户或因自身经营活动需求办理的人民币与外汇之间兑换的业务。国际结算及贸易结算融资业务包括国际/国内信用证、进口代收/出口托收、国际汇款、国际/国内保函、国际/国内保理、资信证明、工程招/投标项下信贷证明等对公国际结算产品线业务及其项下贸易结算融资业务。代客外汇理财业务是指银行根据客户需求进行理财方案设计，接受客户委托，利用各种外汇理财产品，帮助客户提高资金收益、规避资金风险和降低资金成本的业务。

36. 汽车金融公司，是指经批准设立的，为中国境内的汽车(　　)提供金融服务的非银行金融机构。[2015年10月真题]

A. 购买者及生产者　　B. 购买者、销售者及生产者

C. 购买者及销售者　　D. 销售者及生产者

【解析】非银行金融机构，包括汽车金融公司、金融租赁公司、资产管理公司、消费金融公司及其他可开展此项业务的金融机构。其中，汽车金融公司指经银行业监督管理机构批准设立，为中国境内的汽车购买者及销售者提供金融服务的非银行金融机构。

37. 支票不受金额起点限制，提示付款期限自出票日起(　　)日。

A. 5　　B. 15　　C. 20　　D. 10

【解析】支票是由出票人签发的、委托办理支票存款业务的银行在见票时无条件支付确

34B　35A　36C　37D

定的金额给收款人或者持票人的票据。支票不受金额起点限制，提示付款期限自出票日起10日。

二、多项选择题（以下各小题给出的5个选项中，至少有2项符合题目要求，请将符合题目要求选项的代码填入括号内）

1. 在托收业务中，主要的当事人包括（　　）。［2023年6月真题］

A. 代收行　　B. 托收行　　C. 提示行　　D. 委托人

E. 付款人

【解析】托收方式的基本当事人有四个，即委托人、托收行、代收行和付款人。除此之外，还可以有提示行和需要时的代理两个其他当事人。

2.《商业银行理财业务监督管理办法》要求商业银行应当加强投资者适当性管理，不得（　　）。［2023年6月真题］

A. 宣传理财产品预期收益率

B. 引导投资者购买与其风险承受能力不相匹配的理财产品

C. 向投资者充分披露信息和揭示风险

D. 向投资者承诺承担损失

E. 承诺保本保收益

【解析】商业银行销售理财产品，应当加强投资者适当性管理，向投资者充分披露信息和揭示风险，不得宣传或承诺保本保收益，不得误导投资者购买与其风险承受能力不相匹配的理财产品。

3. 商业银行代理政策性银行业务主要包括（　　）。［2018年6月真题］

A. 代理现金支付　　B. 代理金银交易

C. 代理专项资金管理　　D. 代理资金结算

E. 代理贷款项目管理

【解析】代理政策性银行业务是指商业银行受政策性银行的委托，对其自主发放的贷款代理结算，并对其账户资金进行监管的一种中间业务。代理政策性银行业务主要包括：代理资金结算、代理现金支付、代理专项资金管理、代理贷款项目管理等业务。B项，代理金银交易属于商业银行代理中央银行业务。

4. 关于信用证业务，下列描述正确的是（　　）。［2017年10月真题］

A. 在信用证业务中的所有各方，包括银行和商人所处理的都是单据，而非货物

B. 被指定银行是除了开证行以外，信用证可在其处兑用的银行，如信用证可在任一银行兑用，则任一银行均为被指定银行

C. 通知行接受开证行指示，及时传递信用证信息，此外不承担任何责任

D. 开证行受三个合同的约束：与开证申请人之间的付款代理合同、与受益人之间的信用证、与通知行或指定银行之间的代理协议

E. 受益人受两个合同的约束：与开证申请人之间的贸易合同和与开证行之间的信用证

【解析】A项，信用证业务是单据买卖，在信用证业务中的所有各方，包括银行和商人所

1ABDE　2ABDE　3ACDE　4ABCDE

处理的都是单据，而非货物；B 项，被指定银行是指除了开证行以外，信用证可在其处兑用的银行，如信用证可在任一银行兑用，则任一银行均为被指定银行，被指定银行可以是即期付款行、延期付款行、承兑行、保兑行，也可以是议付行；C 项，通知行与开证行是委托代理关系，通知行接受开证行指示，及时传递信用证并证明其真实性，此外并不承担任何责任；D 项，开证行指应开证申请人要求，为其开立信用证的银行，开证行受三个合同的约束：与开证申请人之间的付款代理合同、与受益人之间的信用证、与通知行或指定银行之间的代理协议；E 项，受益人受两个合同的约束：与开证申请人之间的贸易合同和与开证行之间的信用证。

5. 关于同业业务，下列说法中正确的有(　　)。[2017 年 10 月真题]
   A. 同业拆借相关款项在拆出和拆入资金会计科目核算，并在上述会计科目下单独设立二级科目进行管理核算
   B. 买入返售业务项下的金融资产应当为银行承兑汇票，债券、央票等在银行间市场、证券交易所市场交易的具有合理公允价值和较高流动性的金融资产
   C. 买入返售是指两家金融机构之间按照协议约定先买入或卖出金融资产，再按约定价格于到期日将该项金融资产返售或回购的资金融通行为
   D. 买入返售相关款项在买入返售金融资产会计科目核算，三方或以上交易对手之间的类似交易也应纳入买入返售或卖出回购业务管理和核算
   E. 同业代付原则上仅适用于银行业金融机构办理跨境贸易结算

【解析】C 项，买入返售是指两家金融机构之间按照协议约定先买入金融资产，再按约定价格于到期日将该项金融资产返售的资金融通行为。D 项，买入返售(卖出回购)相关款项在买入返售(卖出回购)金融资产会计科目核算。三方或以上交易对手之间的类似交易不得纳入买入返售或卖出回购业务管理和核算。

6. 商业汇票根据承兑人的不同，可分为(　　)。
   A. 商业承兑汇票　B. 政府承兑汇票　C. 银行承兑汇票　D. 交易商承兑汇票
   E. 市场承兑汇票

【解析】商业汇票按照承兑人的不同，分为商业承兑汇票和银行承兑汇票两种，商业承兑汇票由银行以外的付款人承兑，银行承兑汇票由银行承兑。

7. 根据不同的分类标准，商业银行的理财产品可以分成(　　)。
   A. 封闭式和开放式产品
   B. 综合理财产品
   C. 固定收益类、权益类、衍生类和混合类产品
   D. 理财顾问产品
   E. 公募和私募产品

【解析】理财产品是指商业银行按照约定条件和实际投资收益情况向投资者支付收益、不保证本金支付和收益水平的非保本型理财产品。理财产品可以分为以下类型：①根据募集方式的不同，将理财产品分为公募和私募产品；②根据投资性质的不同，将理财产品分为固定收益类理财产品、权益类理财产品、商品及金融衍生品类理财产品和混合类理

5ABE　6AC　7ACE

财产品；③根据运作方式的不同，将理财产品分为封闭式理财产品和开放式理财产品。

8. 同业拆借市场的特点有(　　)。

A. 期限较短
B. 参与者广泛，个人也可参与
C. 交易的主要是法定准备金
D. 流动性较强
E. 属于担保拆借活动

【解析】银行同业拆借通常是在短期信贷市场上进行的，其特点是期限短、金额大、流动性强，从而能够反映金融市场上的资金供求状况。

9. 委托贷款资金不得用于(　　)。[2022 年 7 月真题]

A. 房地产开发
B. 从事金融衍生品投资
C. 企业注册资本金
D. 购买银行理财产品
E. 技术改造与升级

【解析】委托资金用途应符合法律法规、国家宏观调控和产业政策。资金不得用于生产、经营或投资国家禁止的领域和用途；不得从事债券、期货、金融衍生品、资产管理产品等投资；不得作为注册资本金、注册验资；不得用于股本权益性投资或增资扩股等。

10. 银行承兑汇票的出票人必须具备哪些条件？(　　)

A. 经中国人民银行当地分支行批准办理银行本票业务的银行机构
B. 资信状况良好
C. 具有支付汇票金额的可靠资金来源
D. 在承兑银行开立存款账户的法人以及其他组织
E. 具有中国国籍的居民

【解析】在银行开立存款账户的法人以及其他组织之间，必须具有真实的交易关系或债权债务关系，才能使用商业汇票。银行承兑汇票的出票人必须具备下列条件：①在承兑银行开立存款账户的法人以及其他组织；②与承兑银行具有真实的委托付款关系；③资信状况良好，具有支付汇票金额的可靠资金来源。A 项，银行本票的出票人是经中国人民银行当地分支行批准办理银行本票业务的银行机构。

11. 使用支票结算的优点包括(　　)。

A. 结算及时　B. 使用灵活　C. 安全性高　D. 手续方便
E. 可以转让

【解析】支票是出票人签发的、委托办理支票存款业务的银行在见票时无条件支付确定的金额给收款人或者持票人的票据。使用支票结算具有手续方便、使用灵活、结算及时、可以转让等特点。

12. 目前在进出口业务中主要采用的结算方式有(　　)。

A. 汇款　B. 汇票　C. 托收　D. 信用证
E. 汇兑

【解析】国际结算方式是指资金在国际间从付款一方转移到收款一方的方式。国际贸易结算方式主要有信用证、托收、汇款、保函等。

8AD　9BCD　10BCD　11ABDE　12ACD

13. 汇款业务中的当事人包括(　　)。

A. 汇款人　　B. 收款人　　C. 中间人　　D. 汇入行

E. 汇出行

【解析】汇款是银行(汇出行)应汇款人(债务人)的要求，以一定的方式将一定的金额，以其国外联行或代理行作为付款银行(汇入行)，付给收款人(债权人)的一种结算方式。因此，汇款人、收款人、汇出行和汇入行是汇款业务中的四个基本当事人。

14. 托收结算方式可分为(　　)。

A. 间接托收　　B. 直接托收　　C. 光票托收　　D. 跟单托收

E. 提示托收

【解析】托收结算方式分为光票托收、跟单托收和直接托收。光票托收是指不附带商业单据的金融票据的托收；跟单托收是指附有商业单据的托收。

15. 同业业务的主要类型有(　　)。

A. 同业拆借　　B. 同业存款　　C. 同业代付　　D. 同业担保

E. 买入返售(卖出回购)

【解析】同业业务是指中华人民共和国境内依法设立的金融机构之间开展的以投融资为核心的各项业务，同业业务的主要业务类型包括：同业拆借、同业存款、同业借款、同业代付、买入返售(卖出回购)等同业融资业务和同业投资业务。

16. 开展同业投资业务，应坚持的原则有(　　)。

A. 依法合规原则　　B. 收益大于风险原则

C. 集中管理原则　　D. 总量控制原则

E. 实质重于形式原则

【解析】同业投资业务是指金融机构购买或委托其他金融机构购买特定目的载体的投资行为。开展同业投资业务应坚持的原则包括：①依法合规原则；②风险收益匹配原则；③集中管理及总量控制原则；④实质重于形式原则。

17. 按照发行机构的不同，目前世界上主要的信用卡包括(　　)。

A. 维萨卡　　B. 万事达卡　　C. 大莱卡　　D. JCB 卡

E. 运通卡

【解析】按照发行机构不同，目前世界上主要的信用卡包括维萨卡(VISA)、万事达卡(MasterCard)、大莱卡(Diners Card)、JCB 卡(Japan Credit Bureau)、运通卡(American Express)和中国银联卡。

18. 根据《商业银行信用卡业务管理办法》相关规定，商业银行应加强信用卡收单业务的管理。主要的管理要求包括(　　)。

A. 收单银行应当明确收单业务的牵头管理部门

B. 收单银行应当加强对特约商户资质的审核，实行商户匿名制

C. 收单银行对从事网上交易的商户，应当进行严格的审核和评估，以技术手段确保数据安全和资金安全

13ABDE　14BCD　15ABCE　16ACDE　17ABCDE　18ACE

D. 收单银行应当对特约商户设定动态营业额下限

E. 收单银行应当对收单业务移动受理终端不定期进行回访

【解析】B 项，收单银行应当加强对特约商户资质的审核，实行商户实名制，不得设定虚假商户；D 项，收单银行应当根据特约商户的业务性质、业务特征、营业情况，对特约商户设定动态营业额上限。

19. 境内商业银行开办信用卡发卡业务应当符合的条件有(　　)。

A. 注册资本为实缴资本

B. 最近 3 年企业贷款业务规模和业务结构稳定

C. 注册资本不低于人民币 1 亿元

D. 身份证件验证系统和征信系统的连接和使用情况良好

E. 相关设施通过了必要的安全检测和业务测试

【解析】根据银行业监督管理机构规定，境内商业银行开办信用卡发卡业务应当符合以下条件：①注册资本为实缴资本，且不低于人民币 5 亿元或等值可兑换货币；②具备办理零售业务的良好基础，最近 3 年个人存贷款业务规模和业务结构稳定，个人存贷款业务客户规模和客户结构良好，银行卡业务运行情况良好，身份证件验证系统和征信系统的连接和使用情况良好；③具备办理信用卡业务的专业系统，相关设施通过了必要的安全检测和业务测试，能够保障客户资料和业务数据的完整性和安全性。B 项，最近 3 年个人存贷款业务规模和业务结构稳定；C 项，注册资本为实缴资本，且不低于人民币 5 亿元或等值可兑换货币。

20. 下列属于代收代付业务的有(　　)。

A. 代理各项公用事业收费　　B. 代理行政事业性收费

C. 代发工资　　D. 代理财政性存款

E. 代扣住房按揭贷款

【解析】代收代付业务是商业银行利用自身的结算便利，接受客户委托代为办理指定款项收付事宜的业务。代收代付业务主要包括代理各项公用事业收费、代理行政事业性收费和财政性收费、代发工资、代扣住房按揭贷款等。目前主要是委托收款和托收承付两类。D 项，代理财政性存款属于代理中央银行业务。

21. 银行可通过Ⅰ类户为存款人提供哪些服务？(　　)

A. 存款　　B. 购买投资理财产品

C. 限额消费和缴费　　D. 转账

E. 支取现金

【解析】Ⅰ类户是“钱箱”，个人的工资收入等主要资金来源都存放在该账户中，安全性要求较高，主要用于现金存取、大额转账、大额消费、购买投资理财产品、公用事业缴费等。C 项，Ⅱ、Ⅲ类户可以办理限额消费和缴费。

22. 商业银行理财产品可以投资于以下哪些金融资产？(　　)

A. 地方政府债券　　B. 中央银行票据

19ADE　20ABCE　21ABDE　22ABCD

C．大额存单　　　　　　　　D．公募证券投资基金

E．本行信贷资产

【解析】商业银行理财产品可以投资于国债、地方政府债券、中央银行票据、政府机构债券、金融债券、银行存款、大额存单、同业存单、公司信用类债券、在银行间市场和证券交易所市场发行的资产支持证券、公募证券投资基金、其他债权类资产、权益类资产以及国务院银行业监督管理机构认可的其他资产。E项，商业银行理财产品不得直接投资于信贷资产，不得直接或间接投资于本行信贷资产。

23．商业银行受托发放的贷款不能用于以下哪些方面？（　　）

A．生产、经营或投资国家禁止的领域和用途

B．从事债券、期货、金融衍生品、资产管理产品等投资

C．作为注册资本金、注册验资

D．用于股本权益性投资或增资扩股

E．为客户提供企业集团内部独立法人之间的资金归集和划拨

【解析】商业银行受托发放的贷款应有明确用途，资金用途应符合法律法规、国家宏观调控和产业政策。资金用途不得为以下方面：①生产、经营或投资国家禁止的领域和用途；②从事债券、期货、金融衍生品、资产管理产品等投资；③作为注册资本金、注册验资；④用于股本权益性投资或增资扩股，监管部门另有规定的除外；⑤其他违反监管规定的用途。E项，现金管理项下委托贷款是指商业银行在现金管理服务中，受企业集团客户委托，以委托贷款的形式，为客户提供的企业集团内部独立法人之间的资金归集和划拨业务。

24．关于金融机构开展同业投资业务，以下说法正确的有（　　）。

A．按照“实质重于形式”原则，根据所投资基础资产的性质，准确计量风险并计提相应资本与拨备

B．可接受第三方金融机构的信用担保

C．合理配置同业投资业务的资金来源及运用

D．采用正确的会计处理方法

E．建立健全相应的风险管理和内部控制体系

【解析】B项，同业投资业务不得接受和提供任何直接或间接、显性或隐性的第三方金融机构信用担保，国家另有规定的除外。

25．商业银行理财产品销售文件应当载明的事项包括（　　）。

A．产品类型　　B．投资范围　　C．投资金额　　D．投资资产种类

E．投资比例

【解析】理财产品销售文件应当载明产品类型、投资范围、投资资产种类及其投资比例，并确保在理财产品成立后至到期日前，投资比例按照销售文件约定合理浮动，不得擅自改变理财产品类型。

26．商业银行受托办理委托贷款业务，应要求委托人承担哪些职责？（　　）

23ABCD　24ACDE　25ABDE　26ABCDE

A. 自行确定委托贷款的借款人　　B. 对借款人资质进行审查
C. 确保委托资金来源合法合规　　D. 监督借款人按照合同约定使用贷款资金
E. 承担借款人的信用风险

【解析】商业银行受托办理委托贷款业务，应要求委托人承担以下职责，并在合同中作出明确约定：①自行确定委托贷款的借款人，并对借款人资质、贷款项目、担保人资质、抵质押物等进行审查；②确保委托资金来源合法合规且委托人有权自主支配，并按合同约定及时向商业银行提供委托资金；③监督借款人按照合同约定使用贷款资金，确保贷款用途合法合规，并承担借款人的信用风险。

27. 商业银行不得接受委托人哪些资金发放委托贷款？(　　)
A. 受托管理的他人资金　　B. 银行的授信资金
C. 具有特定用途的各类专项基金　　D. 其他债务性资金
E. 合法合规且可证明来源的资金

【解析】商业银行不得接受委托人下列资金发放委托贷款：①受托管理的他人资金；②银行的授信资金；③具有特定用途的各类专项基金；④其他债务性资金；⑤无法证明来源的资金等。

28. 关于委托贷款的监管要求，以下说法正确的有(　　)。
A. 商业银行可自行确定借款人　　B. 商业银行可为委托贷款提供信用担保
C. 委托人应对贷款项目进行审查　　D. 委托人承担委托贷款的信用风险
E. 商业银行可以接受受托管理的他人资金

【解析】AB 两项，商业银行作为受托人，按照权责利匹配原则提供服务，不得代委托人确定借款人，不得参与贷款决策，不得提供各种形式担保；E 项，商业银行不得接受受托管理的他人资金、银行的授信资金、具有特定用途的各类专项基金、其他债务性资金和无法证明来源的资金等发放委托贷款。

29. 金融机构开展同业投资业务，应遵循的原则是(　　)。
A. 协商自愿　　B. 形式重于实质　　C. 强制执行　　D. 诚信自律
E. 风险自担

【解析】商业银行开展同业投资业务，应遵守国家法律法规及政策规定，建立健全相应的风险管理和内部控制体系，遵循协商自愿、诚信自律和风险自担原则，加强内部监督检查和责任追究，确保各类风险得到有效控制。

三、判断题(判断以下各小题的对错，正确的用 A 表示，错误的用 B 表示)

1. 持卡人以非法占有为目的，超过规定限额或者规定期限透支，经发卡银行两次有效催收后超过三个月仍不归还的，应当认定为刑法规定的“恶意透支”。(　　)［2020 年 10 月真题］

【解析】持卡人以非法占有为目的，超过规定限额或者规定期限透支，经发卡银行两次有效催收后超过三个月仍不归还的，应当认定为《刑法》第一百九十六条规定的“恶意透支”。

27ABCD　28CD　29ADE　▎　1A

2. 商业银行从事风险计量、监测和控制的工作人员与从事衍生产品交易或营销的人员可以相互兼任，风险计量、监测或控制人员不得直接向高级管理层报告风险状况。（ ）

【解析】商业银行从事风险计量、监测和控制的工作人员必须与从事衍生产品交易或营销的人员分开，不得相互兼任；风险计量、监测或控制人员可以直接向高级管理层报告风险状况。商业银行负责从事套期保值类与非套期保值类衍生产品交易的交易人员不得相互兼任。商业银行应当确保其所从事的上述不同类别衍生产品交易的相关信息相互隔离。

3. 商业银行销售理财产品，应当遵循风险匹配原则，只能向客户销售风险评级低于其风险承受能力评级的理财产品。（ ）

【解析】商业银行只能向投资者销售风险等级等于或低于其风险承受能力等级的理财产品，并在销售文件中明确提示产品适合销售的投资者范围，在销售系统中设置销售限制措施。

4. A 石油公司通过 B 银行发放委托贷款，B 银行行长认为该笔贷款 B 银行不承担风险，不需要计提准备金，该行长的分析是正确的。（ ）［2017 年 10 月真题］

【解析】委托贷款是指委托人提供资金，由商业银行（受托人）根据委托人确定的借款人、用途、金额、币种、期限、利率等代为发放、协助监督使用、协助收回的贷款。委托贷款业务是商业银行的委托代理业务。商业银行与委托贷款业务相关主体通过合同约定各方权利义务，履行相应职责，收取代理手续费，不承担信用风险。

5. 同业拆借业务是指经中国人民银行批准，进入银行间同业拆借市场的金融机构之间通过同业拆借网络进行的无担保资金融通行为。（ ）［2017 年 6 月真题］

【解析】同业拆借业务是指经中国人民银行批准，进入全国银行间同业拆借市场的金融机构之间通过全国统一的同业拆借网络进行的无担保资金融通行为。

6. 根据《关于规范金融机构同业业务的通知》要求，单家商业银行同业融入资金余额不得超过该银行负债总额的三分之一。（ ）［2016 年 10 月真题］

【解析】单家商业银行同业融入资金余额不得超过该银行负债总额的 1/3，但农村信用社省联社、省内二级法人社及村镇银行可暂不执行。

7. 商业银行应建立健全同业业务授信管理政策，由法人总部或一级分行对表内外同业业务进行集中统一授信，不得进行多头授信，不得办理无授信额度或超授信额度的同业业务。（ ）［2015 年 10 月真题］

【解析】商业银行应建立健全同业业务授信管理政策，由法人总部对表内外同业业务进行集中统一授信，不得进行多头授信，不得办理无授信额度或超授信额度的同业业务。

8. 商业汇票由银行签发并承兑，银行承诺商业汇票到期日支付汇票金额。（ ）

【解析】商业汇票是出票人签发的，委托付款人在指定付款日期无条件支付确定金额给收款人或持票人的票据；银行汇票是由出票银行签发的，由其在见票时按照实际结算金额无条件支付给收款人或持票人的票据。

2B 3B 4A 5A 6A 7B 8B

9. 贴现是指商业票据的持票人将其持有的未到期商业票据转让给银行，银行扣除贴息后将余款支付给持票人。(　　)

【解析】符合条件的商业汇票持票人可持未到期的商业汇票连同贴现凭证向银行申请贴现。贴现银行在扣除贴现利息后实付贴现金额给持票人。

10. 商业银行的理财产品都只耗用少量的银行资本金。(　　)

【解析】银行理财业务是“轻资本”业务。除保本型理财产品以外，理财业务不占用或者很少占用银行资本。理财业务的这一特点对于资本约束日渐增强的商业银行来说具有重要意义。

11. 委托贷款的风险不仅需要委托人承担，银行也需要承担。(　　)

【解析】委托贷款业务是商业银行的委托代理业务。商业银行与委托贷款业务相关主体通过合同约定各方权利义务，履行相应职责，收取代理手续费，不承担信用风险。

12. 商业银行衍生产品交易业务属于套期保值类衍生产品交易。(　　)

【解析】商业银行衍生产品交易业务按照交易目的分为两类：①套期保值类衍生产品交易，即商业银行主动发起，为规避自有资产、负债的信用风险、市场风险或流动性风险而进行的衍生产品交易；②非套期保值类衍生产品交易，即除套期保值类以外的衍生产品交易。

13. 商业银行从事风险计量、监测和控制的工作人员可以与从事衍生产品交易或营销的人员相同。(　　)

【解析】商业银行从事风险计量、监测和控制的工作人员必须与从事衍生产品交易或营销的人员分开，不得相互兼任；风险计量、监测或控制人员可以直接向高级管理层报告风险状况。商业银行应当确保其所从事的不同类别衍生产品交易的相关信息相互隔离。

14. 银行在进行支付结算业务时可以垫款。(　　)

【解析】支付结算业务的开展应遵循：①恪守信用、履约付款；②谁的钱进谁的账，由谁支配；③银行不垫款。

15. 银行本票不允许背书转让。(　　)

【解析】银行本票是银行签发的，承诺自己在见票时无条件支付确定的金额给收款人或者持票人的票据。银行本票一律记名，允许背书转让。

16. 按汇款支付授权的投递方式划分，汇款业务分为电汇、信汇、票汇、网汇四种。(　　)

【解析】汇款是银行(汇出行)应汇款人(债务人)的要求，以一定的方式将一定的金额，以其国外联行或代理行作为付款银行(汇入行)，付给收款人(债权人)的一种结算方式。按汇款支付授权的投递方式划分，汇款业务分为电汇、信汇、票汇三种。

17. 存单质押存放同业业务和信用存放同业业务都不占用国内同业的授信额度。(　　)

9A　10B　11B　12B　13B　14B　15B　16B　17B

【解析】存单质押存放同业业务不占用国内同业的授信额度，但是信用存放同业业务指无论存放期限长短及金额大小，100%占用国内同业授信额度的业务。

18. 在使用票汇情况下，尽可能坚持“中心汇票”制度。(　　)

【解析】在使用票汇情况下，尽可能坚持“中心汇票”制度，这样汇出行手续简便，头寸资金可在付款时拨付。同时，由于是银行签发的中心汇票，因此，信用高、流动性强、托收或贴现方便，所以受票人也乐于接受。

19. 商业银行开办衍生产品交易业务，应当根据“依法合规”的原则，制定内部管理规章制度。(　　)

【解析】商业银行应当按照要求开展衍生产品交易业务。其中，在内部管理制度要求中，商业银行开办衍生产品交易业务，应当根据“制度先行”的原则，制定内部管理规章制度。

20. 个人开立Ⅲ类户时，必须出示身份证件，填写个人姓名、身份证件号码、绑定账户账号和联系方式等基本信息才可开户。(　　)

【解析】个人开立Ⅲ类户时，可暂缓出示身份证件，只需填写个人姓名、身份证件号码、绑定账户账号和联系方式等基本信息即可开户。银行为个人开立Ⅲ类户时，应当按照账户实名制原则通过绑定账户验证开户人身份，当同一个人在本银行所有Ⅲ类户资金双边收付金额累计达到5万元(含)以上时，应当要求个人在7日内提供有效身份证件，并留存身份证件复印件、影印件或影像，登记个人职业、住所地或者工作单位地址、证件有效期等其他身份基本信息。个人在7日内未按要求提供有效身份证件、登记身份信息的，银行应当中止该账户所有业务。

21. 外汇包括外币现钞、外币支付凭证或者支付工具、外币有价证券和其他外汇资产。(　　)

【解析】外汇是指外币表示的可以用作国际清偿的支付手段和资产，主要有：①外币现钞，包括纸币、铸币；②外币支付凭证或者支付工具，包括票据、银行存款凭证、银行卡等；③外币有价证券，包括债券、股票等；④特别提款权；⑤其他外汇资产。

22. 甲银行正在发行当年第X期理财产品，甲银行的销售人员小李给客户群发短信推荐该款理财产品，并声明该款理财产品预期年化收益率为5%，小李的做法是正确的。(　　)[2022年7月真题]

【解析】商业银行发行理财产品，不得宣传理财产品预期收益率，在理财产品宣传销售文本中只能登载该理财产品或者本行同类理财产品的过往平均业绩和最好、最差业绩，并以醒目文字提醒投资者“理财产品过往业绩不代表其未来表现，不等于理财产品实际收益，投资需谨慎”。

23. 同一银行法人为同一个人开立Ⅱ类户、Ⅲ类户的数量原则上分别不得超过3个。(　　)

【解析】同一银行法人为同一个人开立Ⅱ类户、Ⅲ类户的数量原则上分别不得超过5个。

18A　19B　20B　21A　22B　23B

同一家银行通过电子渠道非面对面方式为同一个人只能开立一个允许非绑定账户入金的Ⅲ类户。

24. 商业银行理财产品可以直接投资于信贷资产和其他银行业金融机构发行的理财产品。(　)

【解析】商业银行理财产品不得直接投资于信贷资产，不得直接或间接投资于本行信贷资产，不得直接或间接投资于本行或其他银行业金融机构发行的理财产品，不得直接或间接投资于本行发行的次级档信贷资产支持证券。

25. 金融市场发生重大变化导致理财产品投资比例暂时超出浮动区间且可能对理财产品收益产生重大影响的，商业银行可暂时不向投资者进行信息披露。(　)

【解析】金融市场发生重大变化导致理财产品投资比例暂时超出浮动区间且可能对理财产品收益产生重大影响的，商业银行应当及时向投资者进行信息披露。

26. 商业银行应根据市场情况调整投资比例，超出销售文件约定比例的，商业银行可直接进行调整。(　　)

【解析】商业银行应当根据市场情况调整投资范围、投资资产种类或投资比例，并按照有关规定事先进行信息披露。超出销售文件约定比例的，除高风险类型的理财产品超出比例范围投资较低风险资产外，应当先取得投资者书面同意，并在全国银行业理财信息登记系统做好理财产品信息登记；投资者不接受的，应当允许投资者按照销售文件约定提前赎回理财产品。

24B　25B　26B

第八章　全面风险管理

一、单项选择题(以下各小题所给出的4个选项中，只有1项最符合题目要求，请将正确选项的代码填入括号内)

1. 盗窃银行业金融机构现金50万元的案件列为(　　)突发事件。[2024年6月真题]

A. 自然灾害类　　B. 社会安全事件类

C. 事故灾难类　　D. 公共卫生事件类

【解析】《国家特别重大、重大突发公共事件分级标准(试行)》将刑事案件列为社会安全事件的第六类，并将"劫持现金50万元以上或财物价值200万元以上，盗窃现金100万元以上的或财物价值300万元以上，或抢劫金融机构或运钞车，盗窃金融机构现金30万元以上的案件"列为重大刑事案件；将"抢劫金融机构或运钞车，盗窃金融机构现金100万元以上的案件"列为特别重大刑事案件。

2. (　　)是指某一债项违约导致的损失金额占该违约债项风险暴露的比例。[2024年6月真题]

A. 违约损失率　　B. 回收率　　C. 违约概率　　D. 违约风险暴露

【解析】A项，违约损失率(LGD)是指某一债项违约导致的损失金额占该违约债项风险暴露的比例，即损失占风险暴露总额的百分比。B项，回收率定义为回收金额除以放款金额。C项，违约概率(PD)是指债务人在未来1年时间内发生违约的可能性。D项，违约风险暴露(EAD)是指债务人发生违约时预期表内和表外项目风险暴露总额，反映了可能发生损失的总额度。

3. 根据《银行业保险业突发事件信息报告办法》(银保监发[2019]29号)要求，某全国性股份制商业银行支行发生下列事件，应当向国务院银行业监督管理机构报告突发事件信息的是(　　)。[2024年6月真题]

A. 某一级支行分管公司业务的副行长带着公司业务部门的5名工作人员突然集体辞职，估计会严重影响该支行的经营管理活动

B. 外包押运公司的运钞车遭到抢劫，被抢劫金额不大，运钞车上其他银行被抢劫金额暂不清楚

C. 零售部门负责人涉嫌利用职务工作侵占该行资金约100万元

D. 因违反结售汇业务相关规定，被当地中国人民银行罚没250万元

【解析】A项，银行保险机构(法人)及其一级分支机构高级管理人员、重要部门(岗位)工作人员突然集体辞职，严重影响银行保险经营管理活动，或者造成重大社会影响的，应当向国务院银行业监督管理机构报告信息。B项，盗窃银行业金融机构业务库、保管箱库、现金业务区、自助设备存放的现金、贵金属或其他物品等值人民币30万元以上的，应当向国务院银行业监督管理机构报告信息。C项，银行保险机构从业人员涉嫌利用职务工作挪用、侵占资金1000万元以上，或者进行非法集资、传销、洗钱等非法活

1B　2A　3A

动造成重大社会影响的，应当向国务院银行业监督管理机构报告信息。D 项，银行保险机构被其他金融管理机构、执法部门罚没单个机构 1000 万元以上或者同批次多个机构共计 5000 万元以上的，应当向国务院银行业监督管理机构报告信息。

4. 商业银行所承担的市场风险水平与下列(　　)因素相匹配。[2024 年 6 月真题]

A. 商业银行的发展战略　　B. 高级管理人员风险偏好

C. 市场风险管理能力和资本实力　　D. 商业银行的盈利目标

【解析】商业银行应当充分识别、准确计量、持续监测和适当控制所有交易和非交易业务中的市场风险，确保在合理的市场风险水平之下安全、稳健经营。商业银行所承担的市场风险水平应当与其市场风险管理能力和资本实力相匹配。

5. 根据《银行保险机构应对突发事件金融服务管理办法》，银行对灾难备份等关键资源或重要业务功能至少每(　　)开展一次突发事件应对预案的演练。[2023 年 10 月真题]

A. 四年　　B. 一年　　C. 二年　　D. 三年

【解析】根据《银行保险机构应对突发事件金融服务管理办法》第十条，银行保险机构应当根据本机构的具体情况细化突发事件的类型并制定、更新应对预案。银行保险机构应当充分评估营业场所、员工、基础设施、信息数据等要素，制定具体的突发事件应对措施以及恢复方案。银行保险机构至少每三年开展一次突发事件应对预案的演练，检验应对预案的完整性、可操作性和有效性，验证应对预案中有关资源的可用性，提高突发事件的综合处置能力。银行保险机构对灾难备份等关键资源或重要业务功能至少每年开展一次突发事件应对预案的演练。

6. (　　)是指因利率、汇率、股票价格和商品价格的不利变动而使银行表内和表外业务发生损失的风险。[2023 年 6 月真题]

A. 市场风险　　B. 流动性风险　　C. 操作风险　　D. 信用风险

【解析】市场风险可以分为利率风险、汇率风险、股票价格风险和商品价格风险，分别是指由于利率、汇率、股票价格和商品价格的不利变动所带来的风险。

7. 通常用“不要将所有的鸡蛋放在一个篮子里”来形象说明(　　)。[2023 年 6 月真题]

A. 风险规避　　B. 风险对冲　　C. 风险转移　　D. 风险分散

【解析】风险分散是指通过多样化的投资来分散和降低风险的策略性选择。“不要将所有的鸡蛋放在一个篮子里”的古老投资格言形象地说明了这一方法。

8. 《商业银行法》规定，对同一借款人贷款余额与商业银行资本余额比例不超过(　　)。[2023 年 6 月真题]

A. 20%　　B. 50%　　C. 5%　　D. 10%

【解析】在单一客户授信限额管理方面，《商业银行法》规定，对同一借款人的贷款余额与商业银行资本余额的比例不得超过 10%。

9. A 银行的贷款风险分类情况为：正常类贷款 60 亿元，关注类贷款 20 亿元，次级类贷款 14 亿元，可疑类贷款 5 亿元，损失类贷款 1 亿元，那么该行不良贷款率为(　　)。

4C　5B　6A　7D　8D　9C

［2023 年 6 月真题］

A. 40%　　B. 6%　　C. 20%　　D. 1%

【解析】不良贷款率是指不良贷款（次级类贷款 + 可疑类贷款 + 损失类贷款）占各项贷款的比率。不良贷款率 =（不良贷款余额/各项贷款余额）×100% =（次级类贷款 + 可疑类贷款 + 损失类贷款）/各项贷款余额 ×100% =（14 + 5 + 1）/（60 + 20 + 14 + 5 + 1）×100% = 20%。

10. 商业银行的资金交易业务流程可以分为（　　）。［2022 年 7 月真题］

A. 债券买卖、外汇买卖、黄金买卖

B. 前台交易、中台风险管理、后台结算

C. 金融衍生品交易、资金托管、外汇即日买卖

D. 资金管理、资金存放、资金拆借

【解析】商业银行的资金交易业务流程可以分为前台交易、中台风险管理、后台结算三个环节。

11. 以下不属于常用的商业银行不良资产处置方式的是（　　）。［2022 年 7 月真题］

A. 直接追偿　　B. 诉讼追偿　　C. 长期挂账　　D. 债务减免

【解析】不良资产处置方式有很多，商业银行应综合考虑不良资产类型、债务关联人偿债意愿和偿还能力、市场需求、处置时限、资产实际情况等因素，结合处置项目实际，合理选择直接追偿、委外清收、债务重组、资产租赁、押品处置、债权转让、债务减免、呆账核销、破产清偿、诉讼追偿等处置方式。

12. 银行业金融机构实施全面风险管理应当遵循的基本原则是（　　）。［2022 年 7 月真题］

A. 匹配性原则、全覆盖原则、独立性原则、有效性原则

B. 全面性原则、审慎性原则、独立性原则、有效性原则

C. 制衡性原则、全覆盖原则、重要性原则、有效性原则

D. 成本可算原则、风险可控原则、信息充分披露原则

【解析】银行业金融机构在全面风险管理中应当遵循的基本原则包括：①匹配性原则；②全覆盖原则；③独立性原则；④有效性原则。

13. 商业银行从本质上来说就是经营（　　）的金融机构。［2019 年 6 月真题］

A. 风险　　B. 负债　　C. 利率　　D. 资产

【解析】商业银行从本质上来说就是经营风险的金融机构，以经营风险为其营利的根本手段。

14. 《银行业突发事件应急预案》（银监发〔2005〕42 号）将银行业突发事件细化为（　　）。［2019 年 6 月真题］

A. 三级　　B. 五级　　C. 四级　　D. 二级

【解析】《银行业突发事件应急预案》（银监发〔2005〕42 号）将银行业突发事件细化为较大突发事件（Ⅲ级）、重大突发事件（Ⅱ级）和特别重大突发事件（Ⅰ级）三级。

10B　11C　12A　13A　14A

15. 下列关于商业银行风险管理策略的说法，错误的是(　　)。[2024 年 6 月真题]

A. 银行在个人生产经营贷款中要求借款人购买保险是一种风险分散

B. “不要将所有的鸡蛋放在一个篮子里”隐含的是风险分散的思想

C. 银行由于某客户杠杆率过高否定了其贷款申请是一种风险规避

D. 银行认为甲客户风险水平高于乙客户风险水平，因此对乙客户贷款采用基准利率，而对甲客户贷款上浮 10%，这是一种风险补偿策略

【解析】风险转移是指通过购买某种金融产品或采取其他合法的经济措施将风险转移给其他经济主体的一种策略性选择。风险转移可分为保险转移和非保险转移。保险转移是指商业银行购买保险，以缴纳保险费为代价，将风险转移给承保人。非保险转移是指商业银行通过担保、备用信用证等将信用风险转移给第三方。

16. 2009 年至 2010 年，原银监会相继发布了“三个办法一个指引”，具体是指(　　)。[2018 年 6 月真题]

A. 《信托贷款管理办法》《流动资金贷款管理暂行办法》《个人贷款管理暂行办法》《商业银行集团客户授信业务风险管理指引》

B. 《固定资产贷款管理暂行办法》《流动资金贷款管理暂行办法》《个人贷款管理暂行办法》《项目融资业务指引》

C. 《固定资产贷款管理暂行办法》《流动资产贷款管理暂行办法》《个人贷款管理暂行办法》《房地产贷款风险管理指引》

D. 《委托贷款管理办法》《流动资金贷款管理暂行办法》《个人贷款管理暂行办法》《授信尽职指引》

【解析】2009 年至 2010 年，原银监会相继发布了《固定资产贷款管理暂行办法》《个人贷款管理暂行办法》《流动资金贷款管理暂行办法》和《项目融资业务指引》，并称“三个办法一个指引”，又称“贷款新规”。为进一步促进银行业金融机构提升信贷管理能力和金融服务质效，国家金融监管总局对“三个办法一个指引”等信贷管理制度进行了修订，形成《固定资产贷款管理办法》《流动资金贷款管理办法》《个人贷款管理办法》(简称“三个办法”)，于 2024 年 2 月发布，7 月 1 日起施行。

17. 某借款人 2016 年销售收入为 3000 万元，2016 年销售利润率为 15%，预计 2017 年销售收入增长率为 10%，营运资金周转次数为 5，根据《流动资金贷款管理暂行办法》关于流动资金贷款需求量的测算方法，则该借款人的营运资金量为(　　)万元。[2017 年 10 月真题]

A. 459　　B. 600　　C. 759　　D. 561

【解析】根据公式计算可得：营运资金量 = 上年度销售收入 ×(1 - 上年度销售利润率)×(1 + 预计销售收入年增长率)/营运资金周转次数 = 3000 ×(1 - 15%)×(1 + 10%)/5 = 561(万元)。

18. 贷款“三查”是信贷流程控制的重要保障，按照贷款“三查”的要求，银行的下列做法正确的是(　　)。[2017 年 10 月真题]

A. 贷款发放后银行对该笔贷款进行了持续的贷后检查

15A　16B　17D　18A

B. 银行风险经理乙在进行审查时将该客户的发展前景作为分析重点

C. 因为人手有限，支行行长安排客户代写信贷调查报告

D. 甲客户经理在现场进行了简单了解，更多的信息通过互联网进行了解

【解析】贷款“三查”是指贷前调查、贷时审查和贷后检查，是银行信用风险控制的重要手段。通过实施贷款“三查”，有利于贷款人较为全面地了解和掌握借款人经营状况以及贷款的风险情况，及时发现风险隐患，采取相应风险防范和控制措施，保障银行信贷资金安全。BCD 三项均不符合贷款“三查”要求。

19. 在商业银行的经营管理过程中，(　　)决定其风险承担能力。[2017 年 6 月真题]

A. 资产规模和商业银行的风险管理水平

B. 资产规模和商业银行的盈利水平

C. 资本金规模和商业银行的风险管理水平

D. 资本金规模和商业银行的盈利水平

【解析】商业银行所承担的市场风险水平应当与其市场风险管理能力和资本实力相匹配。

20. 下列不属于商业银行内部流程因素造成的代理业务操作风险的是(　　)。[2017 年 6 月真题]

A. 超越委托范围办理业务

B. 未经授权或超过授权擅自进行交易

C. 销售时进行不恰当的广告和不真实的宣传，错误和误导销售

D. 通过代理收付款进行洗钱活动

【解析】商业银行内部流程因素造成的代理业务操作风险包括：①未经授权或超过权限擅自进行交易；②内部人员盗窃客户资料谋取私利等；③销售时进行不恰当的广告和不真实的宣传，错误和误导销售；④未对敏感问题或业务中的风险进行披露，不当利用重要内幕信息建议他人买卖证券等；⑤代理合同或文件存在瑕疵，对各方的权利、义务、责任规定不明确，或将商业银行不当卷入代理业务纠纷中；⑥未获得客户允许代理扣划资金或进行交易；⑦对代理单据审核不清，出现违章操作或操作失误；⑧超委托范围办理业务等。D 项属于外部事件因素造成的代理业务操作风险。

21. 商业银行无法提供更细致、高效的金融产品与国际大银行竞争，因而在竞争中处于劣势，这种情况下商业银行所面临的风险属于(　　)。[2017 年 6 月真题]

A. 声誉风险　　B. 战略风险　　C. 国别风险　　D. 市场风险

【解析】战略风险是指商业银行在追求短期商业目的和长期发展目标的过程中，因不适当的发展规划和战略决策给商业银行造成损失或不利影响的风险。

22. 下列不属于操作风险缓释手段的是(　　)。[2021 年 10 月真题]

A. 损失数据收集　　B. 连续营业方案　　C. 业务外包　　D. 商业保险

【解析】目前主要的操作风险缓释措施有购买保险、业务外包、业务连续性计划等。A 项，损失数据收集属于操作风险管理流程。

23. A 银行认为目前从事钢铁和煤炭贸易的企业风险水平过高，不应该介入，该银行采取

19C　20D　21B　22A　23C

的风险管理措施是(　　)。[2022 年 7 月真题]

A. 风险转移　　B. 风险补偿　　C. 风险规避　　D. 风险对冲

【解析】风险规避是指商业银行拒绝或退出某一业务或市场，以避免承担该业务或市场风险的策略性选择。在现代商业银行风险管理实践中，风险规避可以通过限制某些业务的经济资本配置来实现。

24. 一般而言，承担风险能够带来风险补偿，而有一种风险遍布于银行业务和管理的各个领域，具有普遍性，但不能给商业银行带来盈利，这种风险是(　　)。[2017 年 10 月真题]

A. 流动性风险　　B. 信用风险　　C. 操作风险　　D. 市场风险

【解析】操作风险广泛存在于商业银行业务和管理的各个领域，具有普遍性，只会给银行带来成本和损失，却不能给商业银行带来盈利。商业银行的操作风险是不可避免的，对其进行有效管理通常需要较大规模的投入，应当控制好合理的成本收益率。

25. 根据《不良金融资产处置尽职指引》，下列属于不良资产的追偿方式的是(　　)。[2017 年 6 月真题]

A. 修改债务条款　B. 破产清偿　　C. 债权转股权　　D. 资产置换

【解析】对于一项不良资产，可根据处置需要运用一种处置方式，也可以组合运用多种处置方式，包括：直接追偿、委外清收、债务重组、资产租赁、押品处置、债权转让、债务减免、呆账核销、破产清偿以及诉讼追偿。

26. 下列不属于内部欺诈事件的是(　　)。[2016 年 10 月真题]

A. 员工遗失涉密资料　　B. 黑客攻击损失

C. 故意隐瞒交易　　D. 故意错误估价

【解析】内部欺诈事件，指故意骗取、盗用财产或违反监管规章、法律或公司政策导致的损失事件，此类事件至少涉及内部一方，但不包括歧视及差别待遇事件。B 项，黑客攻击损失属于外部欺诈事件。

27. 根据《商业银行集团客户授信业务风险管理指引》的规定，商业银行对单一集团客户贷款不应超过其资本余额的(　　)。[2016 年 5 月真题]

A. 30%　　B. 15%　　C. 25%　　D. 10%

【解析】根据《商业银行集团客户授信业务风险管理指引》第十二条，一家商业银行对单一集团客户授信余额不得超过该商业银行资本净额的 15%，否则将视为超过其风险承受能力。

28. 根据《商业银行资本管理办法》的规定，因疏忽未对特定客户履行分内义务或产品性质或设计缺陷导致的损失称为(　　)。[2016 年 5 月真题]

A. 就业制度和工作场所安全事件　　B. 内部欺诈事件

C. 外部欺诈事件　　D. 客户、产品和业务活动事件

【解析】《商业银行资本管理办法》在附件《操作风险资本计量监管要求》中，基于损失事件的类型，将操作风险划分为 7 类。根据该分类，因未按有关规定造成未对特定客户

24C　25B　26B　27B　28D

履行分内义务或产品性质或设计缺陷导致的损失事件称为客户、产品和业务活动事件。

29. 下列关于商业银行柜面业务操作风险防控的说法，正确的是(　　)。[2024 年 6 月真题]
A. 人力资源管理条线作为第四道防线，应针对突出风险点明确员工从业禁止性规定和职业操守“底线”，对违反禁止性规定的发现一起、严厉查处一起
B. 业务管理条线作为第一道防线，应承担起风险防控的首要责任
C. 审计监督条线作为第二道防线，应加大对重点风险隐患的监督检查，对检查发现的违纪违规问题提出整改意见
D. 风险合规条线作为第三道防线，应认真落实风险监测、重点业务风险检查、风险事件牵头处置及实施问责等职责

【解析】商业银行为防控操作风险采取的“三道防线”建设，主要包括：①业务管理条线作为第一道防线，应承担起风险防控的首要责任；②风险合规条线作为第二道防线应认真落实风险监测、重点业务风险检查、风险事件牵头处置及实施问责等职责；③审计监督条线作为第三道防线应加大对重点风险隐患的监督检查，对检查发现的违规违纪问题提出整改意见。

30. 根据《商业银行金融资产风险分类办法》，下列不属于商业银行金融资产五级分类的是(　　)。
A. 关注类　　B. 可疑类　　C. 逾期类　　D. 次级类

【解析】商业银行应至少将金融资产按照风险程度划分为五类，分别为正常类、关注类、次级类、可疑类和损失类，后三类合称为不良资产。

31. 下列不适用于《金融企业呆账核销管理办法》的是(　　)。[2015 年 10 月真题]
A. 贸易公司　　B. 金融资产管理公司
C. 信托公司　　D. 金融租赁公司

【解析】根据《金融企业呆账核销管理办法》第二条，本办法适用于在中华人民共和国境内依法设立的金融企业，包括政策性银行及国家开发银行、商业银行、保险公司、金融资产管理公司、证券公司、信托公司、财务公司、金融租赁公司、农村金融机构等经营金融业务的企业(统称金融企业)。小额贷款公司、融资担保公司等其他经营金融业务的企业参照本办法执行。

32. 以下不属于商业银行风险管理策略的是(　　)。[2021 年 10 月真题]
A. 风险分散　　B. 风险补偿　　C. 风险对冲　　D. 风险监测

【解析】商业银行通常运用的风险管理策略可以大致概括为风险分散、风险对冲、风险转移、风险规避和风险补偿五种策略。这五种风险管理策略是商业银行在风险管理实践中的策略性选择，而不是诸如岗位/流程设置、经济资本配置等具体风险控制机制。

33. 下列哪种情况不应计入不良贷款？(　　)
A. 张某因出差在外，未及时归还贷款本息
B. 史某宣告死亡，以其财产清偿后，仍未能还清其生前的贷款
C. 衣某由于金融危机而失去工作，目前无正常收入，暂无力偿还房贷

29B　30C　31A　32D　33A

D. 曲某已无力归还贷款，银行将其抵押物拍卖，但损失金额尚不能确定

【解析】按照五级分类制度，个人住房贷款分为正常、关注、次级、可疑、损失五类，其中后三类属于不良贷款。A 项，借款人未正常还款属偶然性因素造成的，因此是正常贷款；B 项是损失贷款；C 项是次级贷款；D 项是可疑贷款。

34. 下列关于商业银行金融资产风险分类的描述，错误的是(　　)。

A. 债务人无法足额偿付本金、利息或收益，或金融资产已经发生信用减值的资产，属于可疑类资产

B. 虽然存在一些可能对履行合同产生不利影响的因素，但债务人目前有能力偿付本金、利息或收益的资产，属于关注类资产

C. 次级类、可疑类和损失类三类合称为不良资产

D. 商业银行金融资产按照风险程度可划分正常类、关注类、次级类、可疑类和损失类五类

【解析】金融资产风险分类是指商业银行按照风险程度将金融资产划分为不同档次的行为。商业银行应至少将金融资产按照风险程度划分为五类，分别为正常类、关注类、次级类、可疑类和损失类，后三类合称为不良资产。A 项，债务人无法足额偿付本金、利息或收益，或金融资产已经发生信用减值属于次级类资产。可疑类资产指债务人已经无法足额偿付本金、利息或收益，金融资产已发生显著信用减值。

35. 审慎确认操作风险损失并进行客观、公允统计，准确计量损失金额，避免出现多计或少计操作风险损失的情况，这是商业银行制定操作风险损失数据收集统计实施细则应遵守的(　　)。

A. 重要性原则　　B. 谨慎性原则　　C. 及时性原则　　D. 统一性原则

【解析】商业银行应当根据以下规定并结合本机构的实际，制定操作风险损失数据收集统计实施细则，具体应遵循以下原则：①重要性原则；②及时性原则；③统一性原则；④谨慎性原则。题干所述是谨慎性原则的内容。

36. 由于客户违约使银行债权得不到清偿而遭受损失的风险是(　　)。

A. 信用风险　　B. 操作风险　　C. 法律风险　　D. 声誉风险

【解析】信用风险是指债务人或交易对手未能履行合同所规定的义务或信用质量发生变化，影响金融产品价值，从而给债权人或金融产品持有人造成经济损失的风险。

37. 金融机构的交易员、信贷员、其他工作人员越权或变相越权放款，向国家明令禁止的行业、企业审批发放贷款的行为所造成损失的风险属于(　　)。

A. 市场风险　　B. 信用风险　　C. 操作风险　　D. 法律风险

【解析】操作风险是指由于内部程序、员工、信息科技系统存在问题以及外部事件所造成损失的风险。在信贷审批环节，存在操作风险的事例有：超权或变相越权放款，向国家明令禁止的行业、企业审批发放贷款等。

38. 关于风险的定义，下列说法不正确的是(　　)。

A. 风险即损失

34A　35B　36A　37C　38A

B．风险是未来结果的不确定性

C．风险的概念涵盖了未来可能损失的大小

D．风险是损失的可能性

【解析】对银行风险的定义，可以从两个角度理解：①强调结果的不确定性。即在一定条件下和一定时期内发生各种结果的变动，结果的变动程度越大则相应的风险就越大，反之则越小。不确定性带来的后果可能是有利的，也可能是不利的。②强调不确定性带来的不利后果。即由于各种结果发生的不确定性，而导致行为主体遭受损失或损害的可能性。可以看出，风险不等同于损失本身，风险是一个事前概念，损失是一个事后概念，风险的概念既涵盖了未来可能损失的大小，又涵盖了损失发生概率的高低。

39．下列哪项不属于全面风险管理模式所体现的风险管理理念和方法？（　　）

A．全面的风险管理范围　　B．全新的风险管理体系

C．全程的风险管理过程　　D．全员的风险文化

【解析】全面风险管理模式体现了以下风险管理理念和方法：①全球的风险管理体系；②全面的风险管理范围；③全程的风险管理过程；④全新的风险管理方法；⑤全员的风险文化。

40．下列商业银行降低贷款组合信用风险最有效的办法是（　　）。

A．将贷款集中到个别高收益的行业　　B．将贷款分散到收益正相关的行业

C．将贷款分散到不同的行业和区域　　D．将贷款集中到少数低风险的行业

【解析】根据多样化投资分散风险的原理，商业银行的信贷业务应是全面的，而不应集中于同一业务、同一性质甚至同一个借款人。商业银行可以通过资产组合管理或与其他商业银行组成银团贷款的方式，使自己的授信对象多样化，从而分散和降低风险。

41．关于信用风险的说法，错误的是（　　）。

A．信用风险是指交易对象无力履约的风险

B．信用风险只存在于贷款业务中

C．发放关联贷款可能会造成信用风险

D．承兑业务可能会造成信用风险

【解析】B项，信用风险既存在于传统的贷款、债券投资等表内业务中，也存在于信用担保、贷款承诺及衍生产品交易等表外业务中。

42．商业银行信用风险管理实践中，设定贷款集中度限额的做法属于（　　）策略。

A．风险补偿　　B．风险对冲　　C．风险转移　　D．风险分散

【解析】风险分散是指通过多样化的投资来分散和降低风险的策略性选择。根据多样化投资分散风险的原理，商业银行的信贷业务应是全面的，而不应集中于同一业务、同一性质甚至同一个借款人。本题中，设定贷款集中度限额的做法采用的正是风险分散策略。

43．下列不属于商业银行代理业务中的操作风险的是（　　）。

A．业务员贪污或截留代理业务手续费

39B　40C　41B　42D　43D

B. 超委托范围办理业务

C. 未对敏感问题或业务中的风险进行披露

D. 代客理财产品受利率波动造成损失

【解析】因风险防范意识不足，认为即使发生操作风险，损失也不大、监督管理滞后，内部控制薄弱，部门及岗位设置不合理，规章制度滞后、业务管理分散，缺乏统筹管理、电子化建设缓慢，缺乏相应的代理业务系统等原因，代理业务主要存在以下操作风险：①人员因素，如业务人员贪污或截留手续费，不进入大账核算等；②内部流程，如未经授权或超过权限擅自进行交易、超委托范围办理业务、未对敏感问题或业务中的风险进行披露等；③系统缺陷，如计算机系统中断、业务应急计划不力造成代理业务中的数据丢失而引发损失等；④外部事件，如委托方伪造收付款凭证骗取资金等。D项属于市场风险。

44. 下列关于商业银行操作风险的说法不正确的是(　　)。

A. 操作风险损失数据相对容易收集

B. 操作风险是一种管理成本

C. 操作风险的控制和缓释通常不能单纯依靠计量手段

D. 操作风险可能来源于外部事件

【解析】操作风险损失数据不易收集。

45. 下列哪项不属于造成商业银行代理业务中操作风险的外部事件？(　　)

A. 委托方伪造收付款凭证骗取资金　　B. 通过代理收付款进行洗钱活动

C. 行业竞争激烈　　D. 由于新的监管规定出台而引起的风险

【解析】商业银行代理业务中主要存在以下操作风险：①人员因素；②内部流程；③系统缺陷；④外部事件。其中，外部事件包括：①委托方伪造收付款凭证骗取资金；②通过代理收付款进行洗钱活动；③由于新的监管规定出台而引起的风险等。

46. 某企业由于财务印章被盗用，导致该企业在开户行的巨额存款在几天内被取走，给该行造成不良影响，对该银行而言，此操作风险损失事件应归于(　　)类别。

A. 实物资产的损坏　　B. 信息科技系统事件

C. 内部欺诈事件　　D. 外部欺诈事件

【解析】D项，外部欺诈事件是指第三方故意骗取、盗用、抢劫财产、伪造要件、攻击商业银行信息科技系统或逃避法律监管导致的损失事件。

47. 以下哪类风险事件不应当被划分为操作风险？(　　)

A. 交易系统中的执行价格与会计记录系统存在差异

B. 部分营业场所系统故障造成客户损失

C. 柜员错误收取外币汇款手续费

D. 客户提前赎回理财产品造成银行收入降低

【解析】商业银行的操作风险可分为人员因素、内部流程、系统缺陷和外部事件四大类别。A项属于内部流程；B项属于系统缺陷；C项属于人员因素。

44A　45C　46D　47D

48. 下列哪种情形属于因系统缺陷而引发的操作风险？(　　)

A. 地震致使某银行贮存的账册严重损毁

B. 某银行因为通信系统不稳定而发生业务中断

C. 业务人员贪污或截留手续费，不进入大账核算，造成银行损失

D. 某银行员工李某超越授权使用客户的资金进行投资，造成客户损失

【解析】商业银行的操作风险可分为人员因素、内部流程、系统缺陷和外部事件四大类别。A 项是由于外部事件而引发的操作风险；C 项是由于人员因素而引发的操作风险；D 项是由于内部流程而引发的操作风险。

49. 限额管理是对商业银行市场风险进行管控的重要手段，常见的商业银行市场风险限额不包括(　　)。

A. 交易限额　　B. 止损限额　　C. 风险限额　　D. 客户限额

【解析】限额管理是对商业银行市场风险进行有效控制的一项重要手段。常用的市场风险限额包括交易限额、风险限额和止损限额等。

50. (　　)对操作风险的管理情况负直接责任。

A. 董事会　　B. 高级管理层　　C. 业务部门　　D. 监事会

【解析】业务部门对操作风险的管理情况负直接责任，应指定专人负责操作风险管理。根据商业银行操作风险管理体系的要求，建立本部门持续有效的操作风险识别、评估、控制、缓释、监测及报告程序。

51. 以下不属于市场风险的是(　　)。

A. 利率风险　　B. 汇率风险　　C. 商品价格风险　　D. 违约风险

【解析】市场风险可以分为利率风险、汇率风险、股票价格风险和商品价格风险，分别是指由于利率、汇率、股票价格和商品价格的不利变动所带来的风险。

52. 以下关于国别风险特征说法，正确的是(　　)。

A. 国别风险发生在国际经济金融活动中，在同一个国家范围内的经济金融活动不存在国别风险

B. 国别风险发生在国际经济金融活动中，在同一国家范围内的经济金融活动可能存在国别风险

C. 国际经济金融活动中，政府不可能遭受国别风险所带来的损失

D. 国际经济金融活动中，个人不可能遭受国别风险所带来的损失

【解析】国别风险有两个基本特征：①国别风险发生在国际经济金融活动中，在同一个国家范围内的经济金融活动不存在国别风险；②在国际经济金融活动中，不论是政府、商业银行、企业，还是个人，都可能遭受国别风险所带来的损失。

53. (　　)是指由商业银行行为、从业人员行为或外部事件导致利益相关方等主体对商业银行负面评价的风险。[2025 年 6 月真题]

A. 系统风险　　B. 声誉风险　　C. 信用风险　　D. 行业风险

【解析】声誉风险是指由商业银行行为、从业人员行为或外部事件等，导致利益相关方、

48B　49D　50C　51D　52A　53B

社会公众、媒体等对商业银行形成负面评价，从而损害其品牌价值，不利于其正常经营，甚至影响到市场稳定和社会稳定的风险。商业银行通常将声誉风险看作是对其经济价值最大的威胁，因为商业银行的业务性质要求其能够维持存款人、贷款人和整个市场的信心。

54. 商业银行在确定贷款额度时应考虑的因素不包括(　　)。[2025 年 6 月真题]

A. 借款人要求贷款的具体用途

B. 借款人提出的信贷要求是否符合其业务需求

C. 借款人的经营领域

D. 贷款资金是否会用于支持借款人主营业务

【解析】商业银行在确定贷款额度时应考虑以下因素：借款人要求贷款的具体用途、借款人提出的信贷要求是否符合其业务需求、贷款资金是否会用于支持借款人的主营业务等。

55. 商业银行在所从事的业务活动造成实质性损失之前，对所承担的风险进行价格补偿的策略性选择的是(　　)。

A. 风险分散　B. 风险对冲　C. 风险转移　D. 风险补偿

【解析】风险补偿是指商业银行在所从事的业务活动造成实质性损失之前，对所承担的风险进行价格补偿的策略性选择。除了通过风险分散、风险对冲、风险转移等措施有效管理风险，商业银行还可以采取在交易价格上附加更高的风险溢价，获得承担风险的价格补偿。

56. 商业银行面临的风险中最重要也是管理难度最大的风险类型是(　　)。

A. 操作风险　B. 市场风险　C. 流动性风险　D. 信用风险

【解析】信用风险是指债务人或交易对手未能履行合同所规定的义务或信用质量发生变化，影响金融产品价值，从而给债权人或金融产品持有人造成经济损失的风险。信用风险是商业银行面临的风险中最重要也是管理难度最大的风险类型。

57. 客户评级的评价主体是(　　)。

A. 商业银行　B. 客户违约风险　C. 信用等级　D. 违约概率

【解析】客户信用评级是商业银行对客户偿债能力和偿债意愿的计量与评价，反映客户违约风险的大小。客户评级的评价主体是商业银行，评价目标是客户违约风险，评价结果是信用等级和违约概率，是商业银行的内部评级。

58. 根据《商业银行大额风险暴露管理办法》，大额风险暴露是指商业银行对单一客户或一组关联客户超过其一级资本净额(　　)的风险暴露。[2023 年 6 月真题]

A. 1%　B. 2.5%　C. 2%　D. 0.5%

【解析】风险暴露是指商业银行对单一客户或一组关联客户的信用风险暴露，包括银行账簿和交易账簿内各类信用风险暴露。大额风险暴露是指商业银行对单一客户或一组关联客户超过其一级资本净额 2.5% 的风险暴露。

54C　55D　56D　57A　58B

59. 从银行业的情况来看，应急管理工作面临的挑战不包括(　　)。

A. 银行业的诸多风险因素都可能引发突发事件，甚至挤兑事件

B. 以信息网络为基础的银行业突发事件预警系统仍需完善

C. 银行业监管机构如何与相关部门界定职责范围，独立处置各类突发事件需要研究完善

D. 部分银行业金融机构自身的应急管理意识薄弱

【解析】当前公共安全形势严峻复杂，应急管理体系建设面临风险隐患增多、诸多矛盾叠加的挑战。C 项，银行业监管机构与相关部门和地方政府如何加强协调沟通，健全应急协同机制，依法、高效、稳妥处置各类突发事件，需要研究完善并在具体实践中接受考验。

60. 《突发事件应对法》将自然灾害、事故灾难、公共卫生事件分为(　　)级。

A. 三　　B. 四　　C. 五　　D. 六

【解析】按照社会危害程度、影响范围、突发事件性质、可控性、行业特点等因素，《突发事件应对法》将自然灾害、事故灾难、公共卫生事件分为特别重大、重大、较大和一般四级。

61. 根据《国家特别重大、重大突发公共事件分级标准(试行)》，下列突发事件属于重大金融突发事件的是(　　)。

A. 所涉及省(区、市)监管部门不能单独应对，需进行跨省(区、市)或跨部门协调的金融突发事件

B. 具有全国性影响且涉及本地区银行业金融机构的突发事件

C. 金融行业已出现或将要出现连锁反应，需要各有关部门协同配合共同处置的金融突发事件

D. 国际上出现的，已经影响或极有可能影响国内宏观金融稳定的金融突发事件

【解析】《国家特别重大、重大突发公共事件分级标准(试行)》将金融突发事件列为社会安全事件的第二类，分为重大金融突发事件和特别重大金融突发事件两级。重大金融突发事件包括：①对金融行业造成影响，但未造成全国性影响的金融突发事件；②所涉及省(区、市)监管部门不能单独应对，需进行跨省(区、市)或跨部门协调的金融突发事件。BCD 三项均属于特别重大金融突发事件。

62. 突发事件应急管理工作的核心内容可概括为(　　)。

A. “一案两制”　　B. “一案三制”　　C. “一案四制”　　D. “两案四制”

【解析】突发事件应急管理工作的核心内容概括起来就是“一案三制”。“一案”是指应急预案，即根据突发事件的类别和级别，事先研究制定应对计划和方案。“三制”是指应急管理工作的管理体制、运行机制和法制。

63. 国务院有关部门根据各自的职责和国务院相关应急预案，制定国家突发事件部门应急预案。国家突发事件应急预案分为(　　)个层次。

A. 2　　B. 3　　C. 4　　D. 5

59C　60B　61A　62B　63A

【解析】国家突发事件应急预案分两个层次：①中央一级的突发事件总体应急预案、专项应急预案和部门应急预案；②地方一级突发事件总体应急预案、专项应急预案和部门应急预案。

64. 在下列关于银行业金融机构加强应急预案的演练工作的说法中，不正确的是(　　)。

A. 制定应急预案演练计划，定期开展应急演练

B. 部门应急预案至少每 2 年进行一次应急演练

C. 定期组织员工学习应急预案和相关工作制度、程序和要求

D. 应急演练结束后要充分评估信息报告的准确性、及时性

【解析】银行业金融机构要加强应急预案的演练工作，提高应急预案的能用管用水平。B 项，专项应急预案、部门应急预案至少每 3 年进行一次应急演练。

65. 下列关于债权人委员会说法不正确的是(　　)。

A. 债权人委员会是由债务规模较大的困难企业四家以上债权银行业金融机构发起成立的协商性、自律性、临时性组织

B. 债权人委员会按照“一企一策”的方针和市场化、法治化、公平公正、分类施策的原则，集体研究增贷、稳贷、减贷、重组等措施

C. 其职责是依法维护银行业金融机构的合法权益，推动债权银行业金融机构精准发力、分类施策，有效保护金融债权

D. 债权人委员会实施金融债务重组的，可以采取协议重组和协议并司法重组的方式

【解析】为加强金融债权管理，维护经济金融秩序，支持实体经济发展，我国银行业监督管理机构建立了信用风险处置的“债权人委员会机制”。债权人委员会即银行业金融机构债权人委员会，是由债务规模较大的困难企业三家以上债权银行业金融机构发起成立的协商性、自律性、临时性组织。

二、多项选择题(以下各小题给出的 5 个选项中，至少有 2 项符合题目要求，请将符合题目要求选项的代码填入括号内)

1. 在借款合同中商业银行应与借款人明确约定流动资金贷款的(　　)等条款。

A. 金额　　B. 期限　　C. 利率　　D. 用途

E. 还款方式

【解析】商业银行应与借款人及其他相关当事人签订书面借款合同及其他相关协议，需担保的应同时签订担保合同。商业银行应在借款合同中与借款人明确约定流动资金贷款的金额、期限、利率、用途、支付和还款方式等条款。

2. 按照不同的分类方法，风险有不同的分类。下列属于按照诱发风险的原因分类的风险类型有(　　)。[2018 年 10 月真题]

A. 操作风险　　B. 市场风险　　C. 非系统性风险　　D. 流动性风险

E. 信用风险

【解析】结合商业银行业务的特征及诱发风险的原因，商业银行面临的风险分为信用风险、市场风险、操作风险、流动性风险、国别风险、法律风险、声誉风险、战略风险八

64B　65A　▎　1ABCDE　2ABDE

个主要类型。按照风险发生的范围，可以分为系统性风险和非系统性风险。

3. 以下选项中，可作为商业银行操作风险缓释手段的有（　　）。［2018 年 10 月真题］
A. 将某些业务外包给具有较高技术和规模的其他机构
B. 建立完备灾备系统和连续营业方案
C. 开除涉事条线人员
D. 暂停开展某类业务
E. 购买商业保险
【解析】目前主要的操作风险缓释措施有：①购买保险。购买保险一直是银行机构管理操作风险的重要措施。银行机构应充分评估自身操作风险的状况、风险管理能力及财务承受能力，最终确定自身是自担风险，还是通过保险机构转移风险；②业务外包。银行机构通常会将某些业务外包给具有较高技能和规模的专业机构来管理，从而提高效率、降低成本；③业务连续性计划。业务连续性计划是指银行机构为有效应对重要业务运营中断事件，建设应急响应、恢复机制和管理能力框架，保障重要业务持续运营的一整套管理过程，包括策略、组织架构、方法、标准和程序。

4. 下列贷款中至少应归为关注类的有（　　）。［2017 年 6 月真题］
A. 同一借款人对本行或其他银行的部分债务已经不良
B. 擅自改变贷款用途
C. 借款人有利用兼并、重组、分立等形式恶意逃废银行债务的嫌疑
D. 借新还旧，或者需通过其他融资方式偿还
E. 本金或者利息逾期
【解析】根据金融资产风险分类规定，关注类资产是指虽然存在一些可能对履行合同产生不利影响的因素，但债务人目前有能力偿付本金、利息或收益。符合下列情况之一的金融资产应至少归为关注类：①本金、利息或收益逾期，操作性或技术性原因导致的短期逾期除外(7 天内)；②未经商业银行同意，擅自改变资金用途；③通过借新还旧或通过其他债务融资方式偿还，债券、符合条件的小微企业续贷业务除外；④同一非零售债务人在本行或其他银行的债务出现不良。

5. 下列属于银行信用风险的有（　　）。［2019 年 6 月真题］
A. 贷款到期不能偿还利息
B. 银行员工违背诚信责任
C. 借款人信用状况或评价下降
D. 借款人违约
E. 贷款到期不能偿还本金
【解析】信用风险是指债务人或交易对手未能履行合同所规定的义务或信用质量发生变化，影响金融产品价值，从而给债权人或金融产品持有人造成经济损失的风险。

6. 根据《固定资产贷款管理办法》，借款人出现（　　）情形的，贷款人应与借款人协商补充贷款发放和支付条件，或根据合同约定变更贷款支付方式、停止贷款资金的发放和支付。［2016 年 10 月真题］
A. 主营业务盈利能力不强
B. 违反合同约定

3ABE　4ABCDE　5ACDE　6ACD

C. 贷款资金使用出现异常　　　　　　D. 信用状况下降

E. 不按合同约定支付贷款资金

【解析】贷款人应设立独立的责任部门或岗位，负责贷款发放和支付审核。采用受托支付的，贷款人应在贷款资金发放前审核借款人相关交易资料是否符合合同约定条件。贷款人审核同意后，将贷款资金通过借款人账户支付给借款人交易对手，并应做好有关细节的认定记录。贷款支付过程中，借款人信用状况下降、主营业务盈利能力不强、贷款资金使用出现异常的，贷款人应与借款人协商补充贷款发放和支付条件，或根据合同约定变更贷款支付方式、停止贷款资金的发放和支付。

7. 根据《商业银行金融资产风险分类办法》，下列属于不良资产的有(　　)。[2015 年 10 月真题]

A. 可疑类资产　B. 正常类资产　C. 关注类资产　D. 次级类资产

E. 损失类资产

【解析】《商业银行金融资产风险分类办法》明确，金融资产风险分类是指商业银行按照风险程度将金融资产划分为不同档次的行为。该办法要求，商业银行应至少将金融资产按照风险程度划分为五类，分别为正常类、关注类、次级类、可疑类和损失类，后三类合称为不良资产。

8. 就操作风险而言，商业银行柜台业务的风险点主要集中在(　　)。[2017 年 6 月真题]

A. 账户管理　B. 印章管理　C. 柜员管理　D. 流动性管理

E. 现金库箱管理

【解析】商业银行的操作风险主要集中于以下环节：①账户开立、使用、变更与撤销；②现金存取款；③柜员管理；④重要凭证和重要物品管理(如印章)；⑤现金库箱管理；⑥平账和账务核对；⑦抹账、错账纠正、挂账、挂失业务。

9. 商业银行应当正确认识并深刻理解所面临的各类金融风险，因为(　　)。

A. 商业银行在追逐利润的同时，承担着维护经济、政治和社会稳定的重要职责

B. 商业银行所提供的金融产品和服务具有很强的波动性和不确定性

C. 商业银行可以通过分散化投资来完全消除市场风险

D. 商业银行的资产负债比例显著高于其他行业

E. 商业银行必须努力确保其所承担的风险不危及公众利益与市场信心

【解析】C 项，由于市场风险主要来自所属经济体系，因此，具有明显的系统性风险特征，难以通过分散化投资完全消除。

10. 下列关于商业银行全面风险管理的说法，正确的是(　　)。

A. 风险管理的职责逐渐集中到公司的董事会、高级管理层

B. 风险管理要将所有风险纳入统一的风险管理体系当中

C. 风险管理贯穿于业务发展的每一个阶段

D. 风险管理的重点已经从原有的信用风险管理扩大到信用风险、市场风险、操作风险、流动性风险等多种风险的一体化综合管理

7ADE　8ABCE　9ABDE　10BCDE

E. 风险管理越来越重视定量分析，通过内部模型来识别、计量、监测和控制风险

【解析】A 项，全员的风险文化是商业银行全面风险管理模式的理念和方法之一。风险管理绝不仅仅是风险管理部门的职责，无论是董事会、高级管理层，还是业务部门和运营部门，每一个员工在从事其岗位工作时，都必须深刻认识到潜在的风险因素，并主动地加以预防。

11. 与信用风险、市场风险相比，商业银行操作风险的主要特点有(　　)。

A. 来源广泛　　　　B. 可以是损失，也可以是利润来源

C. 有充足完备的量化数据基础　　　　D. 存在风险与收益的准确对应关系

E. 不能纯粹依靠计量手段来控制

【解析】商业银行操作风险与信用风险、市场风险相比，具有如下特点：①操作风险来源广泛，任何岗位、流程、人员都可以是潜在操作风险的来源；②操作风险是一种管理成本，其纯粹意味着损失，而非利润来源；③操作风险损失大小难以确定；④操作风险的控制和缓释往往必须通过管理来实现，而不能纯粹依靠计量的手段；⑤操作风险损失数据不易收集。

12. 商业银行为了避免信贷资产在某些地区、行业和客户群过度集中，可以采取(　　)等方法来降低各类风险。

A. 信用衍生产品　B. 限额管理　C. 资产证券化　D. 资产组合管理

E. 统一授信管理

【解析】为了避免各类风险在地区、产品、行业和客户群的过度集中，商业银行可以采取统一授信管理、资产组合管理、资产证券化以及信用衍生产品等一系列全新的技术和方法来降低各类风险。商业银行分散信用风险、降低信贷集中度的通常做法就是对客户、行业、区域和资产组合实行授信限额管理。

13. 商业银行通常采用(　　)来控制信用风险。

A. 舆情信息谈判　B. 加强信贷审批　C. 加强期限管理　D. 加强还款管理

E. 加强合同管理

【解析】控制信用风险的方法主要有：全流程管理、限额管理、贷款需求测算、期限管理、合同管理、风险缓释、还款管理、联合授信等。其中，全流程管理包括实行审贷分离、实行贷款“三查”、严格信贷审批以及执行受托支付管理。

14. 下列各项属于信用风险计量所经历的阶段的有(　　)。

A. 专家判断法　B. 信用评分模型　C. 历史模拟法　D. 违约概率模型

E. 二维评级体系

【解析】信用风险计量是现代信用风险管理的基础和关键环节，经历了从专家判断法、信用评分模型到违约概率模型三个主要发展阶段。

15. 《巴塞尔协议Ⅲ》要求的客户评级必须具有(　　)的功能。

A. 能够有效区分违约客户，即不同信用等级的客户违约风险随信用等级的下降而呈加速上升的趋势

11AE　12ABCDE　13BCDE　14ABD　15ACE

B. 能够有效防止违约风险

C. 能够准确量化客户违约风险，即能够估计各信用等级的违约概率

D. 能够有效抵补风险，以保证商业银行的正常经营

E. 将估计的违约概率与实际违约频率的误差控制在一定范围内

【解析】符合《巴塞尔协议Ⅲ》要求的客户信用评级必须具有两大功能：①能够有效区分违约客户，即不同信用等级的客户违约风险随信用等级的下降而呈加速上升的趋势；②能够准确量化客户违约风险，即能够估计各信用等级的违约概率，并将估计的违约概率与实际违约频率的误差控制在一定范围内。

16. 《巴塞尔协议Ⅲ》要求实施内部评级法的商业银行估计其各信用等级借款人所对应的违约概率，常用的方法包括（　　）。

A. 统计违约模型　B. 内部违约经验　C. 映射外部数据　D. 高级计量法

E. 信用评分模型

【解析】《巴塞尔协议Ⅲ》要求实施内部评级法的商业银行估计其各信用等级借款人所对应的违约概率，可采用内部违约经验、映射外部数据和统计违约模型等与数据基础一致的技术估计平均违约概率，可选择一项主要技术，辅以其他技术作比较，并进行可能的调整，确保估值能准确反映违约概率。

17. 商业银行为降低个人信贷业务的操作风险，下列说法恰当的有（　　）。

A. 实行个贷业务集约化管理，提升管理层次，实现审贷部门分离

B. 建立有效的激励机制，将客户经理的贷款发放规模与其收入和奖金挂钩

C. 强化个贷发放责任约束机制，细化个贷责任追究办法

D. 重点发展以质押和抵押为担保方式的个贷业务，审慎发展个人信用贷款和自然人保证担保贷款

E. 加强规范化管理，理顺个人贷款前台和后台部门之间的关系，完善业务授权制度

【解析】B 项，在建立责任制的同时配之以奖励制度，将客户经理的贷款发放质量与其收入挂钩。

18. 监管机构规定的可能造成实质性损失的操作风险事件类型包括（　　）。

A. 内部欺诈事件　B. 外部欺诈事件

C. 实物资产的损坏　D. 经营中断和系统瘫痪

E. 客户、产品和业务活动事件

【解析】除 ABCE 四项外，操作风险的损失事件类型还包括：①就业制度和工作场所安全事件；②信息科技系统事件；③执行、交割和流程管理事件。

19. 现代金融理论的三大支柱是（　　）。

A. 资产定价　B. 时间价值　C. 风险管理　D. 金融工程

E. 资产结构

【解析】商业银行从本质上来说就是经营风险的金融机构，以经营风险为其营利的根本手段。时间价值、资产定价和风险管理被认为是现代金融理论的三大支柱。

16ABC　17ACDE　18ABCE　19ABC

20. 按照风险事故的来源，风险可以分为(　　)。

A. 经济风险　　B. 社会风险　　C. 自然风险　　D. 市场风险

E. 政策风险

【解析】按照风险事故的来源，风险可以分为五类：①经济风险；②政治风险；③社会风险；④自然风险；⑤技术风险。

21. 利率风险按照来源的不同，可以分为(　　)。

A. 重新定价风险　　B. 收益率曲线风险

C. 技术风险　　D. 期权性风险

E. 基准风险

【解析】市场风险可以分为利率风险、汇率风险、股票价格风险和商品价格风险，分别是指由于利率、汇率、股票价格和商品价格的不利变动所带来的风险。利率风险按照来源的不同，可以分为重新定价风险、收益率曲线风险、基准风险和期权性风险。

22. 根据《商业银行流动性风险管理办法》，商业银行建立的流动性风险管理体系应当包括的基本要素有(　　)。[2023 年 6 月真题]

A. 完备的管理信息系统

B. 完善的流动性风险管理策略、政策和程序

C. 有效的流动性风险识别、计量、监测和控制

D. 有效的流动性风险管理治理结构

E. 良好的整体经营管理水平

【解析】根据《商业银行流动性风险管理办法》，商业银行应当在法人和集团层面建立与其业务规模、性质和复杂程度相适应的流动性风险管理体系，并应当包括以下基本要素：①有效的流动性风险管理治理结构；②完善的流动性风险管理策略、政策和程序；③有效的流动性风险识别、计量、监测和控制；④完备的管理信息系统。

23. 下列风险类型中，具有“风险高收益高，风险低收益低，风险与收益存在对应关系”特点的有(　　)。[2022 年 7 月真题]

A. 信用风险　　B. 操作风险　　C. 市场风险　　D. 流动性风险

E. 合规风险

【解析】对于信用风险和市场风险来说，一般原则是风险高收益高，风险低收益低，风险与收益存在对应关系。

24. 战略风险主要体现在哪些方面？(　　)

A. 战略目标缺乏整体兼容性

B. 为实现这些目标而制定的经营战略存在缺陷

C. 为实现目标所需要的资源匮乏

D. 银行资产质量、盈利水平和总体财务状况恶化

E. 整个战略实施过程的质量难以保证

【解析】战略风险是指商业银行在追求短期商业目的和长期发展目标的过程中，因不适

20ABC　21ABDE　22ABCD　23AC　24ABCE

当的发展规划和战略决策给商业银行造成损失或不利影响的风险。主要体现在四个方面：①战略目标缺乏整体兼容性；②为实现这些目标而制定的经营战略存在缺陷；③为实现目标所需要的资源匮乏；④整个战略实施过程的质量难以保证。D 项为流动性风险所表现出来的特征。

25. 商业银行通常运用的风险管理策略可以大致概括为(　　)策略。[2023 年 6 月真题]

A. 风险分散　　B. 风险对冲　　C. 风险转移　　D. 风险规避

E. 风险补偿

【解析】商业银行通常运用的风险管理策略可以大致概括为风险分散、风险对冲、风险转移、风险规避和风险补偿五种策略。这五种风险管理策略是商业银行在风险管理实践中的策略性选择。

26. 风险对冲对管理市场风险非常有效，可以分为(　　)。

A. 自我对冲　　B. 市场对冲　　C. 内部对冲　　D. 外部对冲

E. 整体对冲

【解析】风险对冲对管理市场风险(利率风险、汇率风险、股票风险和商品风险)非常有效，可以分为自我对冲和市场对冲两种情况。

27. 商业银行制定客户授信限额通常可从(　　)方面考虑。

A. 借款人经营状况　　B. 客户的债务承受能力

C. 银行的损失承受能力　　D. 贷款的风险情况

E. 客户信用状况

【解析】《商业银行法》规定，对同一借款人的贷款余额与商业银行资本余额的比例不得超过 10%。商业银行制定客户授信限额通常可从以下两个方面考虑：①客户的债务承受能力；②银行的损失承受能力。

28. 对于商业银行，在下列(　　)情况下可能会导致集团客户授信业务风险。

A. 对集团客户多头授信

B. 集团客户经营不善

C. 对集团客户过度授信

D. 集团客户在内部关联方之间不按公允价格原则转移资产

E. 对集团客户不适当分配授信额度

【解析】集团客户授信业务风险是指由于商业银行对集团客户多头授信、过度授信和不适当分配授信额度，或集团客户经营不善以及集团客户通过关联交易、资产重组等手段在内部关联方之间不按公允价格原则转移资产或利润等情况，导致商业银行不能按时收回由于授信产生的贷款本金及利息，或给商业银行带来其他损失的可能性。

29. 商业银行对集团客户授信应遵循的原则包括(　　)。

A. 统一原则　　B. 适度原则　　C. 预警原则　　D. 诚信原则

E. 真实原则

【解析】商业银行对集团客户授信应遵循以下原则：①统一原则，商业银行对集团客户

25ABCDE　26AB　27BC　28ABCDE　29ABC

授信实行统一管理，集中对集团客户授信进行风险控制；②适度原则，商业银行应根据授信客体风险大小和自身风险承担能力，合理确定对集团客户的总体授信额度，防止过度集中风险；③预警原则，商业银行应建立风险预警机制，及时防范和化解集团客户授信风险。

30. 商业银行在对集团客户授信时，应在授信协议中约定，要求集团客户及时报告授信人净资产 10% 以上关联交易的情况，包括(　　)。

A. 交易各方的关联关系　　B. 交易项目

C. 交易的金额或相应的比例　　D. 交易性质

E. 定价政策

【解析】商业银行在对集团客户授信时，应在授信协议中约定，要求集团客户及时报告授信人净资产 10% 以上关联交易的情况，包括：①交易各方的关联关系；②交易项目和交易性质；③交易的金额或相应的比例；④定价政策(包括没有金额或只有象征性金额的交易)。

31. 授信集中度限额可以按以下哪些维度进行设定？(　　)

A. 单一的交易对象

B. 特定的产业或经济部门

C. 某一类交易对方类型(如商业银行、教育机构或政府部门)

D. 同一类授信安排

E. 同一类(高)风险/低信用质量级别的客户

【解析】组合限额可分为授信集中度限额和总体组合限额两类。除 ABCDE 五项外，授信集中度限额还可以按以下维度进行设定：①关联的交易对象团体；②某一区域；③某一国家或经济联系紧密的一组国家；④某一类产品；⑤同一类抵押担保；⑥相同的授信期限。其中，行业、产品、风险等级和担保是最常用的组合限额设定维度。

32. 《关于完善和创新小微企业贷款服务提高小微企业金融服务水平的通知》明确对符合(　　)条件的小微企业，经商业银行审核合格后可以办理续贷。

A. 依法合规经营

B. 生产经营异常，但财务状况良好且具有持续经营能力

C. 信用状况良好

D. 原流动资金周转贷款为关注类

E. 银行业金融机构要求的其他条件

【解析】《关于完善和创新小微企业贷款服务提高小微企业金融服务水平的通知》明确，办理续贷业务的小微企业，需要满足以下条件：①依法合规经营；②生产经营正常，具有持续经营能力和良好的财务状况；③信用状况良好，还款能力与还款意愿强，没有挪用贷款资金、欠贷欠息等不良行为；④原流动资金周转贷款为正常类，且符合新发放流动资金周转贷款条件和标准；⑤银行业金融机构要求的其他条件。

33. 商业银行在借款合同中的支付条款包括(　　)。

30ABCDE　31ABCDE　32ACE　33ABCD

A. 支付方式变更及触发变更条件

B. 贷款资金的支付方式和贷款人受托支付的金额标准

C. 借款人应及时提供的贷款资金使用记录和资料

D. 贷款资金支付的限制、禁止行为

E. 支付人信用状况

【解析】商业银行应在借款合同中与借款人明确约定流动资金贷款的金额、期限、利率、用途、支付、还款方式等条款。其中，支付条款包括但不限于以下内容：①贷款资金的支付方式和贷款人受托支付的金额标准；②支付方式变更及触发变更条件；③贷款资金支付的限制、禁止行为；④借款人应及时提供的贷款资金使用记录和资料。

34. 对于固定资产贷款，商业银行应要求借款人在合同中对与贷款相关的内容作出的承诺有(　　)。

A. 贷款项目及其借款事项符合法律法规的要求

B. 及时向贷款人提供完整、真实、有效的材料

C. 配合贷款人进行贷款支付管理、贷后管理及对贷款的相关检查

D. 发生其他影响其偿债能力的重大不利事项及时通知贷款人

E. 贷款人有权根据借款人资金回笼情况提前收回贷款

【解析】对于固定资产贷款，除了 ABCD 四项外，承诺内容还应包括：进行合并、分立、股权转让，以及进行可能影响其偿债能力的对外投资、对外提供担保、实质性增加债务融资等重大事项前征得贷款人同意。E 项，对于流动资金贷款，贷款人还应要求借款人承诺贷款人有权根据借款人资金回笼情况提前收回贷款。

35. 商业银行应与借款人在借款合同中约定，出现(　　)情形的，借款人应承担的违约责任和贷款人可采取的措施。

A. 未按约定用途使用贷款的

B. 未按约定方式进行贷款资金支付的

C. 未遵守承诺事项的

D. 审贷文件信息失真的

E. 突破约定的财务指标约束等情形的

【解析】商业银行应与借款人在借款合同中约定，出现以下情形之一时，借款人应承担的违约责任和贷款人可采取的措施：①未按约定用途使用贷款的；②未按约定方式进行贷款资金支付的；③未遵守承诺事项的；④审贷文件信息失真的；⑤突破约定的财务指标约束等情形的；⑥违反借款合同约定的其他情形的。

36. 信用风险缓释是指商业银行运用(　　)等方式转移或降低信用风险。

A. 合格的抵押品　B. 合格的质押品　C. 净额结算　D. 全额结算

E. 信用衍生工具

【解析】信用风险缓释是指商业银行运用合格的抵质押品、净额结算、保证和信用衍生工具等方式转移或降低信用风险。商业银行采用内部评级法计量信用风险监管资本，信用风险缓释功能体现为违约概率、违约损失率或违约风险暴露的下降。

37. 信用风险缓释应遵循的原则包括(　　)。

34ABCD　35ABCDE　36ABCE　37BCE

A. 客观性原则　　B. 有效性原则　　C. 审慎性原则　　D. 差异性原则

E. 独立性原则

【解析】信用风险缓释应遵循以下原则：①合法性原则；②有效性原则；③审慎性原则；④一致性原则；⑤独立性原则。

38. 商业银行有下列(　　)情形之一的，根据《中华人民共和国银行业监督管理法》相关规定接受处罚。

A. 流动资产贷款业务流程有缺陷的

B. 贷款调查、风险评价未尽职的

C. 未将贷款管理各环节的责任落实到具体部门和岗位的

D. 与借款人串通，违法违规发放固定资产贷款的

E. 超越或变相超越权限或不按规定流程审批贷款的

【解析】商业银行开办固定资产贷款业务有以下情形之一的，监管机构可根据《银行业监督管理法》对其采取相关监管措施或进行处罚：①受理不符合条件的固定资产贷款申请并发放贷款的；②与借款人串通，违法违规发放固定资产贷款的；③超越、变相超越权限或不按规定流程审批贷款的；④未按《固定资产贷款管理办法》规定签订贷款合同的；⑤与贷款同比例的项目资本金到位前发放贷款的；⑥未按《固定资产贷款管理办法》规定进行贷款资金支付管理与控制的；⑦对借款人严重违约行为未采取有效措施的；⑧有其他严重违反《固定资产贷款管理办法》规定行为的。ABC 三项，根据《银行业监督管理法》采取相关监管措施，但并不涉及处罚。

39. 下列选项中，(　　)属于影响客户资信的重大事项。

A. 外部政策变动

B. 客户组织结构、股权或主要领导人发生变动

C. 客户的担保超过所设定的担保警戒线

D. 客户财务收支能力发生重大变化

E. 客户在其他银行交叉违约的历史记录

【解析】在客户信用等级和客户评价报告的有效期内，对发生影响客户资信的重大事项，商业银行应重新进行授信分析评价。重大事项包括：①外部政策变动；②客户组织结构、股权或主要领导人发生变动；③客户的担保超过所设定的担保警戒线；④客户财务收支能力发生重大变化；⑤客户涉及重大诉讼；⑥客户在其他银行交叉违约的历史记录；⑦其他。

40. 商业银行不得对(　　)业务进行授信。

A. 国家明令禁止的产品或项目

B. 违反国家有关规定从事股本权益性投资

C. 违反国家有关规定从事股票、期货、金融衍生产品等投资

D. 盈利能力难以预测

E. 预期现金流不稳定

【解析】商业银行不得对以下用途的业务进行授信：①国家明令禁止的产品或项目；

38DE　39ABCDE　40ABC

②违反国家有关规定从事股本权益性投资，以授信作为注册资本金、注册验资和增资扩股；③违反国家有关规定从事股票、期货、金融衍生产品等投资；④其他违反国家法律法规和政策的项目。

41. 商业银行对问题授信应采取的措施包括(　　)。

A. 确认实际授信余额

B. 重新审核所有授信文件，征求法律、审计和问题授信管理等方面专家的意见

C. 对于没有实施的授信额度，依照约定条件和规定予以终止

D. 书面通知所有可能受到影响的分支机构并要求承诺落实必要的措施

E. 要求保证人履行保证责任，追加担保或行使担保权

【解析】除 ABCDE 五项外，商业银行对问题所采取的措施还包括向所在地司法部门申请冻结问题授信客户的存款账户以减少损失、其他必要的处理措施等。

42. 小企业授信“六项机制”包括(　　)。

A. 利率的风险定价机制

B. 联合核算机制

C. 激励约束机制

D. 专业化的人员培训机制

E. 高效的审批机制

【解析】银行应创新小企业授信业务，完善业务流程、风险管理和内部控制，着重建立和完善小企业授信“六项机制”，包括利率的风险定价机制、独立核算机制、高效的审批机制、激励约束机制、专业化的人员培训机制、违约信息通报机制。

43. 商业银行将债务人认定为“可能无法全额偿还对银行的债务”的情况有(　　)。

A. 银行将债务人列为夕阳企业

B. 商业银行将贷款出售并承担一定比例的账面损失

C. 债务人申请破产，由此将不履行或延期履行偿付商业银行债务

D. 由于债务人财务状况恶化，银行同意进行积极重组，对借款合同条款作出非商业性调整

E. 商业银行对债务人任何一笔贷款停止计息或应计利息纳入表外核算

【解析】除 BCE 三项外，商业银行还应将出现下列情况的债务人认定为“可能无法全额偿还对银行的债务”：①发生债务关系后，由于债务人财务状况恶化，商业银行核销了贷款或已计提一定比例的损失准备；②由于债务人财务状况恶化，商业银行同意进行消极重组，对借款合同条款做出非商业性调整；③商业银行将债务人列为破产企业或类似状态；④商业银行认定的其他可能导致债务人不能全额偿还债务的情况。

44. 金融资产分类应遵循(　　)原则。

A. 真实性　　B. 及时性　　C. 重要性　　D. 审慎性

E. 相关性

【解析】金融资产风险分类是指商业银行按照风险程度将金融资产划分为不同档次的行为。金融资产分类应遵循以下原则：①真实性原则；②及时性原则；③审慎性原则；④独立性原则。

41ABCDE　42ACDE　43BCE　44ABD

45．下列金融资产中，应至少归为次级类的有(　　)。

A．通过借新还旧或通过其他债务融资方式偿还

B．本金、利息或收益逾期超过 90 天

C．金融资产已发生信用减值

D．债务人或金融资产的外部评级大幅下调，导致债务人的履约能力显著下降

E．同一非零售债务人在本行或其他银行的债务出现不良

【解析】符合下列情况之一的金融资产应至少归为次级类：①本金、利息或收益逾期超过 90 天；②金融资产已发生信用减值；③债务人或金融资产的外部评级大幅下调，导致债务人的履约能力显著下降；④同一非零售债务人在所有银行的债务中，逾期超过 90 天的债务已经超过 20%。AE 两项应至少归为关注类。

46．商业银行操作风险损失数据收集统计原则包括(　　)。

A．重要性原则　　B．及时性原则　　C．统一性原则　　D．谨慎性原则

E．相关性原则

【解析】商业银行应当根据以下规定并结合本机构的实际，制定操作风险损失数据收集统计实施细则，具体应遵循以下原则：①重要性原则；②及时性原则；③统一性原则；④谨慎性原则。

47．操作风险损失形态有(　　)。

A．法律成本　　B．资产损失　　C．监管处罚　　D．账面减值

E．追索失败

【解析】操作风险损失形态主要包括：①法律成本；②监管处罚；③资产损失；④对外赔偿；⑤追索失败；⑥账面减值；⑦其他损失。

48．操作风险损失事件统计的主要内容是(　　)。

A．涉及金额　　B．损失事件发生的时间

C．发现的时间及损失确认时间　　D．业务条线名称

E．与信用风险和市场风险的交叉关系

【解析】银行的操作风险损失事件统计内容应至少包含：损失事件发生的时间、发现的时间及损失确认时间、业务条线名称、损失事件类型、涉及金额、损失金额、缓释金额、非财务影响、与信用风险和市场风险的交叉关系等。

49．针对法人信贷业务操作风险，主要的风险控制措施有(　　)。

A．实现以制度为核心向以人为核心转变，建立有效的信贷决策机制

B．牢固树立审慎稳健的信贷经营理念，坚决杜绝各类短期行为和粗放管理

C．将信贷规章制度建立、执行、监测和监督权力分离

D．明确主责任人制度

E．加快信贷电子化建设，形成覆盖信贷业务全过程的科学体系

【解析】A 项，针对法人信贷业务操作风险的风险控制措施之一为：倡导新型的信贷文化，在业务办理过程中，加入法的精神和硬性约束，实现以人为核心向以制度为核心

45BCD　46ABCD　47ABCDE　48ABCDE　49BCDE

转变，建立有效的信贷决策机制。

50. 针对资金交易业务操作风险，风险控制措施不包括(　　)。

A. 树立全面风险管理理念
B. 实行个人信贷业务集约化管理
C. 完善资金营运内部控制
D. 在建立责任制的同时配之以奖励制度
E. 建立资金交易风险和市值的内部报告制度

【解析】BD 两项属于针对个人信贷业务操作风险的风险控制措施。

51. 下列风险控制措施中，针对代理业务操作风险的有(　　)。

A. 强化风险意识
B. 加强基础管理
C. 加强业务宣传及营销管理
D. 加强产品开发管理
E. 提高电子化水平

【解析】除 ABCDE 五项外，针对代理业务操作风险的风险控制措施还包括：①设立专户核算代理资金，完善代理资金的拨付、回收、核对等手续，防止代理资金被挤占挪用，确保专款专用；②遵守委托－代理协议，按照代理协议约定办理资金划转手续，遵守银行不垫款原则，不介入委托人与其他人的交易纠纷。

52. 建立良好的声誉风险管理体系，能够持久、有效地帮助商业银行减少各种潜在的风险损失，具体做法包括(　　)。

A. 招募和保留最佳雇员
B. 确保产品和服务的溢价水平
C. 提高进入新市场的难度
D. 维持客户和供应商的忠诚度
E. 创造有利的资金使用环境

【解析】C 项，为建立良好的声誉风险管理体系，应该减少进入新市场的阻碍。具体做法还包括：①增进和投资者的关系；②强化自身的可信度和利益持有者的信心；③吸引高质量的合作伙伴和强化自身竞争力；④最大限度地减少诉讼威胁和监管要求。

53. 《商业银行大额风险暴露管理办法》对不同类型客户的风险暴露作出了不同规定，其中非同业单一客户包括(　　)。

A. 主权实体　B. 企事业法人　C. 中央银行　D. 匿名客户
E. 公共部门实体

【解析】非同业单一客户包括主权实体、中央银行、公共部门实体、企事业法人、自然人、匿名客户等，匿名客户是指在无法识别资产管理产品或资产证券化产品基础资产的情况下设置的虚拟交易对手。

54. 商业银行对客户的风险暴露包括(　　)。

A. 因各项贷款、投资债券、存放同业等表内授信形成的一般风险暴露
B. 因投资资产管理产品形成的特定风险暴露
C. 因债券、股票及其衍生工具形成的交易账簿风险暴露
D. 因场外衍生工具、证券融资交易形成的交易对手信用风险暴露
E. 因担保、承诺等表外项目形成的潜在风险暴露

【解析】商业银行对客户的风险暴露包括：①因各项贷款、投资债券、存放同业、拆放

50BD　51ABCDE　52ABDE　53ABCDE　54ABCDE

同业、买入返售资产等表内授信形成的一般风险暴露；②因投资资产管理产品或资产证券化产品形成的特定风险暴露；③因债券、股票及其衍生工具交易形成的交易账簿风险暴露；④因场外衍生工具、证券融资交易形成的交易对手信用风险暴露；⑤因担保、承诺等表外项目形成的潜在风险暴露；⑥其他风险暴露，指按照实质重于形式的原则，除上述风险暴露外，信用风险仍由商业银行承担的风险暴露。

55. 债权人委员会对企业实施金融债务重组的，企业应具备的条件包括(　　)。

A. 企业出现较为严重的财务危机，预计不能偿还到期金融债务

B. 企业产品有较好的发展前景和市场份额，具有一定的重组价值

C. 债务企业和债权银行业金融机构有债务重组意愿

D. 失去生存发展前景的“僵尸企业”

E. 存在逃废债行为

【解析】债权人委员会对企业实施金融债务重组的，企业一般应当具备以下条件：①企业出现较为严重的财务困难或债务危机，预计不能偿还到期金融债务；②企业产品或服务有较好的发展前景和市场份额，具有一定的重组价值；③企业发展符合国家产业和金融支持政策；④债务企业和债权银行业金融机构有债务重组意愿。对于扭亏无望、失去生存发展前景的“僵尸企业”或有逃废债行为的债务企业，原则上不应当作为金融债务重组对象。

56. 按照突发事件的性质、过程和机理的不同，突发事件可分为(　　)。

A. 自然灾害　　B. 事故灾难　　C. 公共卫生事件　　D. 国家安全事件

E. 社会安全事件

【解析】突发事件有多种分类方式。按照突发事件的性质、过程和机理的不同，《突发事件应对法》将其分为自然灾害、事故灾难、公共卫生事件和社会安全事件。

57. 下列突发事件中，属于社会安全事件类的有(　　)。

A. 群体性事件　　B. 安全事故　　C. 涉外突发事件　　D. 金融突发事件

E. 刑事案件

【解析】《突发事件应对法》将突发事件分为自然灾害、事故灾难、公共卫生事件和社会安全事件。社会安全事件类包括群体性事件、金融突发事件、涉外突发事件、影响市场稳定的突发事件、恐怖袭击事件、刑事案件。B 项属于事故灾难类事件。

58. 在应急管理工作中，银行业金融机构的信息发布形式可以包括(　　)。

A. 授权发布　　B. 组织报道

C. 接受记者采访　　D. 举行新闻发布会

E. 微信推送

【解析】银行业金融机构应注重做好应急新闻舆情工作，建立和完善信息发布机制，及时回应社会关切。信息发布形式应力求多样化，包括授权发布、散发新闻稿、组织报道、接受记者采访、举行新闻发布会等。要了解新媒体、善用新媒体，充分利用微博、微信等新媒体平台，根据事态进展动态，利用发布信息，赢得理解，树立和巩固“负责

55ABC　56ABCE　57ACDE　58ABCDE

任的银行”形象，维护公众对银行的信心。

59. 根据《国家特别重大、重大突发公共事件分级标准(试行)》，下列哪些案件属于重大刑事案件？(　　)

A. 抢劫金融机构或运钞车，盗窃金融机构现金100万元以上

B. 劫持财物价值200万元以上

C. 盗窃现金100万元以上

D. 抢劫金融机构或运钞车，盗窃金融机构现金30万元以上

E. 劫持现金50万元以上

【解析】《国家特别重大、重大突发公共事件分级标准(试行)》将刑事案件列为社会安全事件的第六类，并将“劫持现金50万元以上或财物价值200万元以上，盗窃现金100万元以上或财物价值300万元以上，或抢劫金融机构或运钞车，盗窃金融机构现金30万元以上的案件”列为重大刑事案件；将“抢劫金融机构或运钞车，盗窃金融机构现金100万元以上的案件”列为特别重大刑事案件。

60. 为完善风险应急处置机制，银行业金融机构应当遵循下列哪些监管要求？(　　)

A. 建立健全应急管理制度

B. 加强应急预案的编制、修订和演练工作

C. 高级管理层要监督董事会关于应急管理的工作情况

D. 建立和健全突发事件预警制度

E. 加强对重大突发事件报告的管理

【解析】C项，各银行业金融机构在董事会层面要关注应急管理工作，董事会风险管理委员会要监督高级管理层关于应急管理工作情况，关注应急管理能否覆盖信用风险、流动性风险、市场风险、操作风险、合规风险和声誉风险等，对突发事件的应急管理的政策、管理状况及处置能力进行定期评估，提出完善应急管理和内部控制的意见。高级管理层应明确专门的部门，建立健全完备可行的管理制度、操作规程，把董事会的要求落到实处。

61. 银行业金融机构迟报、漏报、瞒报、误报重大突发事件的，银行业监督管理机构及其派出机构可根据《银行业监督管理法》规定采取哪些措施？(　　)

A. 责令银行业金融机构对直接负责的董事、高级管理人员和其他直接责任人给予纪律处分

B. 银行业金融机构行为尚不构成犯罪的，对直接负责的董事、高级管理人员和其他直接责任人给予警告，处十万元以上五十万元以下罚款

C. 取消直接负责的董事、高级管理人员一定期限直至终身的任职资格

D. 禁止直接负责的董事、高级管理人员和其他人员一定期限直至终身从事银行业工作

E. 构成犯罪的，依法追究刑事责任

【解析】B项，根据《银行业监督管理法》，银行业金融机构迟报、漏报、瞒报、误报重大突发事件尚不构成犯罪的，对直接负责的董事、高级管理人员和其他直接责任人给予警告，处五万元以上五十万元以下罚款。

59BCDE　60ABDE　61ACDE

三、判断题（判断以下各小题的对错，正确的用 A 表示，错误的用 B 表示）

1. 组合资产的分散化和多样化，在降低组合整体信用风险的同时，也会降低操作风险。(　　)

【解析】操作风险的控制和缓释往往必须通过管理来实现，而不能纯粹依靠计量的手段。业务越复杂，操作难度越大，发生损失的可能性就越大。多样性不仅不能降低操作风险，反而会放大操作风险。

2. 根据《商业银行贷款损失准备管理办法》的规定，贷款损失准备是指商业银行在利润中列支的、用于抵御贷款风险的准备金，不包括在利润分配中计提的一般风险准备。(　　)［2016 年 5 月真题］

【解析】贷款损失准备是指商业银行在成本中列支、用以抵御贷款风险的准备金，不包括在利润分配中计提的一般风险准备。

3. 审贷分离是指将信贷业务全过程分解为调查、审查、审批、用信、贷后管理、不良资产处置等环节，设立相应的部门或岗位承担其中各个环节的职责，以实现各环节和部门、岗位间的相互支持和相互制约。(　　)［2018 年 10 月真题］

【解析】审贷分离是指将信贷业务全过程分解为调查、审查、审批、用信、贷后管理、不良资产处置等环节，设立相应的部门或岗位承担其中各个环节的职责，以实现各环节和部门、岗位间的相互支持和相互制约。信贷审批岗位应当完全独立于贷款的营销和发放。贷款人应根据贷审分离、分级审批的原则，建立规范的贷款评审制度和流程，确保风险评价和信贷审批的独立性。

4. 贷款"三查"是指贷前调查、贷时审查和贷后检查，是银行信用风险控制的重要手段。(　　)［2018 年 6 月真题］

【解析】贷款"三查"是指贷前调查、贷时审查和贷后检查，是银行信用风险控制的重要手段。通过实施贷款"三查"，有利于贷款人较为全面地了解和掌握借款人经营状况以及贷款的风险情况，及时发现风险隐患，采取相应风险防范和控制措施，保障银行信贷资金安全。

5. 全面风险管理强调将信用风险、市场风险、操作风险、流动性风险等银行承担的所有实质性风险纳入到统一的风险管理框架中。(　　)［2016 年 10 月真题］

【解析】就银行业而言，全面风险管理强调将信用风险、市场风险、操作风险、流动性风险等银行承担的所有实质性风险纳入统一的风险管理框架中，涉及从董事会、高级管理层到风险管理部门、业务部门、分支机构等各个层面，包括风险偏好制定、风险管理组织体系构建、风险管理政策制度完善、风险管理流程建设、信息系统和风险管理技术提升、风险管理文化塑造等多方面内容。

6. 根据《商业银行法》，对同一借款人的贷款余额与商业银行资本余额的比例不得超过 10%。(　　)［2016 年 10 月真题］

【解析】在单一客户授信限额管理方面，《商业银行法》规定，对同一借款人的贷款余额与商业银行资本余额的比例不得超过 10%。

1B　2B　3A　4A　5A　6A

7. 2014年3月某农村商业银行因一则“要倒闭”的谣言引发挤兑事件，是一起有损商业银行声誉的事件。(　　)[2016年5月真题]

【解析】谣言引起的恐慌很容易使储户失去信心，对银行造成声誉风险，并极易演化成挤兑事件，稍有不当处理，会对商业银行造成致命损害。

8. 信息科技系统事件是指第三方故意骗取、盗用、抢劫财产、伪造要件、攻击商业银行信息科技系统或逃避法律监管导致的损失事件。(　　)[2016年5月真题]

【解析】信息科技系统事件，指因信息科技系统生产运行、应用开发、安全管理，以及由于软件产品、硬件设备、服务提供商等第三方因素造成系统无法正常办理业务或系统速度异常所导致的损失事件。外部欺诈事件，指第三方故意骗取、盗用、抢劫财产、伪造要件、攻击商业银行信息科技系统或逃避法律监管导致的损失事件。

9. 根据《商业银行市场风险管理指引》，商业银行应当按照规定向国务院银行业监督管理机构报送与市场风险有关的财务会计、统计报表和其他报告。委托社会中介机构对其市场风险的性质、水平及市场风险管理体系进行审计的，还应当提交外部审计报告。(　　)[2016年5月真题]

【解析】根据《商业银行市场风险管理指引》第三十三条，商业银行应当按照规定向国务院银行业监督管理机构报送与市场风险有关的财务会计、统计报表和其他报告。委托社会中介机构对其市场风险的性质、水平及市场风险管理体系进行审计的，还应当提交外部审计报告。商业银行的市场风险管理政策和程序应当报国务院银行业监督管理机构备案。

10. 风险管理不仅仅是风险管理部门的职责，无论是董事会，高管层还是业务部门都要深刻理解可能潜在的风险因素，并主动加以预防。(　　)[2016年5月真题]

【解析】商业银行面临的风险是多方面的，商业银行需要对所有层次的业务单位、全部种类的风险进行集中统筹管理。全面风险管理过程受企业董事会、管理层和其他员工影响并共同参与，应用于从企业战略制定到企业各项活动、企业内部各个层次和部门，用于识别可能对企业造成潜在影响的事件，并在风险偏好范围内管理各类风险，实现企业目标。

11. 根据《商业银行市场风险管理指引》，市场风险是指因市场价格(利率、汇率、股票价格和商品价格)的不利变动而使银行表内和表外业务发生损失的风险。市场风险只存在于银行的交易中。(　　)[2016年5月真题]

【解析】根据《商业银行市场风险管理指引》第三条，市场风险是指因市场价格(利率、汇率、股票价格和商品价格)的不利变动而使银行表内和表外业务发生损失的风险。市场风险存在于银行的交易和非交易业务中。

12. 信用风险也可能产生于实际违约之前信用质量的下降，从而给债权人或金融产品持有人造成经济损失。(　　)

【解析】随着金融市场的发展以及对信用风险的认识深入，当债务人或交易对手的履约能力不足即信用质量下降时，市场上相关资产的价格也会随之降低，因此导致信用

7A　8B　9A　10A　11B　12A

风险。

13. 操作风险应当包括法律风险和声誉风险。(　　)

【解析】操作风险包括法律风险，但不包括声誉风险和战略风险。

14. 按照诱发风险的原因，风险可以分为系统性风险和非系统性风险。(　　)

【解析】按照风险发生的范围，风险可以分为系统性风险和非系统性风险；结合商业银行业务的特征及诱发风险的原因，风险可以分为信用风险、市场风险、操作风险、流动性风险、国别风险、法律风险、声誉风险、战略风险八个主要类型。

15. 对金融衍生产品而言，信用风险造成的损失最多是其债务的全部账面价值。(　　)

【解析】对基础金融产品(如债券、贷款)而言，信用风险造成的损失最多是其债务的全部账面价值；而对衍生产品而言，对手违约造成的损失虽然会小于衍生产品的名义价值，但由于衍生产品的名义价值通常十分巨大，因此，潜在的风险损失不容忽视。

16. 相对于市场风险而言，信用风险具有数据充分和易于计量的特点，更适于采用量化技术加以控制。(　　)

【解析】相对于信用风险而言，市场风险具有数据充分和易于计量的特点，更适于采用量化技术加以控制。

17. 技术风险与信用风险、市场风险、操作风险相比，形成的原因更加复杂，涉及的范围更广，通常被视为一种多维风险。(　　)

【解析】流动性风险与信用风险、市场风险、操作风险相比，形成的原因更加复杂，涉及的范围更广，通常被视为一种多维风险。

18. 违规风险是指商业银行由于违反监管规定和原则，而招致法律诉讼或遭到监管机构处罚，进而产生不利于商业银行实现商业目的的风险。(　　)

【解析】违规风险是指商业银行由于违反监管规定和原则，而招致法律诉讼或遭到监管机构处罚，进而产生不利于商业银行实现商业目的的风险。

19. 风险分散策略没有成本。(　　)

【解析】风险分散策略是有成本的，主要是分散投资过程中增加的各项交易费用。

20. 风险对冲是指通过购买某种金融产品或采取其他合法的经济措施将风险转移给其他经济主体的一种策略性选择。(　　)

【解析】风险对冲是指通过投资或购买与标的资产收益波动负相关的某种资产或衍生产品，来冲销标的资产潜在损失的一种策略性选择。风险转移是指通过购买某种金融产品或采取其他合法的经济措施将风险转移给其他经济主体的一种策略性选择。

21. 风险转移是指商业银行拒绝或退出某一业务或市场，以避免承担该业务或市场风险的策略性选择。(　　)

【解析】风险规避是指商业银行拒绝或退出某一业务或市场，以避免承担该业务或市场风险的策略性选择。

13B　14B　15B　16B　17B　18A　19B　20B　21B

22. 风险规避策略是一种主动的风险管理策略，可以成为风险管理的主导策略。(　　)

【解析】风险规避策略在规避风险的同时自然也失去了在这一业务领域获得收益的机会。风险规避策略是一种消极的风险管理策略，不宜成为风险管理的主导策略。

23. 单笔超过 500 万元的流动资金贷款资金支付，应采用贷款人受托支付方式。(　　)

【解析】根据《流动资金贷款管理办法》，具有以下情形之一的流动资金贷款，应采用贷款人受托支付方式：①与借款人新建立信贷业务关系且借款人信用状况一般；②支付对象明确且向借款人某一交易对象单笔支付金额超过一千万元人民币；③贷款人认定的其他情形。

24. 债务人对银行的实质性信贷债务逾期 90 天以上，债务人即被视为违约。(　　)［2023 年 6 月真题］

【解析】违约的定义是《巴塞尔新资本协议》内部评级法的最重要定义，是估计违约概率、违约损失率、违约风险暴露等信用风险参数的基础。根据《巴塞尔新资本协议》，债务人对银行的实质性信贷债务逾期 90 天以上，债务人即被视为违约。

25. 根据《商业银行资本管理办法》，公司和金融机构风险暴露的违约概率为商业银行内部估计的 1 年期违约概率与 0.05% 中的较大值。。(　　)

【解析】违约概率是指债务人在未来 1 年时间内发生违约的可能性。根据《商业银行资本管理办法》，公司和金融机构风险暴露的违约概率为商业银行内部估计的 1 年期违约概率与 0.05% 中的较大值。

26. 穆迪的 BBB 及其以上级别，标准普尔的 Baa 及其以上级别为投资级别，余下级别为投机级别，或投资以下级别，并通过“＋”“－”进行微调。(　　)

【解析】标准普尔的 BBB 及其以上级别，穆迪的 Baa 及其以上级别为投资级别，余下级别为投机级别或投资以下级别，并通过“＋”“－”进行微调。

27. 操作风险是指由于内部程序、员工、信息科技系统存在问题以及外部事件造成损失的风险。(　　)

【解析】操作风险是指由于内部程序、员工、信息科技系统存在问题以及外部事件造成损失的风险。操作风险包括法律风险，但不包括战略风险和声誉风险。

28. 《商业银行大额风险暴露管理办法》规定，对非同业单一客户的贷款余额不得超过资本净额的 10%，对非同业单一客户的风险暴露不得超过一级资本净额的 20%。(　　)

【解析】《商业银行大额风险暴露管理办法》对不同类型客户的风险暴露作出了不同规定。对非同业单一客户的贷款余额不得超过资本净额的 10%，对非同业单一客户的风险暴露不得超过一级资本净额的 15%。

29. 《商业银行大额风险暴露管理办法》规定，对一组非同业关联客户的风险暴露不得超过一级资本净额的 10%，对同业单一客户或集团客户的风险暴露不得超过一级资本净额的 15%。(　　)

【解析】《商业银行大额风险暴露管理办法》对不同类型客户的风险暴露作出了不同规

22B　23B　24A　25A　26B　27A　28B　29B

定。对一组非同业关联客户的风险暴露不得超过一级资本净额的20%，非同业关联客户包括非同业集团客户、经济依存客户；对同业单一客户或集团客户的风险暴露不得超过一级资本净额的25%；全球系统重要性银行对另一家全球系统重要性银行的风险暴露不得超过一级资本净额的15%。

30. 商业银行在计算一般风险暴露时应按照账面价值扣除减值准备。对表外项目，应将表外项目实际金额乘以信用转换系数得到等值的表内资产。(　　)

【解析】商业银行在计算一般风险暴露时应按照账面价值扣除减值准备。对表外项目，应将表外项目名义金额乘以信用转换系数得到等值的表内资产，再按照一般风险暴露的处理方式计算潜在风险暴露。

31. 突发事件指突然发生，造成或者可能造成严重社会危害，需要采取应急处置措施予以应对的自然灾害、事故灾难、公共卫生事件和社会安全事件。(　　)

【解析】《突发事件应对法》采取概括和列举相结合的表述方式，将突发事件定义为：突然发生，造成或者可能造成严重社会危害，需要采取应急处置措施予以应对的自然灾害、事故灾难、公共卫生事件和社会安全事件。

32. 国务院银行业监督管理机构发现可能引发系统性银行业风险、严重影响社会稳定的突发事件的，应当立即向国务院银行业监督管理机构负责人报告。(　　)

【解析】《银行业监督管理法》要求国务院银行业监督管理机构应当建立银行业突发事件的发现、报告岗位责任制度。发现可能引发系统性银行业风险、严重影响社会稳定的突发事件的，应当立即向国务院银行业监督管理机构负责人报告；负责人认为需要向国务院报告的，应当立即向国务院报告，并告知中国人民银行、国务院财政部门等有关部门。

33. 制定处置预案是银行业监督管理机构的法定义务，而银行业金融机构没有必要进行应急预案的编制与修订工作。(　　)

【解析】银行业金融机构要加强应急预案的编制与修订工作，确保各类突发事件处置有据可依，应当做到：①对本机构多发易发突发事件、主要风险和不稳定因素等进行评估，提高预案编制的针对性；②定期评估各项预案，实现应急预案的动态优化和科学规范管理，增强预案的时效性、针对性、实用性和可操作性，切忌华而不实。

30B　31A　32A　33B

第九章　内部控制、合规管理和审计

一、单项选择题（以下各小题所给出的 4 个选项中，只有 1 项最符合题目要求，请将正确选项的代码填入括号内）

1. 对商业银行从业人员行为管理承担最终责任的是（　　）。［2025 年 6 月真题］

A. 该从业人员所在部门　　　　B. 该从业人员所在部门负责人

C. 该商业银行董事会　　　　D. 该商业银行董事长

【**解析**】银行业金融机构董事会对从业人员的行为管理承担最终责任，培育依法合规、诚实守信的从业人员行为管理文化；审批本机构制定的行为守则及其细则；监督高级管理层实施从业人员行为管理。董事会可授权下设相关委员会履行其部分职责。

2. 根据《关于银行保险机构员工履职回避工作的指导意见》，下列关于关键人员的任职回避，说法错误的是（　　）。［2024 年 6 月真题］

A. 本人与配偶不得在其中一方担任管理层成员的单位从事授信审批工作

B. 本人与配偶不得在同一单位担任双方直接隶属于同一管理层成员的职务

C. 本人与直系血亲不得在其中一方担任管理层成员的单位从事财务工作

D. 本人与直系血亲不得在同一单位分别从事产品销售和投资交易工作

【**解析**】关键人员任职回避的要求如下：本人与亲属不得在同一单位担任双方直接隶属于同一管理层成员的职务或有直接上下级管理关系的职务；不得在其中一方担任管理层成员的单位从事人事、财务、监察、内控、内审、风险管理、授信审批、投资决策、投资交易等工作。“同一单位”指银行保险机构关键人员所在机构本部。具有独立人事管理权限的各级直属机构、事业部等视为同一单位。同时，关键人员与亲属也不得同时在其他双方有直接业务制约或利害关系等影响内控机制有效性的岗位工作。

3. 金融机构按照国务院反洗钱行政主管部门的要求，临时冻结资金不得超过（　　）小时。［2024 年 6 月真题］

A. 72　　　　B. 12　　　　C. 24　　　　D. 48

【**解析**】根据《反洗钱法》第四十五条，客户转移调查所涉及的账户资金的，国务院反洗钱行政主管部门认为必要时，经其负责人批准，可以采取临时冻结措施。临时冻结不得超过四十八小时。金融机构在按照国务院反洗钱行政主管部门的要求采取临时冻结措施后四十八小时内，未接到国家有关机关继续冻结通知的，应当立即解除冻结。

4. 商业银行应配备充足的内部审计人员，原则上不得少于员工总数的（　　）。［2023 年 10 月真题］

A. 2%　　　　B. 1%　　　　C. 3%　　　　D. 4%

【**解析**】商业银行应配备充足的内部审计人员，原则上不得少于员工总数的 1%。

5. 根据《中华人民共和国反洗钱法》的规定，下列关于客户尽职调查的表述中，错误的

1C　2D　3D　4B　5B

是(   )。

A. 金融机构进行客户尽职调查，可以通过反洗钱行政主管部门以及公安等部门依法核实客户身份等有关信息，相关部门应当依法予以支持

B. 无论客户涉及的洗钱风险高低，金融机构都不得简化客户尽职调查

C. 金融机构与客户订立人身保险、信托等合同，合同的受益人不是客户本人的，金融机构应当识别并核实受益人的身份

D. 客户由他人代理办理业务的，金融机构应当按照规定核实代理关系，识别并核实代理人的身份

【解析】金融机构开展客户尽职调查，应当根据客户特征和交易活动的性质、风险状况进行，对于涉及较低洗钱风险的，金融机构应当根据情况简化客户尽职调查。

6. 下列关于客户身份资料和交易记录保存制度的说法中，错误的是(   )。[2023 年 10 月真题]

A. 客户身份资料在业务关系结束后应当至少保存五年

B. 在业务关系存续期间，客户身份资料发生变更的，应当及时更新客户身份资料

C. 金融机构破产和解散时，应当将客户身份资料和客户交易信息集中销毁

D. 客户交易信息自交易记账当年计起至少保存五年

【解析】银行业金融机构破产或者解散时，应当将客户身份资料和交易记录移交国务院银行业监督管理机构指定的机构。

7. 下列不属于人民银行对于金融机构反洗钱监管职责的是(   )。[2023 年 6 月真题]

A. 监督、检查金融机构履行反洗钱义务的情况

B. 牵头制定金融机构反洗钱规章

C. 制定金融机构大额交易和可疑交易报告的具体办法

D. 审查新设金融机构反洗钱内部控制制度的方案

【解析】D 项属于国务院金融监督管理机构在职责范围内负责所监管机构的反洗钱工作。

8.《金融机构客户身份识别和客户身份资料及交易记录保存管理方法》规定，银行在与客户的业务存续期间，应该采取(   )客户身份识别措施。[2024 年 6 月真题]

A. 持续的　　B. 一次性的　　C. 间隔的　　D. 定期的

【解析】在与客户的业务关系存续期间，银行等金融机构应当采取持续的客户身份识别措施，关注客户及其日常经营活动、金融交易情况，及时提示客户更新资料信息。客户先前提交的身份证件或者身份证明文件已过有效期的，客户没有在合理期限内更新且没有提出合理理由的，金融机构应中止为客户办理业务。

9. 按照《商业银行合规风险管理指引》要求，在商业银行内负责审议批准商业银行的合规政策，并监督合规政策的实施的是(   )。[2023 年 6 月真题]

A. 合规管理部门　　B. 合规总监　　C. 董事会　　D. 高级管理层

【解析】董事会应履行以下合规管理职责：审议批准商业银行的合规政策，并监督合规政策的实施；审议批准高级管理层提交的合规风险管理报告，并对商业银行管理合规风险

6C　7D　8A　9C

的有效性作出评价，以使合规缺陷得到及时有效的解决；授权董事会下设的风险管理委员会、审计委员会或专门设立的合规管理委员会对商业银行合规风险管理进行日常监督；商业银行章程规定的其他合规管理职责。负责日常监督商业银行合规风险管理的董事会下设委员会应通过与合规负责人单独面谈和其他有效途径，了解合规政策的实施情况和存在的问题，及时向董事会或高级管理层提出相应的意见和建议，监督合规政策的有效实施。

10. 反洗钱的义务主体不包括(　　)。[2023 年 6 月真题]

A. 律师事务所　　B. 贵重金属交易所

C. 房地产公司　　D. 银行业协会

【解析】反洗钱的义务主体不只包括金融机构，还包括特定非金融机构。金融机构包括：政策性银行、商业银行、农村合作银行、农村信用社、村镇银行、证券公司、期货公司、基金管理公司、保险公司、保险资产管理公司、保险专业代理公司、保险经纪公司、信托公司、金融资产管理公司、金融资产投资公司、企业集团财务公司、金融租赁公司、汽车金融公司、消费金融公司、货币经纪公司、贷款公司。特定非金融机构是指房地产行业、贵金属行业、会计师行业、律师行业等。

11. 下列关于商业银行内部控制的表述，错误的是(　　)。[2023 年 6 月真题]

A. 内部审计部门发现内部控制的隐患和缺陷，在向董事会汇报前首先向高层汇报并取得许可

B. 内部控制的建设、执行部门负责设计内部控制体系

C. 商业银行应当指定不同的机构部门或部门分别负责内部控制的建设、执行和内部控制的监督、评价

D. 内部控制的监督、评价部门负责组织检查，评价内部控制的健全性和有效性，督促管理层纠正内部控制存在的问题

【解析】内部审计部门发现重大问题并报告董事会后，在问题未得到认真查处整改的情况下，应直接向监管机构报告相关情况。

12. 银行等为自然人客户办理人民币单笔______以上或者外币等值______以上现金存取业务，应当识别客户身份。(　　)[2022 年 7 月真题]

A. 1 万元，2000 美元　　B. 1 万元，1000 美元

C. 5 万元，5000 美元　　D. 5 万元，1 万美元

【解析】银行等为自然人客户办理人民币单笔 5 万元以上或者外币等值 1 万美元以上现金存取业务，应当识别客户身份。

13. 根据《商业银行内部控制指引》，内部控制是(　　)。[2022 年 7 月真题]

A. 商业银行股东大会、董事会、监事会和高级管理层参与的，通过制定和实施系统化的制度、流程和方法，实现控制目标的内部控制治理和组织架构

B. 商业银行为实现管理目标，通过制定和实施一系列制度、程序和方法，对风险进行事前防范、事中控制、事后监督和纠正的动态过程和机制

10D　11A　12D　13C

C. 商业银行董事会、监事会、高级管理层和全体员工参与的，通过制定和实施系统化的制度、流程和方法，实现控制目标的动态过程和机制

D. 商业银行的一种自律行为，是商业银行为完成既定的工作目标和防范风险，对内部各职能部门及其工作人员从事的业务活动进行风险控制、制度管理和相互制约的方法、措施和程序的总称

【解析】根据《商业银行内部控制指引》第三条，内部控制是商业银行董事会、监事会、高级管理层和全体员工参与的，通过制定和实施系统化的制度、流程和方法，实现控制目标的动态过程和机制。

14. 根据《商业银行内部控制指引》，下列关于内部控制措施的说法错误的是(　　)。[2018 年 6 月真题]

A. 商业银行应当全面系统地分析、梳理业务流程和管理活动中所涉及的不相容岗位，实施相应的分离措施，形成相互制约的岗位安排

B. 商业银行将涉及战略管理、风险管理、内部审计及其他有关核心竞争力的职能外包的，应当建立健全相关管理制度，明确外包管理组织架构和管理职责，并至少每年开展一次风险评估

C. 商业银行应当根据经营管理需要，合理确定部门、岗位的职责及权限，形成规范的部门、岗位职责说明，明确相应的报告路线

D. 商业银行应当制定规范员工行为的相关制度，明确对员工的禁止性规定，加强对员工行为的监督和排查，建立员工异常行为举报、查处机制

【解析】B 项，涉及战略管理、风险管理、内部审计及其他有关核心竞争力的职能不得外包。

15. 商业银行内部控制应当贯穿决策、执行和监督全过程，避免存在盲区和空白，这是内部控制的(　　)原则。[2021 年 10 月真题]

A. 审慎性　　B. 全覆盖　　C. 匹配性　　D. 制衡性

【解析】内部控制的全覆盖原则要求，商业银行内部控制应当贯穿决策、执行和监督全过程，覆盖各项业务流程和管理活动，覆盖所有的部门、岗位和人员，避免存在盲区和空白。既要对整个经营管理活动过程进行全面控制，又要对包括从高层管理人员到基层执行操作人员在内的每一位员工进行控制，从而实现对全业务、全流程和全体员工的有效控制。

16. 根据《商业银行内部控制指引》，下面关于内部控制评价的要求，说法错误的是(　　)。[2021 年 10 月真题]

A. 商业银行应当强化内部控制评价结果运用，可将评价结果与被评价机构的绩效考评和授权等挂钩，并作为被评价机构领导班子考评的重要依据

B. 商业银行应当制定内部控制缺陷认定标准，根据内部控制缺陷的影响程度和发生的可能性划分内部控制缺陷等级，并明确相应的纠正措施和方案

C. 商业银行分支机构无需将其内部控制评价情况报送属地银行业监督管理机构

D. 商业银行应当根据业务经营情况和风险状况确定内部控制评价的频率，至少每年开

14B　15B　16C

展一次

【解析】C 项，在评价结果报告方面，商业银行年度内部控制评价报告经董事会审议批准后，于每年 4 月 30 日前报送国务院银行业监督管理机构或对其履行法人监管职责的属地银行业监督管理机构。

17. (　　)应监督董事会和高级管理层合规管理职责的履行情况。[2019 年 6 月真题]

A. 内部审计部门　B. 股东大会　C. 外部审计部门　D. 监事会

【解析】根据《商业银行合规风险管理指引》第十二条，监事会应监督董事会和高级管理层合规管理职责的履行情况。

18. 下列关于《商业银行合规风险管理指引》相关规定的表述，错误的是(　　)。[2018 年 10 月真题]

A. 经董事会批准，合规负责人可以同时分管业务条线

B. 高级管理层应及时向董事会或其下设委员会、监事会报告任何重大违规事件

C. 合规负责人定期向高级管理层提交合规风险评估报告

D. 高级管理层应有效管理商业银行的合规风险，每年向董事会提交合规管理报告，报告应提供充分依据并有助于董事会成员判断高级管理层管理合规风险的有效性

【解析】A 项，根据《商业银行合规风险管理指引》第十四条，合规负责人应全面协调商业银行合规风险的识别和管理，监督合规管理部门根据合规风险管理计划履行职责，定期向高级管理层提交合规风险评估报告。合规负责人不得分管业务条线。

19. 下列关于《商业银行合规风险管理指引》相关规定的表述，错误的是(　　)。[2019 年 6 月真题]

A. 内部审计部门应随时将合规性审计结果告知合规负责人

B. 内部审计部门应负责商业银行各项经营活动的合规性审计

C. 商业银行应明确合规管理部门与内部审计部门在合规风险评估和合规性测试方面的职责

D. 商业银行合规管理职能应与内部审计职能分离，内部审计部门职能的履行情况应受到合规管理部门定期的独立评价

【解析】《商业银行合规风险管理指引》第二十二条规定，商业银行合规管理职能应与内部审计职能分离，合规管理职能的履行情况应受到内部审计部门定期的独立评价。

20. 根据《银行业金融机构信息科技外包风险监管指引》，可以外包的职能是(　　)。[2015 年 10 月真题]

A. 战略管理　B. 内部审计　C. 核心管理　D. ATM 机装钞

【解析】银行业监督管理机构明确，银行的战略管理、核心管理以及内部审计等职能不宜外包。

21. 某商业银行近期进行了一系列人员调整，下列做法不符合监管要求的是(　　)。[2018 年 6 月真题]

A. 在不预先通知下属某营业机构负责人的情况下，要求该营业机构会计主管赵某强制

17D　18A　19D　20D　21B

休假，并安排另一营业机构会计主管接替

B. 将负责固定资产购建审批的吴某与固定资产购建的采购人员郑某轮岗

C. 对下属 12 家营业机构的委派会计(授权经理)包括任职期限不到 1 年李某全部予以轮岗

D. 对已任职超过 3 年的某基层营业机构负责人周某轮岗，并同时实施离任审计

【解析】不相容职务分离控制要求商业银行应当全面系统地分析、梳理业务流程和管理活动中所涉及的不相容岗位，实施相应的分离措施，形成相互制约的岗位安排。一般应当加以分离的不相容职务有：授权审批与业务执行、业务执行与监督审核、业务执行与相应记录、财务保管与相应记录、授权批准与监督检查等。B 项，固定资产购建审批与固定资产购建采购属于不相容岗位，应加以分离。

22. 根据《商业银行内部控制指引》，商业银行内部控制应当遵循的基本原则是(　　)。[2015 年 10 月真题]

A. 全覆盖原则、制衡性原则、审慎性原则、相匹配原则

B. 全面性原则、适应性原则、独立性原则、融合发展原则

C. 全面性原则、重要性原则、制衡性原则、适应性原则、成本效益原则

D. 全面原则、审慎原则、有效原则、独立原则

【解析】内部控制的基本原则是为实现内部控制目标，在建立和实施内部控制过程中，都应遵循的具有普遍性和指导性的要求。根据《商业银行内部控制指引》，银行建立与实施内部控制应当遵循以下四项原则：①全覆盖原则；②制衡性原则；③审慎性原则；④相匹配原则。

23. 根据《商业银行合规风险管理指引》，商业银行应建立对管理人员合规绩效的考核制度。商业银行的绩效考核应体现(　　)的价值观念。[2023 年 6 月真题]

A. 效益优先和合规为辅　　B. 倡导合规和惩处违规

C. 一切从经济效益出发　　D. 做大规模和做强效益

【解析】《商业银行合规风险管理指引》第十五条规定，商业银行应建立对管理人员合规绩效的考核制度。商业银行的绩效考核应体现倡导合规和惩处违规的价值观念。

24. 根据《商业银行合规风险管理指引》，下列不属于董事会的合规管理职责的是(　　)。[2015 年 10 月真题]

A. 任命合规负责人，并确保合规负责人的独立性

B. 授权董事会下设的风险管理委员会、审计委员会或专门设立的合规管理委员会对商业银行合规风险管理进行日常监督

C. 审议批准商业银行的合规政策，并监督合规政策的实施

D. 审议批准高级管理层提交的合规风险管理报告，并对商业银行管理合规风险的有效性作出评价，以使合规缺陷得到及时有效的解决

【解析】商业银行的董事会对构建高效合规风险管理体系以确保银行合规负有最终责任。按照《商业银行合规风险管理指引》要求，除 BCD 三项，董事会还应履行以下合规管理职责：①商业银行章程规定的其他合规管理职责。②负责日常监督商业银行合规风险

22A　23B　24A

管理的董事会下设委员会应通过与合规负责人单独面谈和其他有效途径，了解合规政策的实施情况和存在的问题，及时向董事会或高级管理层提出相应的意见和建议，监督合规政策的有效实施。A 项属于高级管理层的合规管理职责。

25. 下列关于内部控制措施的表述，错误的是(　　)。

A. 合理确定各项业务活动和管理活动的风险控制点，采取适当的控制措施，执行标准统一的业务流程和管理流程，确保规范运作

B. 建立相应的授权体系，明确各级机构、部门、岗位、人员办理业务和事项的权限，并实施动态调整

C. 明确哪些是重要岗位，对重要岗位人员实行轮岗或强制休假制度，不相容岗位人员之间可以轮岗

D. 建立健全内部控制制度体系，对各项业务活动和管理活动制定全面、系统、规范的业务制度和管理制度，并定期进行评估

【解析】商业银行要全面系统地分析、梳理业务流程和管理活动中所涉及的不相容岗位，实施相应的分离措施，形成相互制约的岗位安排。要明确重要岗位，并制定重要岗位的内部控制要求，对重要岗位人员实行轮岗或强制休假制度，原则上不相容岗位人员之间不得轮岗。

26. 下列选项中不属于商业银行内部控制目标的是(　　)。

A. 确保业务记录、财务信息和其他管理信息的及时、真实和完整

B. 确保国家法律法规及规章的贯彻执行

C. 确保资产负债业务快速发展

D. 确保商业银行发展战略和经营目标的全面实施和充分实现

【解析】商业银行内部控制的四项目标包括：①保证国家有关法律法规及规章的贯彻执行；②保证商业银行发展战略和经营目标的实现；③保证商业银行风险管理的有效性；④保证商业银行业务记录、会计信息、财务信息和其他管理信息的真实、准确、完整和及时。

27. (　　)履行内部控制的监督职能。

A. 内部审计部门　　B. 董事会

C. 高级管理层　　D. 监事会

【解析】董事会负责保证商业银行建立并实施充分有效的内部控制体系；监事会负责监督董事会、高级管理层完善内部控制体系，负责监督董事会、高级管理层及其成员履行内部控制职责；高级管理层负责建立和完善内部组织机构，采取相应的风险控制措施，对内部控制体系的充分性与有效性进行监测和评估；内部审计部门履行内部控制的监督职能。

28. 下列选项中不属于商业银行合规管理的基本机制的是(　　)。

A. 合规问责机制　　B. 合规绩效考核机制

C. 诚信举报机制　　D. 公平竞争机制

25C　26C　27A　28D

【解析】《商业银行合规风险管理指引》规定，合规管理的基本机制包括：①合规绩效考核机制与合规问责机制；②诚信举报机制；③合规培训与教育制度。

29. 内部控制应当坚持风险为本、审慎经营的理念，设立机构或开办业务均应坚持内控优先，这体现了内部控制的(　　)。

A. 有效性原则　B. 制衡性原则　C. 审慎性原则　D. 相匹配原则

【解析】银行建立与实施内部控制应当遵循以下四项原则：①全覆盖原则；②制衡性原则；③审慎性原则；④相匹配原则。其中，审慎性原则是指内部控制应当坚持风险为本、审慎经营的理念，设立机构或开办业务均应坚持内控优先。

30. 下列关于合规管理的说法，不正确的是(　　)。

A. 合规是指使商业银行的经营活动与法律、规则和准则相一致

B. 商业银行的经营活动违反了法律、规则和准则可能遭受合规风险

C. 商业银行合规管理职能应与内部审计职能分离

D. 商业银行因经营活动不合规造成声誉损失的风险不属于合规风险

【解析】合规风险是指商业银行因没有遵守法律、规则和准则可能遭受法律制裁、监管处罚、重大财务损失和声誉损失的风险。

31. 内部环境中处于基础地位的是(　　)。

A. 组织架构　B. 企业文化　C. 人力资源　D. 规章制度

【解析】内部环境是影响、制约银行内部控制制度建立与执行的各种内部因素的总称，是银行实施内部控制的基础，一般包括组织架构、人力资源、企业文化、规章制度等。在内部环境中居于基础地位的是组织架构，包括治理结构、内部机构设置和权责分配。

32. (　　)是内部控制的第一道防线。

A. 董事会　B. 监事会　C. 业务部门　D. 内部审计部门

【解析】商业银行的业务部门负责参与制定与自身职责相关的业务制度和操作流程；负责严格执行相关制度规定；负责组织开展监督检查；负责按照规定时限和路径报告内部控制存在的缺陷，并组织落实整改。业务部门是内部控制的“第一道防线”。

33. 美国内部审计的鼻祖是(　　)。

A. 普华·沃特豪斯　B. 维克托·Z·布林克

C. 佩林　D. 比尔格乐

【解析】1941 年，维克托·Z·布林克完成了他在纽约大学的博士学位论文，并凭借该论文成为美国“内部审计”这个学科的“开山鼻祖”，该论文阐述了包括内部审计性质和范围在内的内部审计突破性的研究成果，指出内部审计应该作为公司管理层的服务者，而不是作为外部审计的助手。

34. 国际内部审计师协会(IIA)成立于(　　)年。

A. 1921　B. 1931　C. 1941　D. 1951

【解析】成立于 1941 年的国际内部审计师协会(IIA)，于 1947 年制定颁布了《内部审计

29C　30D　31A　32C　33B　34C

职责说明》，对内部审计及其职责进行了定义。

35. 反洗钱工作已经涵盖了(　　)、恐怖融资和扩散融资三方面内容。

A. 违规行为　　B. 行政犯罪　　C. 司法处置　　D. 刑事犯罪

【解析】随着国际、国内犯罪形式的不断变化，反洗钱工作的内涵和外延也在不断扩大。按照金融行动特别工作组 40 项建议的规定，反洗钱工作已经涵盖了打击刑事犯罪、恐怖融资和扩散融资三方面内容。

36. 根据《反洗钱法》规定，(　　)作为国务院反洗钱行政主管部门负责全国的反洗钱监督管理工作。

A. 财政部　　B. 商务部　　C. 公安部　　D. 人民银行

【解析】《反洗钱法》明确了我国反洗钱监管的整体框架。人民银行作为国务院反洗钱行政主管部门负责全国的反洗钱监督管理工作。国务院有关部门、机构在各自的职责范围内履行反洗钱监督管理职责。

37. 对于金融机构的反洗钱监管工作，由人民银行和(　　)共同负责。

A. 国务院有关部门　　B. 商务部

C. 金融监督管理机构　　D. 银行业协会

【解析】对于金融机构的反洗钱监管工作，由人民银行和金融监督管理机构共同负责。人民银行负责制定或者会同国务院有关金融监督管理机构制定金融机构反洗钱规章；会同国务院有关金融监督管理机构制定客户身份识别制度、客户身份资料和交易记录保存制度的具体办法；制定金融机构大额交易和可疑交易报告的具体办法；监督、检查金融机构履行反洗钱义务的情况；在职责范围内调查可疑交易活动。

38. 银行等金融机构在以开立账户等方式与客户建立业务关系，为不在本机构开立账户的客户提供现金汇款、现钞兑换、票据兑付等一次性金融服务且交易金额单笔人民币______以上或者外币等值______以上的，应当识别客户身份。(　　)

A. 1 万元；1000 美元　　B. 1 万元；2000 美元

C. 2 万元；1000 美元　　D. 2 万元；2000 美元

【解析】银行等金融机构以开立账户等方式与客户建立业务关系，为不在本机构开立账户的客户提供现金汇款、现钞兑换、票据兑付等一次性金融服务且交易金额单笔人民币 1 万元以上或者外币等值 1000 美元以上的，应当识别客户身份。

39. 对于客户身份资料，自业务关系结束当年或者一次性交易记账当年计起至少保存______年；对于交易记录，自交易记账当年计起至少保存______年。(　　)

A. 2；2　　B. 3；3　　C. 4；4　　D. 5；5

【解析】银行业金融机构应采取切实可行的措施保存客户身份资料和交易记录，便于反洗钱调查和监督管理。银行业金融机构应当按照下列期限保存客户身份资料和交易记录：对于客户身份资料，自业务关系结束当年或者一次性交易记账当年计起至少保存 5 年；对于交易记录，自交易记账当年计起至少保存 5 年。

35D　36D　37C　38A　39D

40. 关于银行从业人员行为规范，下列说法错误的是(　　)。

A. 自觉履行保密责任，做到不泄密、不失密，确保银行经营安全和客户的资金、信息安全

B. 办理授信、资信调查、融资等业务的从业人员，在涉及亲属关系或利害关系人时，应主动提出回避

C. 自觉抵制内幕交易，不得利用内幕信息牟取个人利益，不得将内幕信息以明示或暗示的形式告知他人

D. 投资股票时应遵守相关法律法规，不得挪用公款和客户资金买卖股票，但可以用本人消费贷款、信用卡透支变现买卖股票

【解析】D项，从业人员应遵守相关法律法规，投资股票时不得利用内幕信息买卖有关联关系的上市公司股票；不得挪用公款和客户资金买卖股票；不得挪用公款和客户资金买卖股票；不得用本人消费贷款、信用卡透支变现买卖股票。

二、多项选择题(以下各小题给出的5个选项中，至少有2项符合题目要求，请将符合题目要求选项的代码填入括号内)

1. 洗钱罪的上游犯罪包括(　　)。[2024年6月真题]

A. 走私犯罪　　B. 贪污贿赂犯罪

C. 破坏金融管理秩序犯罪　　D. 毒品犯罪

E. 金融诈骗犯罪

【解析】洗钱罪的上游犯罪不仅包括毒品犯罪、黑社会性质的组织犯罪、恐怖活动犯罪、走私犯罪、贪污贿赂犯罪、破坏金融管理秩序犯罪、金融诈骗犯罪等七类犯罪，还有其他犯罪。

2. 下列属于商业银行开展内部控制风险评估中风险应对环节的有(　　)。[2023年6月真题]

A. 风险分担　　B. 风险承受　　C. 风险分析　　D. 风险识别

E. 风险降低

【解析】风险应对策略包括四种基本类型：风险规避、风险降低、风险分担和风险承受。

3. 不相容职务是指那些不能由一个部门或人员兼任，否则可能发生弄虚作假或舞弊行为的职务，一般应当加以分离的不相容职务有(　　)。[2023年6月真题]

A. 授权审批与业务执行　　B. 业务执行与监督审核

C. 业务执行与相应记录　　D. 财物保管与相应记录

E. 授权批准与监督检查

【解析】一般应当加以分离的不相容职务有：授权审批与业务执行、业务执行与监督审核、业务执行与相应记录、财务保管与相应记录、授权批准与监督检查等。

4. 根据《商业银行内部控制指引》，商业银行应当建立内部控制管理责任制，强化责任追究，下列说法正确的有(　　)。[2018年6月真题]

A. 监事会负责对其内部控制失效造成的重大损失承担管理责任

40D　▌　1ABCDE　2ABE　3ABCDE　4CDE

B. 监事会负责对内部控制体系的充分性与有效性进行监测和评估

C. 内部审计部门、内控管理职能部门应当对未适当履行监督检查和内部控制评价职责承担直接责任

D. 业务部门应当对未执行相关制度、流程，未适当履行检查职责，未及时落实整改承担直接责任

E. 董事会、高级管理层应当对内部控制的有效性分级负责

【解析】A 项，董事会、高级管理层应当对内部控制的有效性分级负责，并对内部控制失效造成的重大损失承担管理责任。B 项，高级管理层负责组织对内部控制体系的充分性与有效性进行监测和评估；董事会负责监督高级管理层对内部控制体系的充分性与有效性进行监测和评估。

5. 根据《商业银行合规风险管理指引》，合规管理部门应在合规负责人的管理下协助高级管理层有效识别和管理商业银行所面临的合规风险，履行以下(　　)基本职责。[2018 年 6 月真题]

A. 保持与监管机构日常的工作联系，跟踪和评估监管意见和监管要求的落实情况

B. 协助相关培训和教育部门对员工进行合规培训，包括新员工的合规培训，以及所有员工的定期合规培训，并成为员工咨询有关合规问题的内部联络部门

C. 制定书面的合规政策，并根据合规风险管理状况以及法律、规则和准则的变化情况适时修订合规政策，报经监事会审议批准后传达给全体员工

D. 审核评价商业银行各项政策、程序和操作指南的合规性，组织、协调和督促各业务条线和内部控制部门对各项政策、程序和操作指南进行梳理和修订，确保各项政策、程序和操作指南符合法律、规则和准则的要求

E. 持续关注法律、规则和准则的最新发展，正确理解法律、规则和准则的规定及其精神，准确把握法律、规则和准则对商业银行经营的影响，及时为高级管理层提供合规建议

【解析】C 项，高级管理层应有效管理商业银行的合规风险，制定书面的合规政策，并根据合规风险管理状况以及法律、规则和准则的变化情况适时修订合规政策，报经董事会审议批准后传达给全体员工。

6. 下列符合银行业监督管理机构倡导的合规文化理念有(　　)。[2024 年 6 月真题]

A. 合规与监管有效互动　　B. 合规人人有责

C. 合规从高层做起　　D. 主动合规

E. 合规创造价值

【解析】《商业银行合规风险管理指引》规定，合规是商业银行所有员工的共同责任，并应从商业银行高层做起，确立全员主动合规、合规创造价值等合规理念，在全行推行诚信与正直的职业操守和价值观念，提高全体员工的合规意识，促进商业银行自身合规与外部监管的有效互动。

7. 以风险为本的合规管理计划，包括(　　)等内容。[2016 年 5 月真题]

A. 合规风险评估　　B. 合规风险框架

5ABDE　6ABCDE　7ACDE

C. 特定政策和程序的实施与评价　　　　D. 合规性测试

E. 合规培训与教育

【解析】制定并执行风险为本的合规管理计划，包括特定政策和程序的实施与评价、合规风险评估、合规性测试、合规培训与教育等。

8. 根据《商业银行合规风险管理指引》的规定，合规是指商业银行的各项经营活动与法律、规则和准则相一致，下列属于法律、规则和准则的有(　　)。[2016 年 5 月真题]

A. 行政法规　　　　B. 自律性组织的行业准则

C. 行为守则和职业操守　　　　D. 部门规章及其他规范性文件

E. 经营规则

【解析】根据《商业银行合规风险管理指引》第三条，法律、规则和准则是指适用于银行业经营活动的法律、行政法规、部门规章及其他规范性文件、经营规则、自律性组织的行业准则、行为守则和职业操守。

9. 根据《商业银行合规风险管理指引》，下列属于合规风险管理体系基本要素的有(　　)。[2016 年 10 月真题]

A. 合规管理部门的组织结构和资源　　　　B. 合规风险管理计划

C. 合规政策　　　　D. 合规风险识别和管理流程

E. 合规培训和教育制度

【解析】《商业银行合规风险管理指引》第八条规定，商业银行应建立与其经营范围、组织结构和业务规模相适应的合规风险管理体系。合规风险管理体系应该具体包括的基本要素：①合规政策；②合规管理部门的组织结构和资源；③合规风险管理计划；④合规风险识别和管理流程；⑤合规培训与教育制度。

10. 根据《商业银行合规风险管理指引》，下列表述正确的有(　　)。[2017 年 10 月真题]

A. 商业银行应为合规管理部门配备有效履行合规管理职能的资源

B. 商业银行应根据业务条线和分支机构的经营范围、业务规模设立相应的合规管理部门

C. 合规管理人员应具备与履行职责相匹配的资质、经验、专业技能和个人素质

D. 商业银行应定期为合规管理人员提供系统的专业技能培训

E. 商业银行各业务条线和分支机构的负责人应对本条线和本机构经营活动的合规性负首要责任

【解析】ACD 三项，《商业银行合规风险管理指引》第十九条规定，商业银行应为合规管理部门配备有效履行合规管理职能的资源。合规管理人员应具备与履行职责相匹配的资质、经验、专业技能和个人素质。商业银行应定期为合规管理人员提供系统的专业技能培训，尤其是在正确把握法律、规则和准则的最新发展及其对商业银行经营的影响等方面的技能培训。BE 两项，《商业银行合规风险管理指引》第二十条规定，商业银行各业务条线和分支机构的负责人应对本条线和本机构经营活动的合规性负首要责任。商业银行应根据业务条线和分支机构的经营范围、业务规模设立相应的合规管理部门。

8ABCDE　9ABCDE　10ABCDE

11. 关于高级管理层应当承担的内部控制职责，下列符合《商业银行内部控制指引》规定的有(　　)。[2015 年 10 月真题]

A. 负责组织对内部控制体系的充分性与有效性进行监测和评估

B. 负责制定系统化的制度、流程和方法，采取相应的风险控制措施

C. 负责建立和完善内部组织机构，保证内部控制的各项职责得到有效履行

D. 负责监督董事会完善内部控制体系

E. 负责保证商业银行建立并实施充分有效的内部控制体系

【解析】根据《商业银行内部控制指引》第十条，高级管理层负责执行董事会决策；负责根据董事会确定的可接受的风险水平，制定系统化的制度、流程和方法，采取相应的风险控制措施；负责建立和完善内部组织机构，保证内部控制的各项职责得到有效履行；负责组织对内部控制体系的充分性与有效性进行监测和评估。D 项，监事会负责监督董事会、高级管理层完善内部控制体系；E 项，董事会负责保证商业银行建立并实施充分有效的内部控制体系。

12. 根据《商业银行内部控制评价试行办法》，商业银行内部控制的要素有(　　)。

A. 内部监督　　B. 风险评估　　C. 外部控制措施　　D. 内部环境

E. 信息与沟通

【解析】内部控制的基本要素包括：①内部环境；②风险评估；③控制活动；④信息与沟通；⑤内部监督。

13. 以下属于风险管理框架比内部控制要素增加的要素有(　　)。

A. 目标设定　　B. 内部环境　　C. 控制活动　　D. 风险应对

E. 风险评估

【解析】COSO 委员会进一步发布《企业风险管理——整合框架》将风险管理框架分为八大要素：内部环境、目标设定、事项识别、风险评估、风险应对、控制活动、信息与沟通、监控。内部控制的基本要素包括：①内部环境；②风险评估；③控制活动；④信息与沟通；⑤内部监督。

14. 商业银行的内部控制措施包括(　　)。

A. 针对不同活动的特点，执行差异化的业务流程和管理流程

B. 建立健全内部控制制度体系

C. 形成规范的部门、岗位职责说明，明确相应的报告路线

D. 严格执行会计准则与制度，及时准确地反映各项业务交易，确保财务会计信息真实、可靠、完整

E. 建立有效的核对、监控制度

【解析】A 项，商业银行应当合理确定各项业务活动和管理活动的风险控制点，采取适当的控制措施，执行标准统一的业务流程和管理流程，确保规范运作。

15. 下列属于商业银行合规风险的有(　　)。

A. 因为违规行为而被追究刑事、行政或者民事法律责任

11ABC　12ABDE　13AD　14BCDE　15ABCE

B. 被相关监管部门针对违规行为处以相应的行政处罚

C. 因为发生违规行为而使自身的声誉受到冲击，市场主体和公众对该商业银行的信心下降

D. 由于工作失误、失职或内部事件，使原本能够追偿但最终无法追偿而导致损失

E. 因为违规行为不得不支付罚款、赔偿金等直接形成的财务损失

【解析】合规风险是指商业银行因没有遵守法律、规则和准则可能遭受法律制裁、监管处罚、重大财务损失和声誉损失的风险。D 项属于操作风险。

16. 内部控制发展经历的阶段有(　　)。

A. 内部牵制　　B. 内部控制制度　　C. 内部控制结构　　D. 内部控制整体框架

E. 全面风险管理阶段

【解析】一般认为，内部控制发展大致经历五个阶段，分别为：内部牵制、内部控制制度、内部控制结构、内部控制整体框架、全面风险管理阶段。

17. (　　)是内部控制的三大目标。

A. 所有钱物和账目正确无误　　B. 发展的效果和效率

C. 相关法律法规的遵循　　D. 财务报告的可靠性

E. 不相容岗位与职务分离

【解析】美国反虚假财务报告委员会下属的发起人委员会于 1992 年发布《内部控制——整体框架》，在内部控制整体框架中，明确了内部控制的三大目标：①财务报告的可靠性；②发展的效果和效率；③相关法律法规的遵循。

18. 以下属于风险管理框架八大要素的有(　　)。

A. 内部监督　　B. 目标设定　　C. 事项识别　　D. 风险评估

E. 风险应对

【解析】风险管理框架的八大要素除 BCDE 四项外，还包括：①内部环境；②控制活动；③信息与沟通；④监控。内部监督属于内部控制的基本要素之一。

19. 商业银行内部控制的基础目标有(　　)。

A. 经营管理合法合规

B. 风险管理有效

C. 财务会计等相关信息真实完整

D. 保证国家有关法律法规及规章的贯彻执行

E. 保证商业银行发展战略和经营目标的实现

【解析】商业银行经营管理合法合规、风险管理有效、财务会计等相关信息真实完整是内部控制的基础目标，建立和实施内部控制不仅要满足基础目标，还要最终保证商业银行发展战略和经营目标的实现。DE 两项属于商业银行内部控制的目标而非基础目标。

20. 风险评估的主要环节有哪些？(　　)

A. 目标设定　　B. 风险识别　　C. 风险处理　　D. 风险应对

16ABCDE　17BCD　18BCDE　19ABC　20ABDE

E. 风险分析

【解析】风险评估主要包括目标设定、风险识别、风险分析和风险应对，是实施内部控制的重要环节。C 项，风险处理不属于风险评估的环节。

21. 风险应对策略的基本类型包括(　　)。

A. 风险规避　　B. 风险降低　　C. 风险分担　　D. 风险转移

E. 风险承受

【解析】风险应对是指根据风险分析结果，结合风险承受度，权衡风险与收益，确定风险应对策略。风险应对策略包括四种基本类型：风险规避、风险降低、风险分担和风险承受。

22. 商业银行应根据风险评估结果，通过手工控制与自动控制、预防性控制与发现性控制相结合的方法，运用相应控制措施控制风险，控制措施主要包括(　　)。

A. 不相容职务分离控制　　B. 授权审批控制

C. 会计系统控制　　D. 运营控制

E. 绩效考评控制

【解析】控制活动是指结合具体业务和事项，为确保管理层的指令得以实现，所运用的控制政策、程序及措施。商业银行的控制措施主要包括：①不相容职务分离控制；②授权审批控制；③会计系统控制；④运营控制；⑤绩效考评控制等。

23. 信息与沟通的基本要求有哪些？(　　)

A. 信息收集　　B. 信息整合　　C. 信息处理　　D. 信息加工

E. 信息传递

【解析】信息与沟通的基本要求主要包括三点：①信息收集，收集内容包括内部信息和外部信息；②信息加工，对所收集的零散的、非系统的信息进行合理筛选、核对、整合；③信息传递，信息沟通过程中发现的问题，应当及时报告并加以解决。

24. 商业银行开展内部控制评价，应重点做好(　　)。

A. 评价对象　　B. 评价实施　　C. 评价标准制定　　D. 评价质量控制

E. 评价结果运用

【解析】商业银行内部控制评价是对商业银行内部控制体系建设、实施和运行结果开展的调查、测试、分析和评估等系统性活动。商业银行开展内部控制评价，应重点做好以下方面：①评价对象；②评价实施；③评价标准制定；④评价质量控制；⑤评价结果运用；⑥评价结果报告。

25. 商业银行对合规管理职能的有关事项作出规定，包括(　　)。

A. 合规管理部门的功能和职责

B. 合规管理部门的权限

C. 合规负责人的合规管理职责

D. 保证合规负责人和合规管理部门独立性的各项措施

E. 合规风险管理部门与内部控制部门、内部联络部门等其他部门之间的协作关系

21ABCE　22ABCDE　23ADE　24ABCDE　25ABCD

【解析】商业银行的合规政策应明确所有员工和业务条线需要遵守的基本原则，以及识别和管理合规风险的主要程序，并对合规管理职能的有关事项作出规定。除 ABCD 四项外，商业银行对合规管理职能的有关事项的规定还包括：①合规管理部门与风险管理部门、内部审计部门等其他部门之间的协作关系；②设立业务条线和分支机构合规管理部门的原则。

26. 合规部门是负责合规风险(　　)的专职部门。

A. 识别　　B. 量化　　C. 评估　　D. 监测

E. 报告

【解析】合规部门是负责合规风险识别、量化、评估、监测和报告的专职部门，但是对银行合规管理情况进行独立的检查和评价则是内部审计部门的重要职责。

27. 建立诚信举报机制的好处有(　　)。

A. 有利于加强合规管理绩效考核

B. 有利于降低信息不对称所带来的道德风险

C. 有利于员工之间的相互约束

D. 有利于权力制衡

E. 有利于合规文化的形成

【解析】诚信举报机制是指通过制度安排、技术保障等措施，鼓励内部员工基于个人的良知、伦理与道德判断或公共利益的考虑，对其认为是违反了法律法规、监管规定或诚信道德准则的行为和主体进行举报。建立诚信举报机制的好处主要包括：①有利于降低信息不对称所带来的道德风险；②有利于员工之间的相互约束；③有利于合规文化的形成。

28. 合规风险管理体系应包括的基本要素有(　　)。

A. 合规评估　　B. 合规管理　　C. 合规监测　　D. 合规培训

E. 教育制度

【解析】《商业银行合规风险管理指引》要求，合规风险管理体系应包括的基本要素包含合规培训与教育制度。

29. 商业银行的合规风险管理流程包括对合规风险的(　　)。

A. 筛选　　B. 识别　　C. 评估　　D. 测试

E. 监控

【解析】商业银行的合规风险管理流程一般包括对合规风险的识别、评估、测试、应对、监控以及合规风险报告等。

30. 下列关于合规培训与教育说法正确的有(　　)。

A. 包括对新员工的入职培训

B. 应该有根据不同风险需求、员工层次以及监管要求等设计的具有针对性的培训

C. 不得采用计算机或网络培训方式

D. 包括对所有员工的定期培训

26ABCDE　27BCE　28DE　29BCDE　30ABDE

E. 银行应为员工参加合规培训提供足够的资金和时间上的支持

【解析】在组织方式上，合规培训与教育可以采取计算机或网络培训、电话会议培训、视频或案例研究、内部交流等形式，通过内网、互联网、刊物等媒体工具，多角度、全方位提升员工对企业文化和行为守则的认知。

31. 合规文化的内涵包括(　　)。

A. 诚实　　B. 正直　　C. 敬业　　D. 员工对银行负责

E. 银行对社会负责

【解析】合规文化的内涵包括诚实、守信、正直等职业道德与行为操守，以及银行对社会负责、银行对员工负责、员工对银行负责、员工对其他员工负责等价值观念取向。

32. 合规文化的特点有(　　)。

A. 合规文化从高层做起　　B. 合规文化建设是银行的自身需求

C. 合规文化体现了价值取向　　D. 合规文化必须通过制度传达

E. 合规文化的核心是法律意识

【解析】合规文化的特点包括：①合规文化的核心是法律意识；②合规文化建设是银行的自身需求；③合规文化体现了价值取向；④合规文化必须通过制度传达。A 项为合规文化的实现需要树立的理念。

33. 审计大致分为(　　)。

A. 内部审计　　B. 国家审计　　C. 局部审计　　D. 社会审计

E. 财政财务审计

【解析】按照审计主体分类，审计分为国家审计(也称政府审计)、社会审计(也称民间审计、事务所审计)、内部审计(也称部门和单位审计)三类。

34. 现场审计主要包括(　　)三个方面。

A. 全面审计　　B. 定期审计　　C. 不定期审计　　D. 专项审计

E. 离任审计

【解析】现场审计主要包括：①全面审计，一般以 3 年为一个周期对分支机构开展一次全面审计；②专项审计，按年度审计项目计划，对辖内分支机构的重点关注业务领域或项目有计划地进行专项审计；③离任审计，是对辖内离任董事和高级管理人员在任职期间所承担的经济责任履职情况进行审查、监督和总体评价。

35. 非现场审计监测范围主要包括(　　)。

A. 管辖范围内的机构概览　　B. 业务异动分析

C. 内部控制评价　　D. 内部控制报告

E. 后续跟踪

【解析】非现场审计监测范围除 ABCDE 五项外，还包括：①日常信息收集；②监测。

36. 银行内部审计的目标主要有(　　)。

A. 推动国家有关经济金融法律法规和监管规则的有效落实

31ABDE　32BCDE　33ABD　34ADE　35ABCDE　36ACD

B. 改善风险管理、控制及治理过程的效果

C. 促进商业银行建立并持续完善有效的风险管理、内控合规和公司治理架构

D. 相关审计对象有效履职，共同实现本银行战略目标

E. 实现对一般风险隐患的监督检查

【解析】2016 内审指引将商业银行内部审计目标调整并定位于如下三个方面：①推动国家有关经济金融法律法规和监管规则的有效落实；②促进商业银行建立并持续完善有效的风险管理、内控合规和公司治理架构；③相关审计对象有效履职，共同实现本银行战略目标。B 项属于内部审计的定义；E 项，银行需要充分利用内部审计对行内的各项业务活动的真实性进行评价，加大对重点风险隐患的监督检查，对检查发现的违规问题提出整改意见并且督促落实，努力规避和减少风险，实现银行的有效管理。

37. 商业银行内部审计的主要事项有(　　)。

A. 内部控制的健全性和有效性

B. 信息系统规划设计、开发运行和管理维护的情况

C. 经营管理的合规性及合规部门工作情况

D. 风险状况及风险识别、计量、监控程序的适用性和有效性

E. 会计记录和财务报告的准确性和可靠性

【解析】除 ABCDE 五项外，商业银行内部审计主要事项还包括：①与风险相关的资本评估系统情况；②机构运营绩效和管理人员履职情况。

38. 内部审计的质量控制包括(　　)。

A. 内部审计部门根据工作需要，经审计委员会批准后，可将部分内部审计项目外包，但需事先对外包机构的独立性、客观性和专业胜任能力进行评估

B. 内部审计部门应在年度风险评估的基础上确定审计重点，审计频率和程度应与银行业务性质、复杂程度、风险状况和管理水平相一致

C. 内部审计部门应加强科技手段和信息技术在审计工作中的运用，建立完善非现场内部审计监测体系及内部审计操作系统、信息管理系统

D. 董事会可聘请外部机构对内部审计部门的尽职情况进行评价，并保证外部检查人员独立于评价对象、具备专业胜任能力以及与评价对象没有利益冲突

E. 内部审计部门可就风险管理、内部控制等有关问题提供咨询服务，但为确保其独立性，不应直接参与或负责内部控制设计和经营管理决策与执行

【解析】A 项，内部审计部门根据工作需要，经董事会批准后，可将部分内部审计项目外包，但需事先对外包机构的独立性、客观性和专业胜任能力进行评估。

39. 离任审计报告至少应当包括(　　)情况及其所负责任(包括领导责任和直接责任)的评估结论。

A. 贯彻执行国家法律法规、各项规章制度的情况

B. 所任职机构或分管部门的经营是否合法合规

C. 所任职机构或分管部门的内部控制、风险管理是否有效

D. 所任职机构或分管部门是否发生重大案件、重大损失或重大风险

37ABCDE　38BCDE　39ABCD

E. 本人是否涉及所任职机构或分管部门经营中的重大内幕交易，以及重大关联交易是否依法披露

【解析】除 ABCD 四项外，离任审计报告还应当包括：①本人是否涉及所任职机构或分管部门经营中的重大关联交易，以及重大关联交易是否依法披露。②被审计对象是否存在违法、违规、违纪行为和受处罚、受处分等不良记录的信息。

40. 对合格外审机构的评估因素包括（　　）。

A. 在形式和实质上均保持独立性

B. 具有与委托银行业金融机构资产规模、业务复杂程度等相匹配的规模、资源和风险承受能力

C. 拥有足够数量的具有银行业金融机构审计经验的注册会计师，具备审计银行业金融机构的专业胜任能力

D. 熟悉金融法规、银行业金融机构业务及流程、内部控制制度以及各种风险管理政策

E. 具有完善的内部管理制度和健全的质量控制体系

【解析】除 ABCDE 五项外，合格外审机构的评估因素还包括具有良好的职业声誉，无重大不良记录。

41. 外审机构存在下列（　　）情况之一的，银行不宜委托其从事外部审计业务。

A. 在形式和实质上均保持独立性

B. 具有良好的职业声誉，无重大不良记录

C. 专业胜任能力、从事银行业金融机构审计的经验、风险承受能力明显不足的

D. 存在欺诈和舞弊行为，在执业经历中受过行政处罚、刑事处罚且未满三年的

E. 与被审计机构存在关联关系，可能影响审计独立性的

【解析】根据《银行业金融机构外部审计监管指引》，评估外审机构存在以下情况之一的，商业银行不宜委托其从事外部审计业务：①专业胜任能力、从事银行业金融机构审计的经验、风险承受能力明显不足的；②存在欺诈和舞弊行为，在执业经历中受过行政处罚、刑事处罚且未满三年的；③与被审计机构存在关联关系，可能影响审计独立性的。AB 两项为对合格外审机构的评估因素。

42. 商业银行等金融机构的反洗钱义务主要包括（　　）。

A. 建立健全反洗钱内部控制制度

B. 建立健全反洗钱外部控制制度

C. 履行客户身份资料和交易记录保存义务

D. 履行客户尽职调查义务

E. 履行大额交易和可疑交易报告义务

【解析】按照《反洗钱法》的规定，商业银行等金融机构应当依法采取预防、监控措施，建立健全反洗钱内部控制制度，履行客户尽职调查、客户身份资料和交易记录保存、大额交易和可疑交易报告、反洗钱特别预防措施等反洗钱义务。

43. 下列哪些情形银行需要对客户身份进行识别？（　　）

40ABCDE　41CDE　42ACDE　43BCDE

A. 银行为不在本机构开立账户的客户提供现钞兑换，交易金额为人民币 5000 元

B. 银行为不在本机构开立账户的客户提供现钞兑换，交易金额为人民币 20000 元

C. 银行为客户提供保管箱服务

D. 银行为客户向境外汇出资金

E. 银行为自然人客户办理人民币 10 万元现金存入业务

【解析】银行业金融机构需对客户进行身份识别的情形包括：①银行等金融机构在以开立账户等方式与客户建立业务关系，为不在本机构开立账户的客户提供现金汇款、现钞兑换、票据兑付等一次性金融服务且交易金额单笔人民币 1 万元以上或者外币等值 1000 美元以上；②银行等为自然人客户办理人民币单笔 5 万元以上或者外币等值 1 万美元以上的现金存取业务；③银行等金融机构提供保管箱服务；④银行等金融机构为客户向境外汇出资金；⑤信托公司设立信托；⑥金融资产管理公司、金融资产投资公司、财务公司、金融租赁公司、汽车金融公司、货币经纪公司与客户签订金融业务合同。

44. 出现下列哪些情况时，银行等金融机构应当重新识别客户？（　　）

A. 客户要求变更姓名

B. 客户行为出现异常

C. 客户姓名与司法机关要求协查的犯罪嫌疑人姓名相同

D. 金融机构获得的客户信息与之前掌握的信息相互矛盾

E. 客户有洗钱的嫌疑

【解析】出现以下情况时，银行等金融机构应当重新识别客户：①客户要求变更姓名或者名称、身份证件或者身份证明文件种类、身份证件号码、注册资本、经营范围、法定代表人或者负责人的；②客户行为或者交易情况出现异常的；③客户姓名或者名称与国务院有关部门、机构和司法机关依法要求金融机构协查或者关注的犯罪嫌疑人、洗钱和恐怖融资分子的姓名或者名称相同的；④客户有洗钱、恐怖融资活动嫌疑的；⑤金融机构获得的客户信息与先前已经掌握的相关信息存在不一致或者相互矛盾的；⑥先前获得的客户身份资料的真实性、有效性、完整性存在疑点的；⑦金融机构认为应重新识别客户身份的其他情形。

45. 下列哪些大额交易银行等金融机构需向反洗钱监测中心报告？（　　）

A. 当日单笔 5 万元人民币的现金支取

B. 非自然人客户银行账户与其他的银行账户发生当日单笔 200 万元的款项划转

C. 自然人客户银行账户与其他的银行账户发生当日单笔外币等值 10 万美元的境内款项划转

D. 自然人客户银行账户与其他的银行账户发生当日累计交易人民币 10 万元的跨境款项划转

E. 自然人客户银行账户与其他的银行账户发生当日累计交易人民币 20 万元的跨境款项划转

【解析】银行等金融机构应当向反洗钱监测中心报告下列大额交易：①当日单笔或者累

44ABCDE　45ABCE

计交易人民币5万元(含5万元)以上、外币等值1万美元(含1万美元)以上的现金缴存、现金支取、现金结售汇、现钞兑换、现金汇款、现金票据解付及其他形式的现金收支;②非自然人客户银行账户与其他的银行账户发生当日单笔或者累计交易人民币200万元(含200万元)以上、外币等值20万美元(含20万美元)以上的款项划转;③自然人客户银行账户与其他的银行账户发生当日单笔或者累计交易人民币50万元(含50万元)以上、外币等值10万美元(含10万美元)以上的境内款项划转;④自然人客户银行账户与其他的银行账户发生当日单笔或者累计交易人民币20万元(含20万元)以上、外币等值1万美元(含1万美元)以上的跨境款项划转。

46. 下列关于银行从业人员行为管理体系的说法中正确的是(　　)。
A. 董事会对从业人员的行为管理承担最终责任
B. 监事会负责对董事会和从业人员管理部门的履职情况进行监督评价
C. 高级管理层承担从业人员行为管理的实施责任
D. 从业人员管理部门建立覆盖全面的从业人员行为管理体系
E. 从业人员管理部门负责全机构从业人员的行为管理

【解析】银行业金融机构应建立覆盖全面、授权明晰、相互制衡的从业人员行为管理体系,并明确董事会、监事会、高级管理层和相关职能部门在从业人员行为管理中的职责分工。B项,监事会负责对董事会和高级管理层在从业人员行为管理中的履职情况进行监督评价。D项,高级管理层承担从业人员行为管理的实施责任,执行董事会决议,建立覆盖全面的从业人员行为管理体系,明确相关行为管理部门的职责范围。

47. 银行从业人员应当遵守法律法规、恪守工作纪律,包括(　　)。
A. 自觉抵制并严禁参与非法集资、地下钱庄等违法行为
B. 不得在任何场所开展未经批准的金融业务
C. 不得销售未经审批的产品
D. 不得代销未持有金融牌照机构发行的产品
E. 不得利用职务和工作之便谋取非法利益

【解析】银行业金融机构制定的行为守则及其细则应要求全体从业人员遵守法律法规、恪守工作纪律,包括但不限于:①自觉抵制并严禁参与非法集资、地下钱庄、洗钱、商业贿赂、内幕交易、操纵市场等违法行为;②不得在任何场所开展未经批准的金融业务;③不得销售或推介未经审批的产品;④不得代销未持有金融牌照机构发行的产品;⑤不得利用职务和工作之便谋取非法利益;⑥未经监管部门允许不得向社会或其他单位和个人泄露监管工作秘密信息等。

三、判断题(判断以下各小题的对错,正确的用A表示,错误的用B表示)

1. 国务院反洗钱行政主管部门审批新设金融机构或者金融机构增设分支机构时,应当审查新机构反洗钱内部控制制度的方案;对于不符合《反洗钱法》规定的设立申请,不予批准。(　　)[2024年6月真题]

【解析】人民银行作为反洗钱行政主管部门负责全国的反洗钱监督管理工作。金融监督管理机构在各自的职责范围内履行反洗钱监督管理职责。国务院金融监督管理机构在职责

46ACE　47ABCDE　▎　1B

范围内负责所监管机构的反洗钱工作。一是在市场准入中落实反洗钱要求，审批新设金融机构或者金融机构增设分支机构时，应当审查新机构反洗钱内部控制制度的方案；对于不符合规定的设立申请，不予批准。二是对所监督管理的金融机构提出按照规定建立健全反洗钱内部控制制度的要求，对金融机构的反洗钱内控合规情况进行监管。

2. 客户身份资料和交易记录涉及正在被反洗钱调查的可疑交易活动的，且反洗钱调查工作在规定的最低保存期届满时仍未结束的，金融机构应将其保存至反洗钱调查工作结束。(　　)

【解析】如客户身份资料和交易记录涉及正在被反洗钱调查的可疑交易活动，且反洗钱调查工作在前款规定的最低保存期届满时仍未结束的，金融机构应将其保存至反洗钱调查工作结束。如同一介质上存有不同保存期限客户身份资料或者交易记录的，应当按最长期限保存。

3. 客户先前提交的身份证件或者身份证明文件已过有效期的，客户没有在合理期限内更新且没有提出合理理由的，金融机构应先为客户办理业务，再重新核实客户身份。(　　)

【解析】在与客户的业务关系存续期间，银行等金融机构应当采取持续的客户身份识别措施，关注客户及其日常经营活动、金融交易情况，及时提示客户更新资料信息。客户先前提交的身份证件或者身份证明文件已过有效期的，客户没有在合理期限内更新且没有提出合理理由的，金融机构应中止为客户办理业务。

4. 合规管理部门应在董事会的管理下协助高级管理层有效识别和管理商业银行所面临的合规风险。(　　)[2018 年 10 月真题]

【解析】《商业银行合规风险管理指引》第十八条规定，合规管理部门应在合规负责人的管理下协助高级管理层有效识别和管理商业银行所面临的合规风险。

5. 内部审计具有预防性、经常性和针对性，是外部审计的基础，对外部审计能起到辅助和补充作用；外部审计对内部审计又能起到支持和指导作用。(　　)[2018 年 6 月真题]

【解析】外部审计与内部审计的总体目标是一致的，两者均是审计监督体系的有机组成部门。内部审计具有预防性、经常性和针对性，是外部审计的基础，对外部审计能起辅助和补充作用；而外部审计对内部审计又能起到支持和指导作用。

6. 根据《商业银行内部控制指引》的规定，商业银行内部审计部门履行内部控制的监督职能，负责对商业银行内部控制的充分性和有效性进行审计，及时报告审计发现的问题，并监督整改。(　　)[2023 年 6 月真题]

【解析】商业银行内部审计部门履行内部控制的监督职能，负责对商业银行内部控制的充分性和有效性进行审计，及时报告审计发现的问题，并监督整改。审计监督条线作为第三道防线应加大对重点风险隐患的监督检查，对检查发现的违规违纪问题提出整改意见。

7. 合规风险管理是商业银行合规部门合规人员的责任，营销部门只需做好银行相关产品与服务的营销工作即可。(　　)[2016 年 5 月真题]

2A　3B　4B　5A　6A　7B

【解析】《商业银行合规风险管理指引》规定，合规是商业银行所有员工的共同责任，并应从商业银行高层做起。

8. 商业银行应当对内控管理职能部门和内部审计部门建立区别于业务部门的绩效考评方式，以利于其有效履行内部管理和监督职能。(　　)［2016 年 5 月真题］

【解析】根据《商业银行内部控制指引》第三十二条，商业银行应当建立科学的绩效考评体系、合理设定内部控制考评标准，对考评对象在特定期间的内部控制管理活动进行评价，并根据考评结果改进内部控制管理。商业银行应当对内控管理职能部门和内部审计部门建立区别于业务部门的绩效考评方式，以利于其有效履行内部控制管理和监督职能。

9. “三管一提高”的监管理念，即管法人、管风险、管内控、提高透明度。(　　)［2015 年 10 月真题］

【解析】内部审计不仅是商业银行法人治理的重要组成部分，也是内部控制体系中的一项重要制度设计。内部审计的目标不仅仅是审查评价，能够有效改善内控效果、防范化解风险才是关键，这与监管部门倡导的“三管一提高”(管法人、管风险、管内控和提高透明度)的监管理念不谋而合。

10. 银行要对合规管理人员提供系统的专业技能培训，也要对普通员工进行合规培训。(　　)［2019 年 6 月真题］

【解析】合规培训与教育包括对新员工的入职培训、所有员工的定期培训，还应该有根据不同风险需求、员工层次以及监管要求等设计的具有针对性的培训。其中，商业银行应定期为合规管理人员提供系统的专业技能培训，尤其是在正确把握法律、规则和准则的最新发展及其对商业银行经营的影响等方面的技能培训。

11. 根据合规管理要求，银行业金融机构应配备合规管理部门或合规管理人员，但无需独立于其他的职能。(　　)［2015 年 10 月真题］

【解析】《商业银行合规风险管理指引》第二十二条规定，商业银行合规管理职能应与内部审计职能分离，合规管理职能的履行情况应受到内部审计部门定期的独立评价。

12. 商业银行应当建立贯穿各级机构、覆盖所有业务和全部流程的管理信息系统和业务操作系统，及时、准确记录经营管理信息，确保信息的完整、连续、准确和可还原、可修改、可追溯。(　　)［2017 年 10 月真题］

【解析】商业银行应当建立贯穿各级机构、覆盖所有业务和全部流程的管理信息系统和业务操作系统，及时、准确记录经营管理信息，确保信息的完整、连续、准确和可追溯。同时，还应当加强对信息的安全控制和保密管理，对各类信息实施分等级安全管理，对信息系统访问实施权限管理，确保信息安全。

13. 商业银行董事会应监督合规政策的有效实施，以使合规缺陷得到及时有效的解决。(　　)

【解析】按照《商业银行合规风险管理指引》要求，董事会应履行以下合规管理职责：

8A　9A　10A　11B　12B　13A

①审议批准商业银行的合规政策，并监督合规政策的实施；②审议批准高级管理层提交的合规风险管理报告，并对商业银行管理合规风险的有效性作出评价，以使合规缺陷得到及时有效的解决；③授权董事会下设的风险管理委员会、审计委员会或专门设立的合规管理委员会对商业银行合规风险管理进行日常监督；④商业银行章程规定的其他合规管理职责。

14. 内部控制结构包括控制环境、会计系统和控制程序三个要素。(　　)

【解析】1996 年，财政部颁布《独立审计具体准则第 9 号——内部控制和审计风险》，认为内部控制结构包括控制环境、会计系统和控制程序三个要素。

15. 风险确定是指在识别风险的基础上，采用定性与定量相结合的方法，按照风险发生的可能性及其影响程度等，对识别的风险进行分析和排序，确定关注重点和优先控制的风险。(　　)

【解析】风险分析是指商业银行在识别风险的基础上，采用定性与定量相结合的方法，按照风险发生的可能性及其影响程度等，对识别的风险进行分析和排序，确定关注重点和优先控制的风险。

16. 商业银行各业务条线和分支机构的负责人应对本条线和本机构经营活动的合规性负首要责任。(　　)

【解析】根据《商业银行合规风险管理指引》第二十条，商业银行各业务条线和分支机构的负责人应对本条线和本机构经营活动的合规性负首要责任。

17. 审计监督条线是风险合规条线(第一道防线)、业务管理条线(第二道防线)后的第三道防线，要求各部门分工明确、职责清晰、有机配合、无缝对接。(　　)

【解析】国务院银行业监督管理机构一直将审计监督条线作为业务管理条线(第一道防线)、风险合规条线(第二道防线)后的第三道防线，要求银行各部门分工明确、职责清晰、有机配合、无缝对接。

18. 银行管理层和各分支行是一种委托代理关系。分支行是委托人，上级行是代理人。(　　)

【解析】我国银行普遍实行分支行制。按照代理理论的观点，银行管理层和各分支行是一种委托代理关系。上级行是委托人，分支行是代理人。

19. 银行内部审计主要有现场走访与自行查核两种审计方式。(　　)

【解析】银行内部审计主要有现场审计与非现场审计两种方式。在审计信息化程度逐年提高的基础上，有的银行增加了现场走访与自行查核等新方式，从而使内部审计效率不断提高，有效性不断增强。

20. 全面审计一般以 3 年为一个周期对分支机构开展一次全面审计。(　　)

【解析】现场审计主要包括全面审计、专项审计及离任审计三个方面。其中全面审计一般以 3 年为一个周期对分支机构开展一次全面审计。

14A　15B　16A　17B　18B　19B　20A

21. 首席审计官由审计委员会任命并应及时向银行业监督管理机构报告。( )

【解析】首席审计官由董事会负责聘任和解聘。商业银行应及时向银行业监督管理机构报告首席审计官的聘任和解聘情况。

22. 银行内部审计人员原则上按员工总人数的5%配备。( )

【解析】商业银行应配备充足的内部审计人员，原则上不得少于员工总数的1%。

23. 审计委员会应按年度向董事会报告审计工作情况，并通报高级管理层和监事会。( )

【解析】审计委员会应按季度向董事会报告审计工作情况，并通报高级管理层和监事会。

24. 外部审计与内部审计的总体目标是一致的。( )

【解析】外部审计与内部审计的总体目标是一致的，两者均是审计监督体系的有机组成部门。

25. 我国银行业监督管理部门对银行进行的检查属于审计。( )

【解析】我国银行业监督管理部门对银行进行的检查不属于审计，更谈不上是外部审计，而只是经济监督形式。

26. 金融监督管理机构是预防洗钱的第一道防线。( )

【解析】义务机构是预防洗钱的第一道防线，是司法机关打击洗钱及上游犯罪所需线索和证据的重要来源，是国家反洗钱工作体系不可或缺的重要组成部分。

27. 大额交易和可疑交易报告是反洗钱制度的核心。( )

【解析】大额交易和可疑交易报告是反洗钱制度的核心。银行等金融机构应当履行大额交易和可疑交易报告义务，通过其总部或者总部指定的一个机构，向中国反洗钱监测分析中心报送大额交易和可疑交易报告。

28. 对银行业金融机构来说，对交易记录的保存没有强制性要求。( )

【解析】对于银行业金融机构来说，交易记录的保存是一项强制性的法律义务。银行业金融机构应当按照安全、准确、完整、保密的原则，妥善保存客户身份资料和交易记录，确保能足以重现每项交易，以提供识别客户身份、监测分析交易情况、调查可疑交易活动和查处洗钱案件所需的信息。

29. 银行业金融机构破产或者解散时，对客户身份资料和交易记录可自行处理。( )

【解析】银行业金融机构破产或者解散时，应当将客户身份资料和交易记录移交国务院银行业监督管理机构指定的机构。

30. 对依法履行反洗钱职责或者义务获得的客户身份资料和交易信息，应当予以保密，非依法律规定，不得向任何单位和个人提供。( )[2019年6月真题]

【解析】《反洗钱法》明确规定，对依法履行反洗钱职责或者义务获得的客户身份资料和交易信息，应当予以保密；非依法律规定，不得向任何单位和个人提供。银行业金融机构应采取必要管理措施和技术措施，防止客户身份资料和交易记录的缺失、损毁，

21B 22B 23B 24A 25B 26B 27A 28B 29B 30A

防止泄露客户身份信息和交易信息。银行业金融机构及其工作人员应当履行法定义务，对客户资料和交易信息予以保密。

31. 银行业金融机构应制定与自身业务复杂程度相匹配的行为守则和覆盖各业务条线的行为细则，供全体从业人员遵循。(　　)

【解析】银行业金融机构应制定与自身业务复杂程度相匹配的行为守则和覆盖各业务条线的行为细则，供全体从业人员遵循。行为守则应包括但不限于从业人员的行为规范、禁止性行为及其问责处罚机制等。行为细则应符合不同业务条线的特点，突出各业务条线中关键岗位的行为要求，并重点关注该业务条线中的不当行为可能带来的潜在风险。

31A

第十章 经营绩效管理

一、单项选择题(以下各小题所给出的4个选项中，只有1项最符合题目要求，请将正确选项的代码填入括号内)

1. 在银行绩效考评中，经营效益类指标包括(　　)。[2023年10月真题]

A. 信用风险指标、操作风险指标、流动性风险指标

B. 利润指标、绿色信贷指标、营业费用指标

C. 利润指标、成本控制指标、风险调整后收益指标

D. 风险调整后收益指标、发展转型指标、所有者权益指标

【解析】经营效益类指标用于评价银行经营成果、经营效率和价值创造能力，包括利润指标、成本控制指标、风险调整后收益指标等。在经营效益类指标中，银行应以风险调整后收益指标为核心，确定合理的分值和权重。

2. 根据《金融企业财务规则》，商业银行固定资产账面价值和在建工程账面价值之和占净资产的比重最高不得超过(　　)。[2023年10月真题]

A. 40%　　B. 50%　　C. 30%　　D. 20%

【解析】根据《金融企业财务规则》第二十九条，金融企业固定资产账面价值和在建工程账面价值之和占净资产的比重，从事银行业务的最高不得超过40%，从事保险及其他非银行业务的最高不得超过50%。国家另有规定的，从其规定。

3. 银行业金融机构应当尊重银行业消费者的(　　)，包括公平、公正制定格式合同和协议文本，不得出现误导、默许等侵害银行业消费者合法权益的条款。[2024年6月真题]

A. 公平交易权　　B. 风险承受能力　　C. 安全权　　D. 知情权

【解析】银行业金融机构应当保障金融消费者公平交易权。金融机构不得设置违反公平原则的交易条件，在格式合同中不得加重金融消费者责任、限制或者排除金融消费者合法权利，不得限制金融消费者寻求法律救济途径，不得减轻、免除本机构损害金融消费者合法权益应当承担的民事责任。

4. 商业银行开展代理保险业务除互联网保险业务和电话销售保险业务外，在同一个会计年度内只能与不超过(　　)家保险公司开展保险代理业务合作。[2023年6月真题]

A. 2　　B. 4　　C. 5　　D. 3

【解析】商业银行开展代理保险业务，不得通过第三方网络平台开展保险代理业务；不得允许保险公司人员等非商业银行从业人员在商业银行营业场所从事保险销售相关活动，每个网点在同一会计年度内只能与不超过3家保险公司开展保险代理业务合作。

5. 《商业银行稳健薪酬监管指引》要求，商业银行的基本薪酬一般不高于其薪酬总额的(　　)。[2022年7月真题]

A. 45%　　B. 40%　　C. 30%　　D. 35%

1C　2A　3A　4D　5D

【解析】《商业银行稳健薪酬监管指引》要求，商业银行的基本薪酬一般不高于其薪酬总额的35%。

6. 金融会计对商业银行的经营活动有着重要影响，下列表述合理的是（　　）。[2019年6月真题]

A. 呆账准备金计提方法可以代替监管资本

B. 金融会计具有核算和经营管理功能

C. 金融会计不能用于银行的风险评估

D. 金融会计可以帮助银行逃避监管

【解析】金融会计具有核算和经营管理两项主要功能：①直接负责财务管理、损益计算和经济核算；②通过反映情况、提供信息、分析预测来实现计划管理、资金管理，对金融机构经营进行控制和调节。

7. 经营效益类指标用于评价银行业金融机构经营成果、经营效率和价值创造能力，包括（　　）等。[2016年10月真题]

A. 利润指标、成本控制指标、拨备覆盖率指标

B. 利润指标、成本控制指标、风险调整后的收益指标

C. 利润指标、风险调整后的收益指标、资产质量指标

D. 利润指标、资产质量指标、成本控制指标

【解析】经营效益类指标用于评价银行经营成果、经营效率和价值创造能力，包括利润指标、成本控制指标、风险调整后收益指标等。在经营效益类指标中，银行应以风险调整后收益指标为核心，确定合理的分值和权重。

8. 下列行为属于商业银行的外部营销行为的是（　　）。[2016年5月真题]

A. 电话销售　　B. 设立临时性摊位或路演地点

C. 柜台销售　　D. 互联网销售

【解析】根据《商业银行外部营销业务指导意见》第三条，外部营销是指银行在经监管部门批准的固定营业场所以外，由银行外部营销人员向消费者推介个人银行业务或零售银行业务的各类产品和服务的活动，包括：设立临时性摊位或路演地点、租用相对固定场所进行银行产品和服务介绍，外部营销人员上门造访与本银行尚无业务关系的客户等非实际交易性活动，不包括通过电话、互联网等渠道进行的实际销售活动或其他交易行为。

9. 绩效薪酬是商业银行支付给员工的业绩报酬和增收节支报酬，主要根据（　　）来确定。[2016年5月真题]

A. 当年经营业绩考核结果　　B. 同业水平

C. 员工工龄　　D. 劳动投入

【解析】根据《商业银行稳健薪酬监管指引》第七条，绩效薪酬是商业银行支付给员工的业绩报酬和增收节支报酬，主要根据当年经营业绩考核结果来确定。绩效薪酬应体现充足的各类风险与各项成本抵扣和银行可持续发展的激励约束要求。

6B　7B　8B　9A

10. 关于商业银行薪酬，下列表述错误的是(　　)。[2015 年 10 月真题]

A. 商业银行应制定有利于本行战略目标实施和竞争力提升与人才培养、风险控制相适应的薪酬机制

B. 商业银行绩效薪酬应体现充足的各类风险与各项成本抵扣和银行可持续发展的激励约束要求

C. 商业银行应建立有效薪酬监督机制，鼓励为员工或允许员工对递延兑现部分的薪酬购买薪酬保险和责任险

D. 商业银行应确保可变薪酬总额不会弱化本行持续增强资本基础的能力

【解析】根据《商业银行稳健薪酬监管指引》第四章第二十一条的规定，商业银行应建立有效薪酬监督机制，不得为员工或允许员工对递延兑现部分的薪酬购买薪酬保险、责任险等避险措施降低薪酬与风险的关联性。

11. (　　)策略的立足点不是放在争取新客户上，而是把精力花在挽留老客户上。[2015 年 10 月真题]

A. 情感营销　　B. 大众营销　　C. 分层营销　　D. 交叉营销

【解析】交叉营销是基于银行同客户的现有关系，向客户推荐银行的其他产品。交叉营销的立足点不是放在争取新客户上，而是把精力花在挽留老客户上，增加客户黏性。

12. 银行市场定位的步骤是(　　)。[2017 年 6 月真题]

A. 识别重要属性——定位选择——制定定位图——执行定位

B. 定位选择——制定定位图——识别重要属性——执行定位

C. 识别重要属性——制定定位图——定位选择——执行定位

D. 定位选择——识别重要属性——制定定位图——执行定位

【解析】市场定位是指商业银行设计并确定自身形象，决定向客户提供何种产品的行为过程。银行市场定位主要包括产品定位和银行形象定位两个方面，步骤如下：①识别重要属性；②制作定位图；③定位选择；④执行定位。

13. 商业银行高级管理人员以及对风险有重要影响岗位上的员工，其绩效薪酬的(　　)以上应采取延期支付的方式，且延期支付期限一般不少于 3 年。[2015 年 10 月真题]

A. 40%　　B. 45%　　C. 35%　　D. 50%

【解析】根据《商业银行稳健薪酬监管指引》第十六条，商业银行高级管理人员以及对风险有重要影响岗位上的员工，其绩效薪酬的 40% 以上应采取延期支付的方式，且延期支付期限一般不少于 3 年，其中，主要高级管理人员绩效薪酬的延期支付比例应高于 50%，有条件的应争取达到 60%。在延期支付时段中必须遵循等分原则，不得前重后轻。

14. 根据《银行业金融机构绩效考评监管指引》，银行业金融机构绩效考评指标包括(　　)。[2015 年 10 月真题]

A. 盈利能力指标、经营增长指标、资产质量指标

B. 合规经营类指标、资产负债结构调整指标、风险调整后的收益指标、发展转型类指

10C　11D　12C　13A　14C

标、社会责任类指标

C. 合规经营类指标、风险管理类指标、经营效益类指标、发展转型类指标、社会责任类指标

D. 资产利润指标、经营增长指标、国有资本保值增值率、清偿能力指标

【解析】根据《银行业金融机构绩效考评监管指引》第五条，银行业金融机构绩效考评指标包括五大类：合规经营类指标、风险管理类指标、经营效益类指标、发展转型类指标、社会责任类指标。

15. 绩效考评标准是指判断评价对象业绩优劣的基准。选择什么标准作为考评的基准取决于考评的(　　)。[2025 年 6 月真题]

A. 对象　　B. 目的　　C. 作用　　D. 主体

【解析】选择什么标准作为考评的基准取决于考评的目的。

16. 在市场上占有巨大份额同时能够不断保持主导地位的商业银行，可以采用的定位方式是(　　)。

A. 补缺式　　B. 追随式　　C. 主导式　　D. 指挥式

【解析】根据产品的市场规模、产品类型和技术手段等因素，可将定位方式分为主导式定位、追随式定位和补缺式定位。有些银行在市场上占有极大的份额，控制和影响其他商业银行的行为，同时，可以凭借资金规模充足、产品创新、反应速度快和营销网点广泛的优势，不断保持主导的地位，这类银行可以采用主导式定位。

17. 客户风险管理的手段除了风险预防，还有(　　)。

A. 风险控制　　B. 风险化解　　C. 风险补偿　　D. 风险消灭

【解析】客户风险管理手段包括风险预防和风险化解。风险预防是通过识别、分析和消除可能导致客户风险发生的各种直接因素和间接因素，达到防患于未然的目的；风险化解就是采取一定的手段来分散、削减和转移风险。

18. 以下不属于商业银行产品开发的方法的是(　　)。

A. 仿效法　　B. 交叉组合法　　C. 低成本法　　D. 创新法

【解析】银行应根据新产品的内容和特点，从本银行和目标市场出发，选择和确定适当的开发方法。产品开发的方法主要归纳为以下三种：①仿效法；②交叉组合法；③创新法。

19. 商业银行目前绩效考评体系中的核心指标是(　　)。

A. 资本充足率　　B. 净利润　　C. 存贷款比率　　D. 经济增加值

【解析】从国内外商业银行的最新实践看，经济增加值正成为商业银行考评体系中的核心指标。由于经济增加值指标涵盖了银行价值创造过程中的主要因素，充分考虑了财务成本、风险成本、资本成本，因此，以经济增加值为核心的绩效考评，把扣除风险拨备、资本成本后的盈利作为评价各行实际价值贡献的标准，可以促使各行更加注重结构优化，降低成本及经济资本占用，更加注重统筹风险控制与市场拓展，努力创造更多利润；可以准确地衡量企业经营业绩，有助于财务管理体系的统一。

15B　16C　17B　18C　19D

20. 在产品开发的几种方法中，能够帮助商业银行取得并保持领先地位的是(　　)。

A. 仿效法　　B. 创新法　　C. 交叉组合法　　D. 低成本法

【解析】创新法是指依据市场上出现的新需求，开发出能满足这种需求的新产品。随着科学技术和经济的发展，新的需求会不断涌现，创新的活动领域也越来越大。虽然创新法存在开发周期长、准备工作量大和费用较高的缺点，但此法是取得并保持市场领先地位的根本道路。

21. 当一家银行的实力范围狭窄、资源有限，或是面对强大的竞争对手的时候，它的可行性营销策略是(　　)。

A. 产品差异策略　　B. 大众营销策略　　C. 专业化策略　　D. 情感营销策略

【解析】专业化策略要求银行在所选市场的一个或几个部分中加强竞争力度。从根本上来说，专业化策略建立在对产业内一个狭窄的竞争范围的选择上。当一家银行的实力范围狭窄、资源有限，或是面对强大的竞争对手时，专业化策略可能就是它唯一可行的选择。

22. (　　)是各商业银行薪酬发放的主要依据。

A. 综合业务能力　　B. 绩效考评结果　　C. 工作时间　　D. 工作年限

【解析】从绩效考评结果的应用来看，绩效考评结果已成为各商业银行薪酬发放的主要依据，除了物质报酬之外，很多商业银行也将绩效考评结果同时作为员工个人培训、奖惩、晋升的重要参考，或作为对被考核单位或部门授权调整、资源分配的依据。

23. 以下不属于2017年修订的新会计准则的影响是(　　)。

A. 有利于企业加强金融资产和负债管理

B. 有利于提高企业利润率

C. 有利于推动企业加强风险管理

D. 有利于提高金融市场透明度

【解析】从总体上看，新会计准则(2017)对强化企业管理、促进资本市场健康发展、优化市场资源配置、提升金融监管效能意义重大，影响深远。其影响包括：①有利于企业加强金融资产和负债管理，夯实资产质量，切实保护投资者和债权人利益；②有利于推动企业加强风险管理，及时预警企业面临的金融风险，有效防范和化解金融风险；③有利于促进企业战略、业务、风控和会计管理的有机融合，全面提升企业管理水平和效率，促进企业转型升级；④有利于提高金融市场透明度，强化金融监管，提升监管效能。

二、多项选择题(以下各小题给出的5个选项中，至少有2项符合题目要求，请将符合题目要求选项的代码填入括号内)

1. 银行绩效考评指标中的合规经营类指标用于评价银行业金融机构遵守相关法律法规和规章制度、内部控制建设及执行的情况，包括(　　)等方面。[2018年10月真题]

A. 违规处罚　　B. 合规执行　　C. 内控评价　　D. 绿色信贷

E. 成本控制指标

20B　21C　22B　23B　┃　1ABC

【解析】合规经营类指标用于评价银行遵守相关法律法规和规章制度、内部控制建设及执行的情况，包括合规执行、内控评价、违规处罚等方面。D 项属于社会责任类指标；E 项属于经营效益类指标。

2. 风险管理类指标用于评价银行业金融机构风险状况及变动趋势，包括（　　）。［2018 年 6 月真题］

A. 声誉风险指标　　B. 流动性风险指标

C. 信用风险指标　　D. 操作风险指标

E. 市场风险指标

【解析】风险管理类指标用于评价银行风险状况及变动趋势，包括信用风险指标、操作风险指标、流动性风险指标、市场风险指标、声誉风险指标等。在计算风险管理类指标时，银行应当充分考虑考评对象风险分类、识别和计量的准确性。对于发生案件的考评对象，应当调低绩效考评等级。

3. 薪酬机制应当坚持的原则包括（　　）。［2016 年 5 月真题］

A. 薪酬激励与银行竞争能力相兼顾　　B. 薪酬激励与银行持续能力建设相兼顾

C. 薪酬机制与银行公司治理要求相统一　　D. 短期激励与长期激励相协调

E. 薪酬水平与风险成本调整后的经营业绩相适应

【解析】根据《商业银行稳健薪酬监管指引》第四条，商业银行应制定有利于本行战略目标实施和竞争力提升与人才培养、风险控制相适应的薪酬机制，并作为公司治理的主要组成部分之一。薪酬机制一般应坚持以下原则：①薪酬机制与银行公司治理要求相统一；②薪酬激励与银行竞争能力及银行持续能力建设相兼顾；③薪酬水平与风险成本调整后的经营业绩相适应；④短期激励与长期激励相协调。

4. 根据《银行业金融机构绩效考评监管指引》，银行业金融机构及其分支机构在设置考评指标、确定考评标准和分解考评指标时，不得有下列（　　）情形。［2015 年 10 月真题］

A. 设立时点性规模考评指标

B. 按照重要性和可比性原则对评价期间的基础数据申请进行适当调整

C. 设定没有具体目标值、单纯以市场份额或市场排名为要求的考评指标

D. 分支机构自行制定考评办法或提高考评标准及相关要求

E. 在综合绩效考评指标体系外设定单项或临时性考评指标

【解析】根据《银行业金融机构绩效考评监管指引》第十二条，银行业金融机构及其分支机构在设置考评指标、确定考评标准和分解考评指标时，应当符合审慎经营和与自身能力相适应的原则，不得有下列情形：①设立时点性规模考评指标；②在综合绩效考评指标体系外设定单项或临时性考评指标；③设定没有具体目标值、单纯以市场份额或市场排名为要求的考评指标；④分支机构自行制定考评办法或提高考评标准及相关要求。

5. 商业银行的促销方法包括（　　）。［2015 年 10 月真题］

A. 人员促销　　B. 有奖储蓄促销　　C. 广告促销　　D. 定向促销

E. 公共关系促销

2ABCDE　3ABCDE　4ACDE　5ACE

【解析】银行的促销方式主要有如下四种：广告、人员促销、公共宣传和公共关系以及销售促进。其中，销售促进的方式包括专有利益、配套服务和促销策略联盟等。

6. 根据产品的市场规模、产品类型和技术手段等因素，可将市场定位方式分为(　　)。
A. 补缺式定位　B. 追随式定位　C. 独立式定位　D. 指挥式定位
E. 主导式定位
【解析】根据产品的市场规模、产品类型和技术手段等因素，可将定位方式分为三种：①主导式定位；②追随式定位；③补缺式定位。市场定位最终需要通过各种沟通手段，如广告、员工着装、行为举止以及服务的态度、质量等传递出去，并为客户所认同。

7. 产品的开发管理是商业银行市场营销的起点，那么产品开发的目标是(　　)。
A. 提高商业银行的利率　B. 提高现有市场的占有率
C. 吸引现有市场之外的新客户　D. 以更低的成本提供相同或类似的产品
E. 降低商业银行的经营成本
【解析】产品开发的目标主要表现在以下三个方面：①提高现有市场的份额，例如增加交叉销售；通过推出新产品吸引竞争对手的核心客户；向现有市场的纵深方向发展，使产品系列不断扩大。②吸引现有市场之外的新客户。③以更低的成本提供同样或类似的产品。

8. 商业银行可以通过(　　)策略达到营销目的。
A. 低成本　B. 产品差异　C. 大众营销　D. 专业化
E. 单一营销
【解析】除了 ABCDE 五项之外，商业银行还可以通过情感营销策略、分层营销策略、交叉营销策略来达到营销的目的。

9. 合作营销渠道按场所分类，可分为(　　)。
A. 网点营销　B. 广告　C. 电子银行营销　D. 代理营销渠道
E. 登门拜访营销
【解析】按照营销渠道模式，营销渠道可分为：①自营营销渠道；②代理营销渠道；③合作营销渠道。其中，按照营销渠道场所分类，合作营销渠道可分为：①网点营销；②电子银行营销；③登门拜访营销。

10. 网点机构是银行业务人员面对面向客户销售产品的场所，营销渠道包括(　　)。[2016年10月真题]
A. 电子银行营销渠道　B. 全方位网点机构营销渠道
C. 专业性网点机构营销渠道　D. 高端化网点机构营销渠道
E. 法人网点机构营销渠道
【解析】网点机构目前仍然是银行最重要的营销渠道，网点机构根据对客户定位的不同而存在差异，主要有：①全方位网点机构营销渠道；②专业性网点机构营销渠道；③高端化网点机构营销渠道；④法人网点机构营销渠道。

6ABE　7BCD　8ABCDE　9ACE　10BCDE

11. 商业银行的“展业三原则”是指(　　)。

A. “了解你的客户”　　B. “了解你的业务”

C. “了解你的银行”　　D. “尽职调查”

E. “扩张市场份额”

【解析】在客户信息管理方面，商业银行要充分了解自己的客户。“了解你的客户”“了解你的业务”和“尽职调查”，合称商业银行“展业三原则”。这三项原则如今在《反洗钱法》及其各类规范、指引中也都作为基本原则，日益成为监管机构对商业银行开展业务、控制风险、宏观审慎监管的基本指导原则。

12. 商业银行绩效考评的原则有(　　)。

A. 稳健经营　　B. 合规引领　　C. 战略导向　　D. 综合平衡

E. 统一执行

【解析】就绩效考评而言，一般应当坚持以下原则：①稳健经营。银行应当树立稳健绩效观，确定稳健的发展战略和经营计划，制定稳健的绩效考评目标和具体指标。②合规引领。绩效考评应当体现监管要求，促进合规经营和有序竞争，培养合规文化，维护良好市场秩序。③战略导向。绩效考评应当以发展战略为导向，以经营计划为目标，通过科学合理的绩效考评，坚持既定市场定位，执行既定发展战略，实现差异化发展、内涵式发展、均衡性发展，提高服务实体经济的能力。④综合平衡。银行应当统筹业务发展与风险防控，建立兼顾效益与风险、财务因素与非财务因素、当期成果与可持续发展的绩效考评指标体系，全面客观地实施绩效考评。⑤统一执行。银行应当建立有效的考评管理机制，注重绩效考评的过程和质量管理，强化绩效考评政策和制度的执行力和约束力，确保经营管理要求逐级传导的一致性。

13. 下列哪些要素的设置是建立绩效考评指标体系的核心？(　　)

A. 主体　　B. 客体　　C. 目标　　D. 指标

E. 奖惩

【解析】一个完整的绩效考评体系包括评价主体、客体、目标、指标、标准、方法、反馈及奖惩等多种要素。其中，目标、指标、标准、方法等要素的设置是建立考评指标体系的核心，集中反映考评主体的经营目标和管理思路。

14. 商业银行绩效考评体系的结果通常被应用于(　　)方面。

A. 战略目标审视　　B. 企业文化建设

C. 资源配置　　D. 人力资源管理运用

E. 制度建设

【解析】由于综合考评结果可以反映被考评对象的整体经营情况，它通常被应用于战略目标审视、资源配置、人力资源管理运用、制度建设及企业文化建设等方面。

15. 商业银行绩效考评结果的应用至少应当包括以下(　　)方面。

A. 评定等级行　　B. 确定管理授权

C. 分配信贷资源和财务费用　　D. 核定绩效薪酬总额

11ABD　12ABCDE　13CD　14ABCDE　15ABCDE

E. 评价高级管理人员和确定其绩效薪酬

【解析】银行业金融机构应当加强绩效考评结果的应用管理，建立科学合理的绩效考评结果挂钩机制。绩效考评结果的应用至少应当包括以下方面：①评定等级行；②确定管理授权；③分配信贷资源和财务费用；④核定绩效薪酬总额；⑤评价高级管理人员和确定其绩效薪酬。

16. 商业银行的财务管理总体可以分成哪几个部分？(　　)

A. 财产管理　　B. 外部资金管理

C. 成本管理　　D. 银行损益管理

E. 银行内部资金管理

【解析】商业银行的财务管理主要包括处理资本来源和成本、管理银行资金、制定费用预算、进行审计、财务控制、进行税收和风险管理等具体内容，总体可以分成三部分：①财产管理；②银行内部资金管理；③银行损益管理。

17. 商业银行财务管理的原则包括(　　)。

A. 平衡原则　　B. 相等原则　　C. 弹性原则　　D. 比例原则

E. 优化原则

【解析】商业银行财务管理的原则一般包括如下几项：①平衡原则，为了优化财务状况，必须保持财务活动的各方面平衡；②弹性原则，在追求准确和节约的同时留有合理的伸缩余地；③比例原则，通过各因素之间的比例关系来发现管理中存在的问题，采取相应的措施使有关比例趋于合理；④优化原则，财务管理过程是一个不断地进行分析比较和选择以实现最优的过程。

18. 下列属于商业银行绩效考评的基本要素的有(　　)。

A. 评价主体　　B. 评价对象　　C. 评价指标　　D. 评价标准

E. 评价报告

【解析】银行应建立有助于绩效考评的信息系统，其作为银行价值管理系统一个重要的子系统，主要由以下几个基本要素构成：①评价目标；②评价对象；③评价指标；④评价标准；⑤评价报告。

19. 由于金融企业的行业特殊性，金融企业会计同其他行业相比有自身的特殊性，其特殊性主要体现在(　　)。

A. 核算内容的社会性　　B. 核算方法的独特性

C. 监督的政策性　　D. 内部控制的严密性

E. 核算主体的专业性

【解析】金融会计的特殊性体现在：①核算内容的社会性，金融企业的会计核算主要是指金融企业和国民经济各部门、各企业和个人之间经济往来的会计核算，具有广泛的社会性；②核算方法的独特性；③监督的政策性，目前我国对金融企业是通过分业立法进行管理的；④内部控制的严密性，金融企业必须建立健全科学有效且严密的内部控制制度。

16ADE　17ACDE　18BCDE　19ABCD

20. 商业银行在销售理财产品时，以下行为正确的是(　　)。

A. 宣传或承诺保本保收益

B. 引导投资者购买与其风险承受能力相匹配的理财产品

C. 宣传销售文本全面、如实、客观地反映理财产品的重要特性

D. 宣传理财产品预期收益率

E. 充分披露理财产品类型、投资组合等信息

【解析】《商业银行理财业务监督管理办法》强调：①商业银行销售理财产品不得宣传或承诺保本保收益，不得误导投资者购买与其风险承受能力不相匹配的理财产品；②商业银行理财产品宣传销售文本应当全面、如实、客观地反映理财产品的重要特性，充分披露理财产品类型、投资组合、估值方法、托管安排、风险和收费等重要信息，所使用的语言表述必须真实、准确和清晰；③商业银行发行理财产品，不得宣传理财产品预期收益率，在理财产品宣传销售文本中只能登载该理财产品或者本行同类理财产品的过往平均业绩和最好、最差业绩，并以醒目文字提醒投资者“理财产品过往业绩不代表其未来表现，不等于理财产品实际收益，投资需谨慎”。

21. 绩效管理所应用的工具方法一般包括(　　)。

A. 关键绩效指标法

B. 经济增加值法

C. 奖惩法

D. 平衡计分卡

E. 股权激励

【解析】绩效管理所应用的工具方法，一般包括关键绩效指标法(KPI)、经济增加值法、平衡记分卡(BSC)、股权激励等。银行可根据自身战略目标、业务特点和管理需要，单独或者综合运用工具方法构建指标体系。

22. 监管部门对商业银行绩效管理的主要关注点包括(　　)。

A. 年度经营计划的审慎性

B. 绩效考评目标与年度经营计划的吻合性

C. 绩效考评指标设置与上级机构考评要求的一致性

D. 业务归属和会计核算的准确性

E. 财务数据和管理信息和规范性

【解析】根据《银行业金融机构绩效考评监管指引》等系列指导意见，监管部门对商业银行绩效管理的主要关注点有：①在激励约束机制方面，是否建立健全对董事和监事的履职评价体系、明确董事和监事的履职标准，高级管理人员绩效考核标准、程序等激励约束机制是否公正透明等；②年度经营计划的审慎性；③绩效考评目标与年度经营计划的吻合性；④绩效考评指标设置与上级机构考评要求的一致性；⑤业务归属和会计核算的准确性；⑥财务数据和管理信息的规范性；⑦是否将绩效考评管理纳入内部审计；⑧是否将商业银行绩效考评实施情况纳入年度监管评价。

三、判断题(判断以下各小题的对错，正确的用A表示，错误的用B表示)

1. 2017年《企业会计准则第22号——金融工具确认和计量》修订后，要求基于过去、现在和前瞻性信息，按照“预期损失法”计提金融资产减值准备。将推动企业建立以信用数据

20BCE　21ABDE　22ABCDE　▌　1A

和评价为基础的信用风险管理体系，提升应对信用风险事件和信用损失的能力。（　　）[2024 年 6 月真题]

【解析】新准则要求基于过去、现在和前瞻性信息，按照“预期损失法”计提金融资产减值准备，将推动企业建立以信用数据和评价为基础的信用风险管理体系，提升应对信用风险事件和信用损失的能力；新准则要求对相关金融资产和金融负债采用公允价值计量，从而可以及时预警和反映金融资产和金融负债面临的市场风险等金融风险，提高企业风险识别、计量、防范和控制能力；新准则更加强调套期会计与企业风险管理活动的有机结合，使企业能够更好地利用各种金融工具管理企业所面临的各种风险。

2. 在绩效考评时，对于经营效益类指标，银行业金融机构应当以利润指标为核心，确定合规的分值和权重。（　　）[2020 年 10 月真题]

【解析】经营效益类指标用于评价银行经营成果、经营效率和价值创造能力，包括利润指标、成本控制指标、风险调整后收益指标等。在经营效益类指标中，银行应以风险调整后收益指标为核心，确定合理的分值和权重。

3. 在计算绩效考评监管指标中的风险管理类指标时，银行业金融机构应当充分考虑考评对象风险分类、识别和计量的准确性。（　　）[2018 年 10 月真题]

【解析】在计算风险管理类指标时，银行应当充分考虑考评对象风险分类、识别和计量的准确性。对于发生案件的考评对象，应当调低绩效考评等级。

4. 根据《商业银行稳健薪酬监管指引》的规范，鼓励商业银行设立保底奖金，保底奖金适用于员工入职第一年的薪酬发放。（　　）[2016 年 5 月真题]

【解析】根据《商业银行稳健薪酬监管指引》第六条，商业银行应科学设计职位和岗位，合理确定不同职位和不同岗位的薪酬标准。不鼓励商业银行设立保底奖金，如果确有实际需要，保底奖金只适用于新雇佣员工入职第一年的薪酬发放。

5. 银行业金融机构应当根据考评对象的经营地域、客户结构、市场需求以及服务能力，合理确定发展转型类指标。（　　）。[2015 年 10 月真题]

【解析】银行应当根据考评对象的经营地域、客户结构、市场需求以及服务能力，合理确定发展转型类指标。对于以贷转存、以贷收费和转嫁成本等不规范经营的考评对象，应当调低发展转型类指标的考评得分。

6. 客户经理是联结银行与客户之间的桥梁。（　　）

【解析】客户经理是联结银行与客户之间的桥梁，其职能应当是及时沟通信息，推动新产品或服务的顺利实施，维护银行与客户关系的正常化及其稳定和发展。一旦出现问题，客户经理就应当立即解决。

7. 按营销渠道模式分类，营销渠道可分为自营营销渠道和代理营销渠道。（　　）

【解析】营销渠道即分销渠道，指的是产品或服务从制造商手中传至消费者手中所经过的各中间商连接起来的通道。按营销渠道模式分类，可分为自营营销渠道、代理营销渠道和合作营销渠道。合作营销是银行开展跨区域营销的主要业务拓展方式之一，银团贷款

2B　3A　4B　5A　6A　7B

就是典型的合作营销。

8. 销售促进作为银行促销的一种方式，也是一种价格手段。(　　)

【解析】销售促进是一种非价格竞争手段。银行在同业竞争中一般都设法避免进行直接的价格竞争，如利率竞争和费用竞争，因为其结果常常导致两败俱伤。

9. 相对业绩标准日益成为发达国家商业银行绩效评价标准的重要选择。(　　)

【解析】外部标准也称相对业绩标准，是指以其他银行的业绩作为标杆或参照系，由此对被评价者作出评价。相对业绩标准能够剔除行业发展中的环境不确定性，有利于提高激励的效率和效果，而且有助于强化竞争意识，并为竞争提供恰当线索，实现银行未来业绩的持续改善。所以，随着 20 世纪 80 年代以来整个银行业环境不确定性的增加，以及银行业竞争的加剧，相对业绩标准日益成为发达国家商业银行绩效评价标准的重要选择。

10. 从广义上理解，商业银行财务管理只包括成本管理、费用管理、预算管理、财务分析等内容。(　　)

【解析】从狭义上理解，商业银行财务管理只包括成本管理、费用管理、预算管理、财务分析等内容。从广义上理解，商业银行财务管理是指商业银行根据内外部经营环境和自身业务发展的要求，包含了预算管理、资产负债管理、资本管理、成本管理、风险管理、业绩评价等商业银行管理的主要内容。

11. 金融会计作为我国会计体系的主体，其主要功能是核算。(　　)

【解析】金融会计具有核算和经营管理两项主要功能，一方面直接负责财务管理、损益计算和经济核算；另一方面通过反映情况、提供信息、分析预测来实现计划管理、资金管理，对金融机构经营进行控制和调节。

12. 商业银行开展代理保险业务，可以允许保险公司人员派驻银行网点。(　　)

【解析】商业银行开展代理保险业务，不得允许保险公司人员等非商业银行从业人员在商业银行营业场所从事保险销售相关活动，每个网点在同一会计年度内只能与不超过 3 家保险公司开展保险代理业务合作。

13. 商业银行进行财务管理，需建立健全内部财务管理制度，设置财务管理职能部门，配备专业财务管理人员。(　　)

【解析】《金融企业财务规则》要求金融企业根据本规则的规定，以及自身发展的需要，建立健全内部财务管理制度，设置财务管理职能部门，配备专业财务管理人员，综合运用规划、预测、计划、预算、控制、监督、考核、评价和分析等方法，筹集资金，营运资产，控制成本，分配收益，配置资源，反映经营状况，防范和化解财务风险，实现持续经营和价值最大化。

14. 商业银行在固定营业场所以外，由外部营销人员向消费者推介个人银行业务或零售银行业务的各类产品和服务的外部营销业务不需向所在地监管机构报告。(　　)

【解析】商业银行在固定营业场所以外，由外部营销人员向消费者推介个人银行业务或

8B　9A　10B　11B　12B　13A　14B

零售银行业务的各类产品和服务的外部营销业务也应向所在地监管机构报告。《商业银行外部营销业务指导意见》中明确的这些活动包括：设立临时性摊位或路演地点、租用相对固定场所进行银行产品和服务介绍，外部营销人员上门造访与本银行尚无业务关系的客户等非实际交易性活动。

15. 2017 年新会计准则要求基于过去、现在和前瞻性信息，按照“实际损失法”计提金融资产减值准备。(　　)

【解析】新准则要求基于过去、现在和前瞻性信息，按照“预期损失法”计提金融资产减值准备，将推动企业建立以信用数据和评价为基础的信用风险管理体系，提升应对信用风险事件和信用损失的能力。

16. 商业银行薪酬管理通常包括薪酬管理体制，绩效考评和薪酬管理两个方面的内容。(　　)

【解析】薪酬管理执行不力，则可能导致激励扭曲，助长过度承担风险行为，导致不规范经营和无序竞争。商业银行薪酬管理通常包括薪酬管理体制、薪酬结构体系、绩效考评和薪酬管理三个方面的基本内容。

15B　16B

第十一章　开发性金融机构与政策性银行业务与监管

一、**单项选择题**(以下各小题所给出的4个选项中，只有1项最符合题目要求，请将正确选项的代码填入括号内)

1. 下列不属于开发性金融机构与政策性银行的是(　　)。

A. 国家开发银行　　B. 中国银行

C. 中国进出口银行　　D. 中国农业发展银行

【解析】目前，开发性金融机构与政策性银行是指国家开发银行、中国进出口银行和中国农业发展银行，这三家银行应坚守开发性和政策性金融定位。

2. 中国进出口银行董事会应当每(　　)或必要时制订业务范围及业务划分调整方案，按规定履行相关程序。

A. 一年　　B. 两年　　C. 三年　　D. 四年

【解析】中国进出口银行应根据依法确定的服务领域和经营范围开展政策性业务和自营性业务。中国进出口银行董事会应当每三年或必要时制订业务范围及业务划分调整方案，按规定履行相关程序。

3. 下列不属于中国农业发展银行的经营范围的是(　　)。

A. 办理保函、信用证、福费廷等其他方式的贸易融资业务

B. 办理棚户区改造和农民集中住房建设贷款

C. 办理农业农村基础设施和水利建设、流通体系建设贷款

D. 办理县域城镇建设、土地收储类贷款

【解析】A项属于中国进出口银行的经营范围。

4. 开发性金融机构和政策性银行的高级管理层按照本行章程及董事会授权开展经营管理活动，对(　　)负责。

A. 股东大会　　B. 行长　　C. 执行董事　　D. 董事会

【解析】开发性金融机构和政策性银行不设股东大会。高级管理层按照本行章程及董事会授权开展经营管理活动，对董事会负责。

5. 开发性金融机构和政策性银行应当根据需要外聘符合国家有关规定的审计机构对公司治理、内部控制、经营管理及财务状况进行审计，审计结果应当报送(　　)。

A. 银行业监督管理机构　　B. 中国人民银行

C. 证监会　　D. 国务院

【解析】开发性金融机构和政策性银行应当向银行业监督管理机构报送审计工作情况和审计报告。开发性金融机构和政策性银行应当根据需要外聘符合国家有关规定的审计机构对公司治理、内部控制、经营管理及财务状况进行审计。审计结果应当报送银行业监督

1B　2C　3A　4D　5A

管理机构。

6. 下列关于开发性金融机构和政策性银行内部控制的说法，错误的是(　　)。
   A. 开发性金融机构和政策性银行应当强化内控管理、风险管理、合规管理、内部审计部门的职能，保障其履职独立性
   B. 开发性金融机构和政策性银行应当按照统一管理、差别授权、动态调整、权责一致的原则，建立有利于管控风险和开展政策性业务的授权体系
   C. 实行全部岗位轮岗或强制休假制度和不相容岗位分离制度
   D. 开发性金融机构和政策性银行应当向银行业监督管理机构报送审计工作情况和审计报告

【解析】C 项，实行重要岗位轮岗或强制休假制度和不相容岗位分离制度。

7. 银行业监督管理机构按照有关规定对开发性金融机构和政策性银行的资本充足率及其管理情况实施监督检查，不包括(　　)。
   A. 全面风险管理框架　　B. 责令控制风险资产增长
   C. 资本充足率计量准确性　　D. 各类风险及压力测试情况

【解析】银行业监督管理机构按照有关规定对开发性金融机构和政策性银行的资本充足率及其管理情况实施监督检查，主要包括全面风险管理框架、资本充足率计量准确性、各类风险及压力测试情况等。开发性金融机构和政策性银行资本充足率未达到监管要求时，银行业监督管理机构有权根据具体情况采取责令控制风险资产增长、责令暂停自营性业务、限制分配红利和其他收入、停止批准增设机构等监管措施。

二、多项选择题(以下各小题给出的 5 个选项中，至少有 2 项符合题目要求，请将符合题目要求选项的代码填入括号内)

1. 目前，国家开发银行的经营范围包括(　　)。
   A. 吸收对公存款　　B. 办理国内外结算
   C. 买卖政府债券、金融债券、信用债券　　D. 发放短期、中期和长期贷款
   E. 办理票据承兑与贴现

【解析】除了 ABCDE 五项之外，国家开发银行的经营范围还包括：①委托贷款；②依托中小金融机构发放转贷款；③发行金融债券和其他有价证券；④代理发行，代理兑付，承销政府债券、金融债券和信用债券；⑤从事同业拆借；⑥买卖、代理买卖外汇；⑦办理结汇、售汇业务；⑧开展自营和代客衍生品业务；⑨提供信用证服务及担保；⑩代理收付款项及代理保险业务；⑪提供保管箱服务；⑫资产管理业务；⑬资产证券化业务；⑭顾问咨询；⑮海外分支机构在开发银行授权范围内经营当地法律许可的银行业务；⑯子行(子公司)依法开展投资和投资管理、证券、金融租赁、银行、资产管理等业务；⑰经国务院银行业监督管理机构批准的其他业务。

2. 开发性金融机构和政策性银行应遵循各治理主体(　　)的原则。
   A. 独立运作　　B. 有效制衡　　C. 科学管理　　D. 相互合作
   E. 协调运转

6C　7B　　**Ⅱ**　　1ABCDE　2ABDE

【解析】开发性金融机构和政策性银行应当按照现代金融企业制度，结合开发性金融和政策性金融机构特点，遵循各治理主体独立运作、有效制衡、相互合作、协调运转的原则，构建决策科学、执行有力、监督有效的公司治理机制。

3. 下列关于开发性金融机构和政策性银行风险管理的说法，正确的是(　　)。
A. 开发性金融机构和政策性银行应当结合业务特点和风险补偿方式，有效识别、计量、监测和控制各项业务面临的信用风险
B. 按照相关规定确定会计并表、资本并表和风险并表管理范围，并将各类表内外、境内外、本外币业务纳入并表管理范围
C. 开发性金融机构和政策性银行应当主动、有效防范声誉风险，制定完善声誉风险监测机制、应急预案和处置措施
D. 开发性金融机构和政策性银行应当建立压力测试体系，定期开展压力测试
E. 压力测试应当覆盖各类风险和表内外主要业务领域，不考虑各类风险间的相互影响
【解析】E 项，压力测试应当覆盖各类风险和表内外主要业务领域，并考虑各类风险间的相互影响。压力测试结果应当运用于风险管理和各项经营管理决策。

4. 开发性金融机构和政策性银行应当建立授权体系，授权范围和大小应当统筹考虑各分支机构和各部门的(　　)。
A. 信用评级　B. 经营能力　C. 管理水平　D. 风险状况
E. 业务发展需要
【解析】开发性金融机构和政策性银行应当按照统一管理、差别授权、动态调整、权责一致的原则，建立有利于管控风险和开展政策性业务的授权体系。授权范围和大小应当统筹考虑各分支机构和各部门的经营能力、管理水平、风险状况与业务发展需要。

5. 当资本充足率不足时，应当通过(　　)等措施，确保资本充足率达到监管标准。
A. 优化资产结构　B. 盘活资产存量
C. 减少或免予分红　D. 利润转增资本
E. 国家追加注资
【解析】当资本充足率不足时，应当通过优化资产结构、盘活资产存量、减少或免予分红、利润转增资本、国家追加注资、发行符合监管要求的各类资本补充工具等措施，确保资本充足率达到监管标准。

6. 开发性金融机构和政策性银行应当建立科学的绩效考核体系，对于开发性或政策性业务，应当侧重对(　　)的考核。
A. 风险管理　B. 依法合规　C. 合规经营　D. 履职尽责
E. 服务国家战略成效
【解析】开发性金融机构和政策性银行应当结合本行职能定位、发展战略、业务特点以及风险偏好等因素，建立科学的绩效考核体系，合理确定绩效考核的定性、定量指标及权重。对于开发性或政策性业务，应当侧重对依法合规、履职尽责、服务国家战略成效的考核；对于商业性或自营性业务，应当侧重对风险管理、合规经营以及可持续发展能力

3ABCD　4BCDE　5ABCDE　6BDE

的考核。

7. 银行业监督管理机构对开发性金融机构和政策性银行实施持续的非现场监管，包括(　　)。

A. 依法收集董事会会议记录和决议等文件

B. 对开发性金融机构和政策性银行的经营状况、风险特点和发展趋势进行监测分析

C. 建立监管评估制度和机制

D. 通过审慎监管会谈、监管通报、监管意见书等形式向开发性金融机构和政策性银行反馈监管情况

E. 定期对非现场监管工作进行总结

【解析】银行业监督管理机构对开发性金融机构和政策性银行实施持续的非现场监管，包括但不限于以下事项：①依法收集董事会会议记录和决议等文件，要求开发性金融机构和政策性银行报送各类报表、经营管理资料、内控评价报告、风险分析报告、内审工作计划、内审工作报告、整改报告、外部审计报告以及监管需要的其他资料，派员列席经营管理工作会议和其他重要会议；②对开发性金融机构和政策性银行的经营状况、风险特点和发展趋势进行监测分析，实现对各类风险的及早发现、及时预警和有效监管；③建立监管评估制度和机制，对开发性金融机构和政策性银行执行国家政策、公司治理、风险管理、内部控制、资本管理以及问题整改等情况开展专项或综合评估；④通过审慎监管会谈、监管通报、监管意见书等形式向开发性金融机构和政策性银行反馈监管情况，提出监管要求，并对整改情况进行后续评估；⑤定期对非现场监管工作进行总结，对开发性金融机构和政策性银行的经营状况、风险特点和发展趋势进行分析，形成监管报告。

8. 中国农业发展银行主要服务领域包括(　　)。

A. 维护国家粮食安全　　B. 脱贫攻坚

C. 外经贸发展　　D. 促进农业农村现代化

E. 改善农村基础设施建设

【解析】中国农业发展银行应坚持政策性金融定位，依托国家信用，服务经济社会发展的重点领域和薄弱环节，主要服务维护国家粮食安全、脱贫攻坚、实施乡村振兴战略、促进农业农村现代化、改善农村基础设施建设等领域，在农村金融体系中发挥主体和骨干作用。C 项属于中国进出口银行的服务领域。

三、判断题(判断以下各小题的对错，正确的用 A 表示，错误的用 B 表示)

1. 中国农业发展银行可以吸收县域范围内的单位存款。(　　)

【解析】中国农业发展银行的经营范围包括：办理粮食、棉花、油料、食糖、猪肉、化肥等重要农产品收购、储备、调控和调销贷款，办理农业农村基础设施和水利建设、流通体系建设贷款，办理农业综合开发、生产资料和农业科技贷款，办理棚户区改造和农民集中住房建设贷款，办理易地扶贫搬迁、贫困地区基础设施、特色产业发展及专项扶贫贷款，办理县域城镇建设、土地收储类贷款，办理农业小企业、产业化龙头企业贷款，组织或参加银团贷款，办理票据承兑和贴现等信贷业务；吸收业务范围内开户企事业单

7ABCDE　8ABDE　❙　1A

位的存款，吸收县域范围内的单位存款，吸收财政存款，发行金融债券；办理结算、结售汇和代客外汇买卖业务，按规定设立财政支农资金专户并代理拨付有关财政支农资金，买卖、代理买卖和承销债券，从事同业拆借、存放，代理收付款项及代理保险，资产证券化，企业财务顾问服务，经批准后可通过与租赁公司、涉农担保公司和涉农股权投资公司合作等方式开展涉农业务；经国务院银行业监督管理机构批准的其他业务。

2. 中国进出口银行应坚持政策性金融定位，依托国家信用，紧紧围绕国家战略，充分发挥政策性金融机构在支持国民经济发展方面的重要作用，重点支持外经贸发展、对外开放、国际合作、“走出去”等领域。(　　)

【解析】中国进出口银行的职能定位是：应坚持政策性金融定位，依托国家信用，紧紧围绕国家战略，充分发挥政策性金融机构在支持国民经济发展方面的重要作用，重点支持外经贸发展、对外开放、国际合作、“走出去”等领域。

3. 国家开发银行应根据依法确定的服务领域和经营范围开展业务，以政策性业务为主，辅以商业性业务。(　　)

【解析】国家开发银行应根据依法确定的服务领域和经营范围开展业务，以开发性业务为主，辅以商业性业务。

4. 开发性金融机构和政策性银行应当建立与业务性质、规模和复杂程度相适应的市场风险管理体系，充分识别、准确计量、持续监测和有效控制各项业务的市场风险，确保可持续经营。所承担的市场风险水平应当与市场风险管理能力和资本实力相匹配。(　　)

【解析】开发性金融机构和政策性银行应当结合业务特点和风险补偿方式，有效识别、计量、监测和控制各项业务面临的信用风险；应当建立与业务性质、规模和复杂程度相适应的市场风险管理体系，充分识别、准确计量、持续监测和有效控制各项业务的市场风险，确保可持续经营。所承担的市场风险水平应当与市场风险管理能力和资本实力相匹配。

5. 内部控制评价由董事会指定的部门组织实施，至少每半年开展一次，年度内部控制评价报告应当报送银行业监督管理机构。(　　)

【解析】内部控制评价由董事会指定的部门组织实施，至少每年开展一次，年度内部控制评价报告应当报送银行业监督管理机构。

6. 开发性金融机构和政策性银行应当建立独立、水平管理的内部审计体系及相应的报告制度和报告路径。(　　)

【解析】开发性金融机构和政策性银行应当建立独立、垂直管理的内部审计体系及相应的报告制度和报告路径。

7. 开发性金融机构和政策性银行应当以服务国家战略、实现可持续发展为导向，以保障开发性和政策性业务为原则，建立市场化的人力资源管理体制，健全激励约束机制，完善绩效考核和问责机制。(　　)

【解析】在激励约束方面，开发性金融机构和政策性银行应当以服务国家战略、实现可持

2A　3B　4A　5B　6B　7A

续发展为导向，以保障开发性和政策性业务为原则，建立市场化的人力资源管理体制，健全激励约束机制，完善绩效考核和问责机制。

8. 银行业监督管理机构依法对开发性金融机构和政策性银行的公司治理、风险管理、内部控制、资本管理、业务活动和风险状况等开展非现场检查。(　　)

【解析】银行业监督管理机构依法对开发性金融机构和政策性银行的公司治理、风险管理、内部控制、资本管理、业务活动和风险状况等开展现场检查。

9. 中国进出口银行应坚持政策性金融定位，充分发挥政策性金融机构在支持国民经济发展方面的重要作用。(　　)

【解析】中国进出口银行应坚持政策性金融定位，依托国家信用，紧紧围绕国家战略，充分发挥政策性金融机构在支持国民经济发展方面的重要作用，重点支持外经贸发展、对外开放、国际合作、“走出去”等领域。

8B　9A

第十二章　金融资产管理公司业务与监管

一、单项选择题(以下各小题所给出的4个选项中，只有1项最符合题目要求，请将正确选项的代码填入括号内)

1. 根据《不良金融资产处置尽职指引》，下列处置方式不属于债权重组的是(　　)。[2022年7月真题]

A. 资产置换　　B. 修改债务条款　　C. 以物抵债　　D. 破产清偿

【解析】在处置环节中，金融资产管理公司主要采取的处置方式包括债权重组、债转股、资产置换、以股抵债、以物抵债、正常清收、诉讼追偿、出售、资产证券化和委托处置等以及上述多种方式的组合。根据《不良金融资产处置尽职指引》第二十七条规定，对债权进行重组的，包括以物抵债、修改债务条款、资产置换等方式或其组合。

2. 金融资产管理公司的主要业务有(　　)。[2016年10月真题]

A. 发行金融债券　　B. 收购、管理和处置金融企业的不良资产
C. 贷款业务　　D. 债权转股权

【解析】金融资产管理公司集团的母公司主要经营不良资产业务、投资业务和中间业务等，其中，不良资产业务是金融资产管理公司的传统业务和核心业务。

3. 下列业务中不属于金融资产管理公司范围的是(　　)。[2017年10月真题]

A. 信贷业务　　B. 中间业务
C. 不良债权转股权　　D. 收购、管理和处置金融企业的不良资产

【解析】金融资产管理公司集团的母公司主要经营不良资产业务、投资业务和中间业务等。不良资产业务是指金融资产管理公司根据市场原则购买转让方的不良资产，并通过资产转让、资产重组、追加投资等方式，对收购的债权资产进行经营、管理和处置，最终实现价值提升。与不良资产相关的投资业务主要包括在处置不良资产过程中获取的股权、不良资产追加投资及银行业监督管理机构规定或认可的其他形式投资业务。其中，处置不良资产过程中获取的股权业务，主要包括不良债权转股权、主动实施的以股抵债、司法裁定的被动以股抵债等方式。

4. 我国的金融资产管理公司不包括(　　)。

A. 中国信用资产管理公司　　B. 中国东方资产管理公司
C. 中国长城资产管理公司　　D. 中国华融资产管理公司

【解析】金融资产管理公司，是指1999年我国先后成立的中国信达资产管理公司、中国东方资产管理公司、中国长城资产管理公司和中国华融资产管理公司。

5. (　　)是金融资产管理公司的核心业务。[2021年10月真题]

A. 中间业务　　B. 投资业务　　C. 不良资产业务　　D. 贷款业务

【解析】金融资产管理公司集团的母公司主要经营不良资产业务、投资业务和中间业务

1D　2B　3A　4A　5C

等，其中，不良资产业务是金融资产管理公司的传统业务和核心业务。

6. 不良资产不包括(　　)类贷款。

A. 关注　　B. 次级　　C. 可疑　　D. 损失

【解析】不良资产主要包括贷款五级分类中划分为次级、可疑和损失类的资产，以及银行认定的包括表外项目中的直接信用替代项目在内的其他各类不良资产。

二、多项选择题(以下各小题给出的5个选项中，至少有2项符合题目要求，请将符合题目要求选项的代码填入括号内)

1. 金融资产管理公司的基本功能定位有(　　)。

A. 财富创造的领导者　　B. 不良资产管理和处置市场的培育者

C. 各类存量资产的盘活者　　D. 多元化金融服务的实践者

E. 内部控制的实施者

【解析】金融资产管理公司最初的核心功能是防范和化解金融风险，充当经济金融体系的"稳定器"、金融风险的"防火墙"和金融危机的"救火队"。随着金融资产管理公司商业化改革转型的逐步推进，其功能定位的内涵也在不断扩展，具体包括：①不良资产管理和处置市场的培育者；②各类存量资产的盘活者；③多元化金融服务的实践者。

2. 在金融类不良资产的处置环节中，金融资产管理公司主要采取的处置方式有(　　)。

A. 债权重组　　B. 债转股　　C. 资产置换　　D. 以股抵债

E. 以物抵债

【解析】金融类不良资产的处置环节中，除上述5种处置方式外，还包括正常清收、诉讼追偿、出售、资产证券化和委托处置等以及上述多种方式的组合。

3. 商业银行等金融机构向金融资产管理公司批量转让不良资产的好处有(　　)。

A. 及时化解信贷风险　　B. 降低不良贷款率

C. 提高风险资产处置效率　　D. 隔离道德风险

E. 提前预防和化解经济金融领域的系统性风险

【解析】在不良资产规模增加、不良资产率上升较快的情况下，商业银行等金融机构向金融资产管理公司批量转让不良资产，成为金融机构及时化解信贷风险、降低不良贷款率、提高风险资产处置效率、隔离道德风险的有效手段。

三、判断题(判断以下各小题的对错，正确的用A表示，错误的用B表示)

1. 金融资产管理公司根据不良资产的特点采用不同的经营模式，主要包括两类：银行不良贷款和其他不良资产以及非银行金融机构的不良债权资产(金融类不良资产)、非金融机构的不良资产(非金融类不良资产)。(　　)

【解析】金融资产管理公司根据不良资产的特点采用不同的经营模式，主要包括两类：传统类不良资产经营模式和附重组条件类不良资产经营模式。按照收购资产的来源，不良资产业务可以大致分为金融类不良资产业务和非金融类不良资产业务。

2. 对于金融类不良资产，金融资产管理公司一般采取按原值打折收购并择机进行处置以回

6A ▎ 1BCD　2ABCDE　3ABCDE ▎ 1B　2B

收现金这一传统的不良资产经营模式，主要包括收购、投资及处置三个环节。(　　)

【解析】对于金融类不良资产，金融资产管理公司一般采取按账面原值打折收购并择机进行处置以回收现金这一传统的不良资产经营模式，主要包括收购、管理及处置三个环节。

3. 金融类不良资产收购环节的核心是估值定价。(　　)

【解析】收购环节的核心是估值定价，金融资产管理公司通过尽职调查与估值工作对不良资产作出价值判断，在此基础上以参与竞标、竞拍和协议收购等方式收购不良资产，收购价格和资产原值相比的折扣率主要取决于所收购资产的质量。

4. 非金融类不良资产是指由金融机构所有，但不能为其带来经济利益，或带来的经济利益低于账面价值，已经发生价值贬损的资产，以及各类金融机构作为中间人受托管理其他法人或自然人财产形成的不良资产等其他经监管部门认为的不良资产。(　　)

【解析】按照收购资产的来源，不良资产业务可以大致分为金融类不良资产业务和非金融类不良资产业务。非金融类不良资产主要指非金融机构所有，但不能为其带来经济利益，或带来的经济利益低于账面价值，已经发生价值贬损的资产，以及各类金融机构作为中间人受托管理其他法人或自然人财产形成的不良资产等其他经监管部门认定的不良资产。

3A　4B

第十三章　信托公司业务与监管

一、单项选择题(以下各小题所给出的 4 个选项中，只有 1 项最符合题目要求，请将正确选项的代码填入括号内)

1. 信托公司不得开展除同业拆入业务以外的其他负债业务，且同业拆入余额不得超过其净资产的(　　)。[2023 年 6 月真题]

A. 25%　　B. 30%　　C. 20%　　D. 35%

【解析】信托公司不得开展除同业拆入业务以外的其他负债业务，且同业拆入余额不得超过其净资产的 20%。银行业监督管理机构另有规定的除外。信托公司可以开展对外担保业务，但对外担保余额不得超过其净资产的 50%。

2. 信托公司不得以(　　)方式管理运用信托财产。[2023 年 6 月真题]

A. 卖出回购　　B. 买入返售　　C. 存放同业　　D. 租赁

【解析】信托公司管理运用或处分信托财产时，可以依照信托文件的约定，采取投资、出售、存放同业、买入返售、租赁、贷款等方式进行。信托公司不得以卖出回购方式管理运用信托财产。

3. 根据《信托公司治理指引》，信托公司的薪酬分配制度应获得董事会的批准。董事会应当向(　　)就公司高级管理人员履行职责的情况、绩效评价情况、薪酬情况做出专项说明。[2022 年 7 月真题]

A. 高级管理层　　B. 股东(大)会　　C. 监事会　　D. 董事会

【解析】《信托公司治理指引》第五十条规定，信托公司的薪酬分配制度应获得董事会的批准。董事会应当向股东(大)会就公司高级管理人员履行职责的情况、绩效评价情况、薪酬情况做出专项说明。

4. 关于非银行金融机构，下列表述错误的是(　　)。

A. 信托业务是指信托公司以营业和收取报酬为目的，以受益人身份承诺信托和处理信托事务的经营行为

B. 汽车金融公司指为中国境内的汽车购买者及销售者提供金融服务的非银行金融机构

C. 消费金融公司指为中国境内居民个人提供以消费为目的的贷款的非银行金融机构

D. 金融租赁公司指以经营融资租赁业务为主的非银行金融机构

【解析】A 项，信托业务是指信托公司以营业和收取报酬为目的，以受托人身份承诺信托和处理信托事务的经营行为。

5. 根据《信托公司管理办法》，信托公司固有业务不可开展的投资类型是(　　)。[2015 年 10 月真题]

A. 金融类公司股权投资　　B. 自用固定资产投资

C. 实业投资　　D. 金融产品投资

1C　2A　3B　4A　5C

【解析】根据《信托公司管理办法》第二十条，信托公司固有业务项下可以开展存放同业、拆放同业、贷款、租赁、投资等业务。投资业务限定为金融类公司股权投资、金融产品投资和自用固定资产投资。信托公司不得以固有财产进行实业投资，但银行业监督管理机构另有规定的除外。

6. 下列关于信托设立的表述，错误的是(　　)。[2015 年 10 月真题]

A. 设立信托，必须有合法的信托目的

B. 信托财产应当是受益人合法所有的财产

C. 设立信托，必须有确定的信托财产

D. 设立信托，应当采取书面形式

【解析】信托的设立以具有确定的信托财产为前提。①信托是一种以信托财产为中心建立起来的法律关系，不能没有信托财产，如果缺少了信托财产，信托就无以凭借。②信托财产必须是确定的，真实存在的。③用以设立信托的信托财产是委托人合法所有的财产。④可以用作信托财产的财产，包括合法的财产权利。

7. 信托制度起源于(　　)。

A. 日本　　B. 英国　　C. 美国　　D. 瑞典

【解析】信托制度起源于中世纪末期的英国，目的在于规避封建法制对土地转让的严格限制和高额税费，实现土地等不动产在家族内部或向教会转移。

二、多项选择题(以下各小题给出的 5 个选项中，至少有 2 项符合题目要求，请将符合题目要求选项的代码填入括号内)

1. 根据《信托公司集合资金信托计划管理办法》，信托公司管理信托计划，应当遵守的规定有(　　)。[2015 年 10 月真题]

A. 不同信托财产间可进行相互交易，但应保证交易价格公允

B. 向他人提供贷款不得超过其管理的所有信托计划实收余额的 20%

C. 不得以固有财产与信托财产进行交易

D. 同一公司管理的不同信托计划不可投资于同一项目

E. 不得向他人提供担保

【解析】根据《信托公司集合资金信托计划管理办法》第二十七条，信托公司管理信托计划，应当遵守以下规定：①不得向他人提供担保；②向他人提供贷款不得超过其管理的所有信托计划实收余额的 30%，但监管机构另有规定的除外；③不得将信托资金直接或间接运用于信托公司的股东及其关联人，但信托资金全部来源于股东或其关联人的除外；④不得以固有财产与信托财产进行交易；⑤不得将不同信托财产进行相互交易；⑥不得将同一公司管理的不同信托计划投资于同一项目。

2. 信托的设立至少包括的构成要素有(　　)。

A. 信托目的　　B. 信托标的　　C. 信托财产　　D. 信托行为

E. 信托当事人

【解析】信托是指委托人基于对受托人的信任，将其财产权委托给受托人，由受托人按委托人的意愿以自己的名义，为受益人的利益或者特定目的，进行管理或者处分的行为。因此，信托的设立至少包括信托当事人、信托目的、信托财产和信托行为四个构成

6B　7B　┃　1CDE　2ACDE

要素。

3. 信托的基本分类有哪些？(　　)
   A. 根据信托的设立是否需要委托人的意思表示分为合同信托、遗嘱信托和其他意定信托
   B. 根据信托目的的性质不同分为自益信托和他益信托
   C. 根据信托的设立是否需要委托人的意思表示分为意定信托和非意定信托
   D. 根据受托人是否为营业性机构分为民事信托和营业信托
   E. 根据信托目的的性质不同分为私益信托与公益信托

【解析】信托的基本分类包括：①根据信托目的的性质不同，可以分为私益信托和公益信托。根据委托人和受益人是否为同一人，可以将私益信托分为自益信托和他益信托。②根据信托的设立是否需要委托人的意思表示，可以将信托区分为意定信托和非意定信托。根据意思表示方式的不同，意定信托可分为合同信托、遗嘱信托和其他意定信托。③根据受托人是否为营业性机构，可以将信托区分为民事信托和营业信托。

4. 为引导和支持信托公司在风险可控的前提下，广泛探索、推进创新实践，实现差异化经营、特色化发展，下列做法正确的有？(　　)
   A. 探索混合所有制改革
   B. 支持开展资产证券化和企业并购重组业务
   C. 推动信托公司逐步改造信贷类、通道类业务模式
   D. 优化股权结构和激励约束机制，完善现代企业制度
   E. 积极探索信托公司融入“互联网+”时代的路径和方式

【解析】促进信托公司实现差异化经营、特色化发展的措施包括：①探索混合所有制改革，研究符合条件的信托公司上市与并购重组，优化股权结构和激励约束机制，完善现代企业制度；②支持开展资产证券化和企业并购重组业务，有效盘活存量资金，为产业升级改造提供资金支持，鼓励信托公司在依法合规、风险可控的前提下，探索开展有利于实体经济和信托公司发展的各类业务；③推动信托公司逐步改造信贷类、通道类业务模式，研究推出债权型信托直接融资工具；④积极探索信托公司融入“互联网+”时代的路径和方式，研究建立大数据平台，优化风控手段和产品结构。

5. 信托公司可以根据市场需要，按照(　　)的不同设置信托业务品种。
   A. 信托财产形态
   B. 受托人性质
   C. 信托的设立是否需要委托人的意思表示
   D. 信托目的
   E. 信托委托人

【解析】信托的基本分类包括：①根据信托目的的性质不同，可以分为私益信托和公益信托。②根据信托的设立是否需要委托人的意思表示，可以将信托区分为意定信托和非意定信托。③根据受托人是否为营业性信托机构，可以将信托区分为民事信托和营业信托。

3CDE　4ABCDE　5BCD

6. 以下行为属于信托业务禁止性规定的有(　　)。

A. 对他人处理信托事务的行为承担责任　　B. 将信托财产挪用于非信托目的的用途

C. 利用受托人地位谋取不当利益　　D. 以信托财产提供担保

E. 承诺信托财产不受损失或者保证最低收益

【解析】信托公司开展信托业务，不得有下列行为：①利用受托人地位谋取不当利益；②将信托财产挪用于非信托目的的用途；③承诺信托财产不受损失或者保证最低收益；④以信托财产提供担保；⑤法律法规和银行业监督管理机构禁止的其他行为。

7. 信托公司设立集合资金信托计划，应当符合的要求包括(　　)。

A. 单个信托计划的自然人人数不少于 50 人

B. 参与信托计划的委托人为唯一受益人

C. 委托人为合格投资者

D. 信托期限不少于 1 年

E. 信托资金有明确的投资方向和投资策略，且符合国家产业政策以及其他有关规定

【解析】信托公司设立信托计划，应当符合以下要求：①委托人为合格投资者；②参与信托计划的委托人为唯一受益人；③单个信托计划的自然人人数不得超过 50 人，但单笔委托金额在 300 万元以上的自然人投资者和合格的机构投资者数量不受限制；④信托期限不少于 1 年；⑤信托资金有明确的投资方向和投资策略，且符合国家产业政策以及其他有关规定；⑥信托受益权划分为等额份额的信托单位；⑦信托合同应约定受托人报酬，除合理报酬外，信托公司不得以任何名义直接或间接以信托财产为自己或他人牟利；⑧银行业监督管理机构规定的其他要求。

8. 下列可成为信托计划的合格投资者的有(　　)。

A. 夫妻双方合计收入在最近 3 年内每年收入超过 20 万元人民币，且能提供相关收入证明的自然人

B. 个人或家庭金融资产总计在其认购时超过 100 万元人民币，且能提供相关财产证明的自然人

C. 个人收入在最近 3 年内每年收入超过 20 万元人民币，且能提供相关收入证明的自然人

D. 投资一个信托计划的最低金额不少于 100 万元人民币的自然人、法人或者依法成立的其他组织

E. 家庭金融资产总计在其认购时超过 100 万元人民币

【解析】信托计划的合格投资者是指符合下列条件之一，能够识别、判断和承担信托计划相应风险的人：①投资一个信托计划的最低金额不少于 100 万元人民币的自然人、法人或者依法成立的其他组织；②个人或家庭金融资产总计在其认购时超过 100 万元人民币，且能提供相关财产证明的自然人；③个人收入在最近 3 年内每年收入超过 20 万元人民币或者夫妻双方合计收入在最近 3 年内每年收入超过 30 万元人民币，且能提供相关收入证明的自然人。

9. 信托公司开展固有业务，不得有(　　)关联交易行为。

6BCDE　7BCDE　8BCD　9ACE

A. 向关联方融出资金或转移财产　　B. 金融类公司股权投资
C. 为关联方提供担保　　D. 自用固定资产投资
E. 以股东持有的本公司股权作为质押进行融资

【解析】信托公司开展固有业务，不得有下列关联交易行为：①向关联方融出资金或转移财产；②为关联方提供担保；③以股东持有的本公司股权作为质押进行融资。

三、判断题(判断以下各小题的对错，正确的用A表示，错误的用B表示)

1. 以遗嘱设立信托，需要受托人的同意。(　　)

【解析】以遗嘱设立信托，因遗嘱是单方行为，不需要受托人的同意。

2. 根据委托人和受益人是否为同一人，信托可以分为私益信托和公益信托。(　　)

【解析】根据信托目的的性质不同，可以分为私益信托和公益信托；根据委托人和受益人是否为同一人，可以将私益信托分为自益信托和他益信托。

3. 对于非意定信托只承认法定信托，不承认默示信托。(　　)

【解析】根据信托的设立是否需要委托人的意思表示，可以将信托区分为意定信托和非意定信托。我国《信托法》主要规定了意定信托，对于非意定信托只承认法定信托，不承认默示信托。

4. 营业信托是指以非营业性信托机构或个人作为受托人所从事的信托活动。(　　)

【解析】民事信托是指以非营业性信托机构或个人作为受托人所从事的信托活动；营业信托是指以营业性信托机构作为受托人所从事的信托活动。

5. 任何法人机构都可以以其特定形式从事营业性信托活动。(　　)

【解析】未经金融监督管理机构批准，任何法人机构一律不得以各种形式从事营业性信托活动，任何自然人一律不得以任何名义从事各种形式的营业性信托活动。

6. 信托公司不得以卖出回购方式管理运用信托财产。(　　)

【解析】信托公司管理运用或处分信托财产时，可以依照信托文件的约定，采取投资、出售、存放同业、买入返售、租赁、贷款等方式进行。信托公司不得以卖出回购方式管理运用信托财产。

7. 信托公司可以转由第三方处理信托事务。(　　)

【解析】信托公司应当亲自处理信托事务。信托文件另有约定或有不得已事由时，可委托他人代为处理，但信托公司应尽足够的监督义务，并对他人处理信托事务的行为承担责任。

8. 信托计划财产属于信托公司的清算财产。(　　)

【解析】信托公司因依法解散、被依法撤销或者被依法宣告破产等原因进行清算的，信托计划财产不属于其清算财产。

9. 信托公司可以开展对外担保业务，但对外担保余额不得超过其净资产的90%。(　　)

【解析】信托公司可以开展对外担保业务，但对外担保余额不得超过其净资产的50%。

1B　2B　3A　4B　5B　6A　7B　8B　9B

第十四章　企业集团财务公司业务与监管

一、**单项选择题**（以下各小题所给出的4个选项中，只有1项最符合题目要求，请将正确选项的代码填入括号内）

1. 根据《企业集团财务公司管理办法》，财务公司注册资本的最低限额为（　　）亿元人民币或等值的自由兑换货币。［2023年10月真题］

   A. 1　　B. 10　　C. 20　　D. 5

   【解析】设立财务公司法人机构应当具备的条件之一为：注册资本为一次性实缴货币资本，最低限额为10亿元人民币或等值的可自由兑换货币，银行业监督管理机构根据财务公司的发展情况和审慎监管的需要，可以调整财务公司注册资本金的最低限额。

2. 根据《同业拆借管理办法》，财务公司拆入资金的最长期限是______，最高拆入限额不得超过实收资本的______。（　　）［2021年10月真题］

   A. 7天；100%　　B. 30天；100%　　C. 7天；20%　　D. 30天；20%

   【解析】财务公司开展同业拆入是指财务公司与经中国人民银行批准进入全国银行间同业拆借市场的金融机构之间，通过全国统一的同业拆借市场进行的无担保资金融通行为。财务公司拆入资金的最长期限为7天，最高拆入限额和最高拆出限额均不得超过实收资本的100%。

3. 下列关于财务公司设立的条件正确的是（　　）。［2016年5月真题］

   A. 申请前一年，母公司注册资本金不得低于10亿元人民币

   B. 注册资本为一次性实缴货币资本，最低限额为10亿元人民币或等值的可自白兑换货币

   C. 母公司成立一年以上，并且有集团内部财务管理和资金管理经验

   D. 申请前一年，并表核算的成员单位营业收入总额不得低于40亿元人民币

   【解析】根据《企业集团财务公司管理办法》第七条，设立财务公司法人机构应当具备下列条件：①确属集中管理企业集团资金的需要，经合理预测能够达到一定的业务规模；②有符合《中华人民共和国公司法》和监管规定的公司章程；③有符合规定条件的出资人；④注册资本为一次性实缴货币资本，最低限额为10亿元人民币或等值的可自由兑换货币，银行业监督管理机构根据财务公司的发展情况和审慎监管的需要，可以调整财务公司注册资本金的最低限额等条件。

4. 企业集团财务公司是指以（　　）为目的，为企业集团成员单位提供金融服务的非银行金融机构。［2022年7月真题］

   A. 加强企业集团资金集中管理和满足资金需求

   B. 加强企业集团资金融通和为企业集团提供方便快捷服务

   C. 加强企业集团资金融通和提高企业集团资金使用效率

   D. 加强企业集团资金集中管理和提高企业集团资金使用效率

1B　2A　3B　4D

【解析】企业集团财务公司是指以加强企业集团资金集中管理和提高企业集团资金使用效率为目的，依托企业集团、服务企业集团，为企业集团成员单位提供金融服务的非银行金融机构。

5. 财务公司流动性比例不得低于(　　)。[2015 年 10 月真题]
A. 25%　　B. 20%　　C. 10%　　D. 8%
【解析】流动性比例为流动性资产与流动性负债之比。财务公司流动性比例不得低于25%。

6. 财务公司拆入资金余额不得高于(　　)。[2015 年 10 月真题]
A. 实收资本　　B. 所有者权益总额
C. 资产总额　　D. 利润总额
【解析】财务公司开展同业拆入是指财务公司与经中国人民银行批准进入全国银行间同业拆借市场的金融机构之间，通过全国统一的同业拆借市场进行的无担保资金融通行为。财务公司拆入资金的最长期限为 7 天，最高拆入限额和最高拆出限额均不得超过实收资本的 100%。

7. 我国的财务公司主要是为(　　)提供金融服务。
A. 企业集团内部　　B. 企业集团之间　　C. 企业集团外部　　D. 社会公众
【解析】企业集团财务公司(简称财务公司)是指以加强企业集团资金集中管理和提高企业集团资金使用效率为目的，为企业集团成员单位提供金融服务的非银行金融机构。

8. (　　)是我国经济体制和金融体制改革的产物，是我国金融体系中具有中国特色的一类非银行金融机构。
A. 金融公司　　B. 保险公司　　C. 财务公司　　D. 证券公司
【解析】财务公司是我国经济体制和金融体制改革的产物，是我国金融体系中具有中国特色的一类非银行金融机构，设立财务公司是 20 世纪 80 年代国家实施“大公司、大集团”战略的配套政策之一。

9. 1987 年 5 月，(　　)批准设立东风汽车工业财务公司(后更名为东风汽车财务有限公司)，标志着财务公司在中国诞生。
A. 财政部　　B. 中国人民银行　　C. 中国证监会　　D. 中国银行业协会
【解析】设立财务公司是 20 世纪 80 年代国家实施“大公司、大集团”战略的配套政策之一，1987 年 5 月，中国人民银行批准设立东风汽车工业财务公司(后更名为东风汽车财务有限公司)，标志着财务公司在中国的诞生。

10. 下列选项中，(　　)不属于财务公司的资产类业务。
A. 对成员单位办理贷款　　B. 对成员单位办理融资租赁
C. 办理成员单位产品的买方信贷　　D. 吸收成员单位存款
【解析】财务公司的资产类业务主要包括：①对成员单位办理贷款；②办理成员单位产品的买方信贷；③办理成员单位产品的消费信贷业务；④同业业务；⑤投资业务。吸

5A　6A　7A　8C　9B　10D

收成员单位存款是财务公司主要负债，也是财务公司货币资金主要来源之一，属于财务公司的负债类业务。

二、**多项选择题**（以下各小题给出的5个选项中，至少有2项符合题目要求，请将符合题目要求选项的代码填入括号内）

1. 以下属于财务公司负债类业务的有（　　）。［2022年7月真题］

A. 票据承兑业务　　B. 同业卖出回购业务

C. 办理成员单位产品的买方信贷　　D. 同业买入返售业务

E. 吸收成员单位存款

【解析】财务公司负债类业务包括：①吸收成员单位存款；②同业负债业务，包括同业拆入和卖出回购。A项，票据承兑业务属于财务公司的中间业务；C项，办理成员单位产品的买方信贷属于财务公司的资产类业务；D项，同业买入返售业务属于财务公司的资产类业务。

2. 企业集团财务公司可以经营的业务有（　　）。［2024年6月真题］

A. 办理成员单位资金结算与收付　　B. 提供成员单位信用鉴证业务

C. 吸收公共存款　　D. 从事同业拆借

E. 对成员单位办理票据承兑与贴现

【解析】财务公司可以经营下列部分或者全部本外币业务：①吸收成员单位存款；②办理成员单位贷款；③办理成员单位票据贴现；④办理成员单位资金结算与收付；⑤提供成员单位委托贷款、债券承销、非融资性保函、财务顾问、信用鉴证及咨询代理业务。符合条件的财务公司，可以向银行业监督管理机构及其派出机构申请经营下列本外币业务：①从事同业拆借；②办理成员单位票据承兑；③办理成员单位产品买方信贷和消费信贷；④从事固定收益类有价证券投资；⑤从事套期保值类衍生产品交易；⑥银行业监督管理机构批准的其他业务。

3. 财务公司的功能定位有哪些？（　　）

A. 集团资金归集平台　　B. 集团资金结算平台

C. 集团资金筹集平台　　D. 集团金融服务平台

E. 集团资金监控平台

【解析】财务公司主要服务集团资金集中管理，通过发挥“集团资金归集平台、集团资金结算平台、集团资金监控平台、集团金融服务平台”等基本功能，促进集团优化资源配置，节约财务成本，保障资金安全，提升运行效率。

4. 所有财务公司都可以经营的业务有（　　）。

A. 成员单位产品的消费信贷、买方信贷　　B. 办理成员单位资金结算与收付

C. 办理成员单位票据贴现　　D. 吸收成员单位存款

E. 经批准发行财务公司债券

【解析】根据《企业集团财务公司管理办法》规定，财务公司可以经营下列部分或者全部本外币业务：①吸收成员单位存款；②办理成员单位贷款；③办理成员单位票据贴现；

1BE　2ABDE　3ABDE　4BCD

④办理成员单位资金结算与收付；⑤提供成员单位委托贷款、债券承销、非融资性保函、财务顾问、信用鉴证及咨询代理业务。AE 两项属于符合条件的财务公司可以申请从事的业务。

5.（　　）属于财务公司中间业务。

A. 结算业务　　B. 委托贷款

C. 对成员单位办理贷款　　D. 对成员单位办理财务和融资顾问

E. 对成员单位提供非融资性保函

【解析】除上述 ABDE 四项外，财务公司的中间业务还包括票据承兑业务。C 项为资产类业务。

6. 财务公司的负债类业务包括（　　）。

A. 吸收成员单位存款　　B. 同业负债业务

C. 办理成员单位产品的买方信贷　　D. 发行金融债券

E. 财务公司票据承兑业务

【解析】财务公司的负债类业务主要包括：①吸收成员单位存款；②同业负债业务，主要包括同业拆入和卖出回购。C 项，办理成员单位产品的买方信贷属于财务公司的资产类业务；E 项，财务公司票据承兑业务属于财务公司的中间业务。

三、判断题（判断以下各小题的对错，正确的用 A 表示，错误的用 B 表示）

1. 非融资保函包括预付款保函、履约保函、投标保函、质量及维修保函等。（　　）

【解析】非融资保函是指财务公司应贸易项下、合约关系、经济关系等交易中一方当事人的要求，向交易的另一方担保该交易项下某种责任或义务的履行所作出的在一定时期内承担一定金额支付责任或经济赔偿责任的书面付款保证承诺。包括预付款保函、履约保函、投标保函、质量及维修保函等。

2. 财务公司不能向成员单位开展全部种类本外币的贷款业务。（　　）

【解析】对成员单位办理贷款指财务公司按一定利率和必须归还等条件向成员单位出借贷款资金的一种信用活动形式。广义的贷款指贷款、票据贴现等出贷资金的总称。财务公司可以向成员单位开展全部种类本外币的贷款业务。

5ABDE　6ABD　❙　1A　2B

第十五章　金融租赁公司业务与监管

一、**单项选择题**(以下各小题所给出的 4 个选项中，只有 1 项最符合题目要求，请将正确选项的代码填入括号内)

1. 根据《金融租赁公司管理办法》，金融租赁公司是以经营(　　)业务为主的非银行金融机构。[2018 年 10 月真题]

A. 转租赁　　B. 经营租赁　　C. 租赁　　D. 融资租赁

【解析】金融租赁公司是指经国家金融监督管理总局批准设立的，以经营融资租赁业务为主的非银行金融机构。

2. 售后回租是指承租人将自有设备等固定资产以公允价值出卖给金融租赁公司，然后从(　　)处租回使用并按期支付租金的业务形式。[2021 年 10 月真题]

A. 金融租赁公司　　B. 承租人　　C. 使用人　　D. 供货人

【解析】售后回租是指承租人为了提高资产流动性、均衡税负、改善资产负债表等需要，将自有设备等固定资产以公允价值出卖给金融租赁公司，然后再从金融租赁公司租回使用并按期支付租金的业务形式。

3. 经监管机构批准，经营状况良好、符合条件的金融租赁公司不能开办的业务是(　　)。[2020 年 10 月真题]

A. 为控股股东对外融资提供担保

B. 资产证券化

C. 在境内设立项目公司开展融资租赁业务

D. 固定收益类投资业务

【解析】符合条件的金融租赁公司可以向国家金融监督管理总局及其派出机构申请经营下列本外币业务：①在境内设立项目公司开展融资租赁业务；②向专业子公司、项目公司发放股东借款，为专业子公司、项目公司提供融资担保、履约担保；③固定收益类投资业务；④资产证券化业务。

4. 某金融租赁公司的下列哪项指标不符合《金融租赁公司管理办法》的规定？(　　)[2016 年 5 月真题]

A. 同业拆入资金余额为金融租赁公司资本净额的 40%

B. 对单一承租人的融资余额为金融租赁公司上季末资本净额的 40%

C. 对全部关联方的融资余额为金融租赁公司上季末资本净额的 40%

D. 资本净额为租赁公司风险加权资产的 40%

【解析】金融租赁公司应当遵守以下监管指标的规定：①各级资本净额与风险加权资产的比例不得低于国家金融监督管理总局对各级资本充足率的监管要求；②同业拆入和同业拆出资金余额均不得超过资本净额的 100%；③对单一承租人的融资余额不得超过上季末资本净额的 30%；④对全部关联方的融资余额不得超过上季末资本净额的 50%。

1D　2A　3A　4B

5. 根据《金融租赁公司管理办法》，金融租赁公司主要股东自取得股权之日起(　　)年内不得转让所持有的金融租赁公司股权。

A. 5 年　　B. 2 年　　C. 3 年　　D. 1 年

【解析】金融租赁公司主要股东自取得股权之日起 5 年内不得转让所持有的股权，经国家金融监督管理总局批准采取风险处置措施、责令转让、涉及司法强制执行或者在同一出资人控制的不同主体间转让股权等情形除外。

6. 下列不属于金融租赁公司业务范围的是(　　)。［2015 年 10 月真题］

A. 吸收股东 1 年期(含)以上定期存款

B. 固定收益类投资业务

C. 发行非资本类债券

D. 同业拆借

【解析】金融租赁公司可以经营下列本外币业务：①融资租赁业务；②转让和受让融资租赁资产；③向非银行股东借入 3 个月(含)以上借款；④同业拆借；⑤向金融机构融入资金；⑥发行非资本类债券；⑦接受租赁保证金；⑧租赁物变卖及处理业务。符合条件的金融租赁公司可以向国家金融监督管理总局及其派出机构申请经营下列本外币业务：①在境内设立项目公司开展融资租赁业务；②在境外设立项目公司开展融资租赁业务；③向专业子公司、项目公司发放股东借款，为专业子公司、项目公司提供融资担保、履约担保；④固定收益类投资业务；⑤资产证券化业务；⑥从事套期保值类衍生产品交易；⑦提供融资租赁相关咨询服务；⑧经国家金融监督管理总局批准的其他业务。

二、多项选择题(以下各小题给出的 5 个选项中，至少有 2 项符合题目要求，请将符合题目要求选项的代码填入括号内)

1. 金融租赁公司的资产业务包括(　　)。

A. 融资租赁业务

B. 固定收益类投资业务

C. 接受租赁保证金

D. 向金融机构融入资金

E. 发行非资本类债券

【解析】金融租赁公司可以经营下列本外币业务：①融资租赁业务；②转让和受让融资租赁资产；③向非银行股东借入 3 个月(含)以上借款；④同业拆借；⑤向金融机构融入资金；⑥发行非资本类债券；⑦接受租赁保证金；⑧租赁物变卖及处理业务。符合条件的金融租赁公司可以向国家金融监督管理总局及其派出机构申请经营下列本外币业务：①在境内设立项目公司开展融资租赁业务；②在境外设立项目公司开展融资租赁业务；③向专业子公司、项目公司发放股东借款，为专业子公司、项目公司提供融资担保、履约担保；④固定收益类投资业务；⑤资产证券化业务；⑥从事套期保值类衍生产品交易；⑦提供融资租赁相关咨询服务；⑧经国家金融监督管理总局批准的其他业务。其中，CDE 三项属于金融租赁公司的负债业务。

2. 金融租赁作为联系实体经济最为紧密的投融资工具之一，在支持产业升级、拓宽中小微企业融资渠道、服务实体经济方面具备的特殊功能优势主要有(　　)。

A. 减少企业对新设备、新技术项目的投资

B. 推动先进装备销售，带动租赁设备购置需求

C. 促进企业技术进步和盈利模式创新，推动经济结构调整和转型升级

5A　6A　┃　1AB　2BCDE

D. 为企业设备投资提供资金支持，盘活存量资产

E. 通过扩大先进装备进口和国产设备出口，平衡国际贸易

【解析】金融租赁行业在发展过程中逐步确立了五个方面的功能优势：①促进社会投资，有助于企业扩大先进技术设备投资从而带动整个国家的投资增长。②拉动产品需求。对制造企业来讲，通过融资租赁的方式促进产品销售，加快销售资金周转回笼。对承租人而言，通过融资租赁的模式可以以较少的资金获得设备使用权，利用金融手段满足扩大生产的需求。③推动经济调整结构，加快盈利模式转型创新。④增加企业融资渠道，通过售后回租等方式盘活企业存量资产，增强企业资产流动性，优化资产负债表结构。⑤平衡国际贸易，扩大先进装备进口，促进国产设备出口，更好地配合我国的国际产能合作等战略实施。

3. 融资租赁业务的方式有(　　)。

A. 直接融资租赁　　B. 转租赁

C. 转让和受让融资租赁资产　　D. 联合租赁

E. 境外借款

【解析】融资租赁业务属于金融租赁公司的资产业务。融资租赁业务包括直接融资租赁、转租赁、售后回租、联合租赁、厂商租赁等方式。C 项，转让和受让融资租赁资产属于金融租赁公司的其他业务；E 项，境外借款属于金融租赁公司的负债业务。

三、判断题(判断以下各小题的对错，正确的用 A 表示，错误的用 B 表示)

1. 售后回租业务必须有明确的标的物。从事售后回租业务的金融租赁公司可以接受已设置抵押、权属存在争议或已被司法机关查封、扣押的财产或所有权存在瑕疵的财产作为售后回租业务的租赁物。(　　)［2016 年 5 月真题］

【解析】融资租赁业务以租赁物为核心，金融租赁公司必须确保租赁物真实、所有权清晰无瑕疵。对于售后回租业务来说，租赁物必须由承租人真实拥有并有权处分。金融租赁公司不得接受已设置任何抵押、权属存在争议或已被司法机关查封、扣押的财产或所有权存在瑕疵的财产作为售后回租业务的租赁物。

2. 金融租赁公司可以从事股权收益类证券投资业务。(　　)

【解析】金融租赁公司可以从事固定收益类投资业务。

3ABD　┃　1B　2B

第十六章　汽车金融公司、消费金融公司、货币经纪公司业务与监管

一、单项选择题（以下各小题所给出的 4 个选项中，只有 1 项最符合题目要求，请将正确选项的代码填入括号内）

1. 消费金融公司 A 成立满三年，注册资本金 10 亿元，其办理的下列业务中不合规的（　　）。［2024 年 6 月真题］

   A. 向基金公司 D 购买 3 亿元货币基金 B

   B. 向银行 E 同业拆入 10 亿元

   C. 向客户 B 发放 20 万元装修贷款

   D. 向客户 C 发放 20 万元贷款，用于出国留学缴纳学费和支付生活费

   【解析】根据《消费金融公司管理办法》，消费金融公司可以经营下列部分或者全部人民币业务：①发放个人消费贷款；②接受股东及其境内子公司、股东所在集团母公司及其境内子公司的存款；③向境内金融机构借款；④向作为公司股东的境外金融机构借款；⑤发行非资本类债券；⑥同业拆借；⑦与消费金融相关的咨询、代理业务；⑧经国家金融监督管理总局批准的其他业务。经营状况良好、符合条件的消费金融公司，可以向国家金融监督管理总局及其派出机构申请经营下列部分或者全部人民币业务：①资产证券化业务；②固定收益类证券投资业务；③国家金融监督管理总局批准的其他业务。

2. 根据《汽车金融公司管理办法》规定，属于汽车金融公司负债业务的是（　　）。［2022 年 7 月真题］

   A. 购车贷款　　B. 向汽车经销商发放汽车贷款

   C. 接受承租人汽车租赁保证金　　D. 提供汽车融资租赁业务

   【解析】汽车金融公司的负债业务包括：①接受汽车经销商采购车辆贷款保证金和承租人汽车租赁保证金；②吸收股东 3 个月以上定期存款；③同业拆入；④向金融机构借款；⑤发行金融债券。ABD 三项为资产业务。

3. 消费金融公司向个人发放消费贷款的余额最高不得超过人民币（　　）万元。［2021 年 10 月真题］

   A. 20　　B. 50　　C. 30　　D. 40

   【解析】消费金融公司发放个人消费信贷是指消费金融公司采取信用、抵押、质押担保或保证方式，以货币形式向个人消费者提供的贷款，但个人住房贷款和购车贷款除外。消费金融公司向个人发放消费贷款不应超过客户风险承受能力且借款人贷款余额最高不得超过人民币 20 万元。

4. 下面不属于汽车金融公司可从事的业务是（　　）。［2018 年 10 月真题］

   A. 从事同业拆借

   B. 向金融机构借款

1A　2C　3A　4D

C. 接受汽车经销商和售后服务商贷款保证金

D. 吸收公众存款

【解析】汽车金融公司可从事下列部分或全部本外币业务：①接受股东及其所在集团母公司和控股子公司的定期存款或通知存款；②接受汽车经销商和售后服务商贷款保证金和承租人汽车租赁保证金；③同业拆借业务；④向金融机构借款；⑤发行非资本类债券；⑥汽车及汽车附加品贷款和融资租赁业务；⑦汽车经销商和汽车售后服务商贷款业务，包括库存采购、展厅建设、零配件和维修设备购买等贷款；⑧转让或受让汽车及汽车附加品贷款和融资租赁资产；⑨汽车残值评估、变卖及处理业务；⑩与汽车金融相关的咨询、代理和服务。

5. 货币经纪公司注册资本的最低限额为(　　)万元人民币或等值自由兑换货币，且应为实缴货币资本。[2015 年 10 月真题]

A. 2000　　B. 1000　　C. 500　　D. 5000

【解析】根据《货币经纪公司试点管理办法》第十一条，货币经纪公司注册资本的最低限额为 2000 万元人民币或者等值的自由兑换货币，注册资本为实缴货币资本。

6. 专门为金融机构之间资金融通和外汇交易提供服务，并收取佣金的非银行金融机构是(　　)。

A. 货币经纪公司　　B. 证券公司　　C. 信托公司　　D. 投资银行

【解析】货币经纪公司是指经批准在中国境内设立的，通过电子技术或其他手段，专门从事促进金融机构间资金融通和外汇交易等经纪服务，并从中收取佣金的非银行金融机构。

7. 货币经纪公司最早起源于(　　)。

A. 德国　　B. 美国　　C. 意大利　　D. 英国

【解析】货币经纪公司最早起源于英国外汇市场，其盛行始于 20 世纪 70 年代的美国。

8. 汽车金融公司自用传统动力汽车贷款最高发放比例为______，二手车贷款最高发放比例为______。(　　)

A. 70%；60%　　B. 70%；50%　　C. 80%；70%　　D. 80%；50%

【解析】自用传统动力汽车贷款最高发放比例为 80%，商用传统动力汽车贷款最高发放比例为 70%；自用新能源汽车贷款最高发放比例为 85%，商用新能源汽车贷款最高发放比例为 75%；二手车贷款最高发放比例为 70%。

二、多项选择题(以下各小题给出的 5 个选项中，至少有 2 项符合题目要求，请将符合题目要求选项的代码填入括号内)

1. 汽车金融公司可以从事(　　)等业务。

A. 办理汽车生产商贷款　　B. 提供购车贷款

C. 代理政策性银行业务　　D. 接受境内公众存款

E. 同业拆借

【解析】汽车金融公司可从事下列部分或全部本外币业务：①接受股东及其所在集团母公

5A　6A　7D　8C　▎　1BE

司和控股子公司的定期存款或通知存款；②接受汽车经销商和售后服务商贷款保证金和承租人汽车租赁保证金；③同业拆借业务；④向金融机构借款；⑤发行非资本类债券；⑥汽车及汽车附加品贷款和融资租赁业务；⑦汽车经销商和汽车售后服务商贷款业务；⑧转让或受让汽车及汽车附加品贷款和融资租赁资产；⑨汽车残值评估、变卖及处理业务；⑩与汽车金融相关的咨询、代理和服务。

2. 汽车金融公司的资产业务有哪些？(　　)

A. 发行金融债券　　B. 向金融机构借款

C. 提供汽车融资租赁业务　　D. 向汽车经销商发放汽车贷款

E. 购车贷款

【解析】汽车金融公司的资产业务主要包括：①与汽车消费相关的贷款，包括购车贷款和向汽车经销商发放汽车贷款；②提供汽车融资租赁业务；③提供汽车售后服务商融资服务。AB 两项属于汽车金融公司的负债业务。

3. 消费金融公司可以经营下列(　　)部分或者全部人民币业务。

A. 发放个人消费贷款　　B. 接受股东境内子公司及境内股东的存款

C. 向境内金融机构借款　　D. 发行非资本类债券

E. 同业拆借

【解析】除 ABCDE 五项之外，消费金融公司还可以经营下列部分或者全部人民币业务：①向作为公司股东的境外金融机构借款；②与消费金融相关的咨询、代理业务；③经国家金融监督管理总局批准的其他业务。

4. 消费金融公司的负债业务主要包括(　　)。

A. 固定收益类证券投资　　B. 同业拆借

C. 向境内金融机构借款　　D. 发行非资本类债券

E. 接受股东境内子公司及境内股东的存款

【解析】消费金融公司的负债业务主要包括：①接受股东境内子公司及境内股东的存款；②同业拆借；③向金融机构借款；④发行非资本类债券。A 项属于消费金融公司的资产业务。

5. 货币经纪公司可以经营下列(　　)全部或部分经纪业务。

A. 境内外外汇市场交易　　B. 境内外股票市场交易

C. 境内外债券市场交易　　D. 境内外衍生产品交易

E. 境内外货币市场交易

【解析】根据《货币经纪公司试点管理办法》规定，货币经纪公司及其分公司按照银行业监督管理机构批准经营的业务范围，可以经营下列全部或部分经纪业务：①境内外外汇市场交易经纪业务；②境内外货币市场交易经纪业务；③境内外债券市场交易经纪业务；④境内外衍生产品交易经纪业务。

三、判断题(判断以下各小题的对错，正确的用 A 表示，错误的用 B 表示)

1. 消费金融公司是吸收公众存款的非银行机构。(　　)

2CDE　3ABCDE　4BCDE　5ACDE　▍　1B

【解析】消费金融公司是指经银行业监督管理机构批准，在中华人民共和国境内设立的，不吸收公众存款，以小额、分散为原则，为中国境内居民个人提供以消费为目的的贷款的非银行金融机构。

2. 消费金融公司可以开展固定收益类证券投资业务，投资余额不高于资本净额的10%。(　　)

【解析】消费金融公司可以开展固定收益类证券投资业务，投资余额不高于资本净额的20%。

2B

第十七章　银行业消费者权益保护

一、单项选择题(以下各小题所给出的 4 个选项中，只有 1 项最符合题目要求，请将正确选项的代码填入括号内)

1. (　　)承担消费者权益保护工作的最终责任。[2024 年 6 月真题]

A. 银行业金融机构　　B. 董事会

C. 监事会　　D. 高级管理层

【解析】董事会承担消费者权益保护工作的最终责任。董事会是消费者权益保护工作的最高决策机构，负责制定消费者权益保护工作战略、政策及目标。

2. 银行业金融机构应至少每(　　)开展一次绿色信贷的全面评估工作，并向银行业监管机构报送自我评估报告。[2024 年 6 月真题]

A. 3 年　　B. 1 年　　C. 2 年　　D. 半年

【解析】根据《绿色信贷指引》第二十六条，银行业金融机构应至少每两年开展一次绿色信贷的全面评估工作，并向银行业监管机构报送自我评估报告。

3. 银行业消费者的(　　)是指银行业消费者可以根据自己的体验、爱好与判断自主选择银行作为交易对象或自主选择银行产品并决定是否与其进行交易，不受任何单位和个人的不合理干预。[2024 年 6 月真题]

A. 知情权　　B. 公平交易权　　C. 自主选择权　　D. 受尊重权

【解析】金融消费者拥有自主选择权。银行业消费者可以根据自己的体验、爱好与判断自主选择银行作为交易对象或自主选择银行产品并决定是否与其进行交易，不受任何单位和个人的不合理干预。银行业消费者可以自主决定选择银行，而个别银行以各种理由和借口限制、误导银行业消费者进行自主决策就会造成侵权。

4. 根据《关于整治银行业金融机构不规范经营的通知》，下列关于银行业金融机构合规收费的原则要求的说法中，错误的是(　　)。[2023 年 10 月真题]

A. 应制定收费价目名录，同一收费项目必须使用统一收费项目名称、内容描述、客户界定等要素

B. 对实行政府指导价的收费项目，应在每次制定或调整价格前向社会公示，充分征询消费者意见后纳入收费价目名录并上网公布，严格按照公布的收费价目名录收费

C. 服务收费应科学合理，服从统一定价和名录管理原则

D. 服务收费由法人机构统一制定价格，任何分支机构不得自行制定和调整收费项目名称等要素

【解析】合规收费原则的内容为：服务收费应科学合理，服从统一定价和名录管理原则。银行业金融机构应制定收费价目名录，同一收费项目必须使用统一收费项目名称、内容描述、客户界定等要素，并由法人机构统一制定价格，任何分支机构不得自行制定和调整收费项目名称等要素。对实行政府指导价的收费项目，严格对照相关规定据实收费，

1B　2C　3C　4B

并公布收费价目名录和相关依据；对实行市场调节价的收费项目，应在每次制定或调整价格前向社会公示，充分征询消费者意见后纳入收费价目名录并上网公布，严格按照公布的收费价目名录收费。

5. (　　)是实施银行业消费者权益保护的工作主体。[2023 年 10 月真题]

A. 地方金融监督管理部门　　　　B. 金融监管部门

C. 银行业金融机构　　　　　　　D. 银行业消费者

【解析】银行作为实施银行业消费者权益保护的工作主体，应当遵循依法合规和内部自律原则，构建落实银行业消费者权益保护工作的体制机制，履行保护银行业消费者合法权益的义务。

6. 银行业金融机构应当向金融消费者提供文明规范的服务，下列说法正确的是(　　)。[2023 年 6 月真题]

A. 在向金融消费者提供服务后，及时告知收费情况及各个服务环节的计费标准

B. 加强对录音录像保存的管控，发生纠纷的相关录音录像资料应至少保留到产品到期兑付后 6 个月

C. 除本机构和合作机构销售人员外，应禁止其他任何人员在营业场所开展任何形式的营销活动

D. 不得以概括授权的方式，索取与金融产品和服务无关的个人金融信息使用授权

【解析】A 项，在向消费者提供服务前，事先告知收费与否及各个服务环节的计费标准(包括减免优惠政策)和收费金额，充分保障消费者知情权和自主选择权。B 项，录音录像资料至少应保留到产品到期兑付后 6 个月，发生纠纷的要保留到纠纷最终解决后。C 项，专区销售人员应当具有理财和代销业务相应资格，除本机构本行销售人员外，禁止其他任何人员在营业场所开展任何形式的营销活动。

7. 根据《绿色信贷指引》，银行业金融机构应当对存在重大环境和社会风险的客户实行(　　)。[2022 年 7 月真题]

A. 名单制管理　　　　　　　　B. 绿色信贷标识和统计制度

C. 风险敞口管理制度　　　　　D. 问责

【解析】根据《绿色信贷指引》，银行业金融机构应当对存在重大环境和社会风险的客户实行名单制管理，要求其采取风险缓释措施，包括制定并落实重大风险应对预案，建立充分、有效的利益相关方沟通机制，寻求第三方分担环境和社会风险等。

8. 银行业金融机构应当建立消费者投诉处理的(　　)，准确记录投诉受理、投诉处理、过程跟踪、结果回复及满意度回访各环节的处理结果，保证消费者投诉处理全过程的完整记录。[2019 年 6 月真题]

A. 开环控制机制　　　　　　　B. 提示管理机制

C. 反馈控制机制　　　　　　　D. 闭环管理机制

【解析】银行业金融机构应当完善消费者投诉管理。建立消费者投诉处理的闭环管理机制，准确记录投诉受理、投诉处理、过程跟踪、结果回复及满意度回访各环节的处理结

5C　6D　7A　8D

果，保证消费者投诉处理全过程的完整记录。

9. 普惠金融是指立足机会平等要求和(　　)的原则，以可负担的成本为有金融服务需求的社会各阶层和群体提供适当、有效的金融服务。[2019 年 6 月真题]

A. 惠及民生　B. 因地制宜　C. 商业可持续　D. 推进创新

【解析】普惠金融是指立足机会平等要求和商业可持续原则，以可负担的成本为有金融服务需求的社会各阶层和群体提供适当、有效的金融服务。小微企业、农民、城镇低收入人群和残疾人、老年人等特殊群体是当前我国普惠金融重点服务对象。

10.《银行业消费者权益保护工作指引》强调，银行业金融机构(　　)应当定期对银行业消费者权益保护工作制度建设及执行情况进行独立的审查和评价。[2018 年 6 月真题]

A. 安全保卫部门　B. 人力资源管理部门

C. 财务管理部门　D. 内部审计职能部门

【解析】银行业金融机构可以委托社会中介机构对其银行业消费者权益保护工作情况进行定期评估，内部审计职能部门应当定期对银行业消费者权益保护工作制度建设及执行情况进行独立的审查和评价。

11. 根据《银行业消费者权益保护工作指引》，承担银行业消费者权益保护工作最终责任的是(　　)。[2018 年 10 月真题]

A. 银行业金融机构高管层

B. 银行业金融机构负责消费者权益保护的职能部门

C. 银行业金融机构风险管理部门

D. 银行业金融机构董(理)事会

【解析】银行业金融机构应建立完善的消费者权益保护信息披露管理制度。其中，董事会对消费者权益保护信息披露承担最终责任。消费者权益保护委员会负责对消费者权益保护工作重大信息披露进行指导，高级管理层负责对重大信息披露进行审核和发布。消费者权益保护部门协助相关部门开展消费者权益保护信息披露。

12. 当前我国普惠金融重点服务对象不包括(　　)。[2023 年 6 月真题]

A. 老年人人　B. 小微企业　C. 农民　D. 白领

【解析】小微企业、农民、城镇低收入人群和残疾人、老年人等特殊群体是当前我国普惠金融的重点服务对象。

13. 根据《银行业消费者权益保护工作指引》，银行业金融机构应当在(　　)醒目位置公布投诉方式和投诉流程。[2016 年 10 月真题]

A. 营业网点和员工　B. 营业网点和贷款合同

C. 门户网站和贷款合同　D. 营业网点和门户网站

【解析】银行业金融机构应当在营业网点和门户网站醒目位置公布投诉方式和投诉流程。银行业金融机构应当做好投诉登记工作，并通过有效方式告知投诉者受理情况、处理时限和联系方式。

9C　10D　11D　12D　13D

14. 每年9月，由各银行业金融机构共同参与的“金融知识进万家”体现了对金融消费者(　　)的尊重和保障。[2016年5月真题]

A. 受教育权　　B. 知情权　　C. 公平交易权　　D. 受尊重权

【解析】银行业消费者的受教育权可以分为两类：①银行消费知识的教育权，是指消费者有权接受关于银行产品的种类、特征等有关知识的教育；②消费者权益保护知识的教育权，是指消费者有权接受权益受到侵害时如何维权等知识的教育。

15. 以下不属于我国银行业消费者权益保护基本原则的是(　　)。

A. 安全合规　　B. 公开透明　　C. 文明规范　　D. 公平公正

【解析】我国银行业消费者权益保护基本原则是：依法合规、诚实守信、公开透明、公平公正、文明规范。

16. 银行业消费者一般性投诉处理的基本原则不包括(　　)。

A. 专业原则　　B. 合规谨慎原则　　C. 客观公正原则　　D. 以人为本原则

【解析】一般性投诉处理的基本原则有：①积极主动原则；②客观公正原则；③专业原则；④效率原则；⑤合规谨慎原则。

17. 我国银行业消费者保护面临的核心挑战不包括(　　)。

A. 业务流程管控未能与挑战同步，漏洞危及金融消费者基本权益

B. 银行对金融消费者投诉的沟通、反馈机制不足

C. 技术性明显和外部人参与

D. 金融消费者知识教育任重道远

【解析】我国银行业消费者保护面临三个核心挑战：①业务流程管控未能与挑战同步，漏洞危及金融消费者基本权益。近年来，对银行业消费者权益的侵害存在两个显著特点，即技术性明显和内部人参与。业务流程管控中的“人防”不足、“技防”滞后更亟须重视和加强。银行员工管理是确保金融消费安全、提升金融消费体验的关键。②银行对金融消费者投诉的沟通、反馈机制不足。银行业目前投诉处理存在对金融消费者沟通、反馈不足的通病。③金融消费者知识教育任重道远。虽然宣教工作一直在推进，但银行业消费者的整体金融素养、风险意识和法制意识仍有较大欠缺。

18. 银行业消费者享有对银行产品和服务进行监督和批评的权利，这体现了银行业消费者的(　　)。[2022年7月真题]

A. 公平交易权　　B. 监督权　　C. 知情权　　D. 受尊重权

【解析】银行业消费者的监督权表现在两个方面：①消费者享有对银行产品和服务进行监督和批评的权利；②消费者对有关部门进行的银行业消费者权益保护等工作享有监督、批评的权利。

19. 目前我国“三农”金融服务存在的难题是(　　)。

A. 供给少、需求高　　B. 成本高、管理难

C. 成本高、风险大　　D. 管理难、风险大

【解析】“三农”工作关系国计民生，是各项工作的重中之重。我们必须坚持农业农村优

14A　15A　16D　17C　18B　19C

先发展，实施乡村振兴战略，加快推进农业农村现代化。然而，我国的“三农”金融服务仍然比较薄弱，成本高和风险大的难题仍然存在。

二、多项选择题（以下各小题给出的5个选项中，至少有2项符合题目要求，请将符合题目要求选项的代码填入括号内）

1. 根据《消费者权益保护法》，消费者和经营者发生消费者权益争议，可以解决的途径有（　　）。［2024年6月真题］

A. 向人民法院提起诉讼

B. 根据与经营者达成的仲裁协议提请仲裁机构仲裁

C. 向有关行政部门投诉

D. 与经营者协商和解

E. 请求消费者协会或者依法成立的其他调解组织调解

【解析】根据《消费者权益保护法》第三十九条，消费者和经营者发生消费者权益争议的，可以通过下列途径解决：①与经营者协商和解；②请求消费者协会或者依法成立的其他调解组织调解；③向有关行政部门投诉；④根据与经营者达成的仲裁协议提请仲裁机构仲裁；⑤向人民法院提起诉讼。

2. “绿色金融”理念的意义有（　　）。

A. 动员和激励更多社会资本投入绿色产业

B. 加快我国经济向绿色化转型

C. 促进环保、新能源、节能等领域的技术进步

D. 提升经济增长潜力

E. 加强消费者权益保护

【解析】“绿色金融”能够动员和激励更多社会资本投入绿色产业，同时更有效地抑制污染性投资，不仅有助于加快我国经济向绿色化转型，支持生态文明建设，也有利于促进环保、新能源、节能等领域的技术进步，加快培育新的经济增长点，提升经济增长潜力。

3. 下列关于加强金融教育与金融消费者权益保护工作的做法中正确的有（　　）。［2017年6月真题］

A. 强化普惠金融宣传

B. 加强金融知识普及教育

C. 培育公众金融风险意识

D. 完善金融消费者投诉管理机制

E. 加大金融消费者权益保护力度

【解析】为了加强普惠金融教育与金融消费者权益保护，银行业金融机构应该做到以下几点：①结合我国国情深入推进金融知识普及教育、培育公众的金融风险意识；②广泛利用电视广播、书刊杂志、数字媒体等渠道，多层面、广角度长期有效普及金融基础知识；③以金融创新业务为重点，针对金融案件高发领域，运用各种新闻信息媒介开展金融风险宣传教育，促进公众强化金融风险防范意识，树立“收益自享、风险自担”观念；④加强金融消费者权益保护监督检查，及时查处侵害金融消费者合法权益行为，完善金融消费者投诉管理机制，维护金融市场有序运行；⑤加大对普惠金融的宣传力度。

1ABCDE　2ABCD　3ABCDE

4. 银行业金融机构应充分尊重并自觉保障金融消费者的(　　)。[2017 年 6 月真题]

A. 财产安全权　　B. 公开交易权　　C. 知情权　　D. 自主选择权

E. 依法求偿权

【解析】金融机构应当遵循平等自愿、诚实守信等原则，充分尊重并自觉保障金融消费者的各项权利，依法、合规开展经营活动。银行业消费者的主要权利包括：①安全权；②信息安全权；③知情权；④自主选择权；⑤公平交易权；⑥依法求偿权；⑦受教育权；⑧受尊重权。

5. 下列属于完善商业银行社会责任机制的措施的有(　　)。[2016 年 5 月真题]

A. 贯彻宏观调控政策，支持产业结构优化

B. 按照赤道原则，把握银行的信贷投向

C. 持续改善银行形象，提升银行声誉

D. 提倡慈善责任，积极投身社会公益活动

E. 提供均等化的金融服务，扩大金融服务的普惠力度

【解析】银行业金融机构的企业社会责任至少应包括：①经济责任，在遵守法律条件下，营造公平、安全、稳定的行业竞争秩序，以优质的专业经营，持续为国家、股东、员工、客户和社会公众创造经济价值。②社会责任，以符合社会道德和公益要求的经营理念为指导，积极维护消费者、员工和社区大众的社会公共利益；提倡慈善责任，积极投身社会公益活动，构建社会和谐，促进社会发展。③环境责任，支持国家产业政策和环保政策，节约资源，保护和改善自然生态环境，支持社会可持续发展，如尽可能地开展赤道原则的相关研究，积极参考借鉴赤道原则中适用于我国经济金融发展的相关内容。

6. 银行业金融机构的下列做法中，正确的有(　　)。

A. 尊重银行业消费者的知情权和自主选择权，履行告知义务

B. 尊重银行业消费者的公平交易权，公平、公正制定格式合同和协议文本

C. 了解银行业消费者的风险偏好和风险承受能力，提供相应的产品和服务

D. 尊重银行业消费者的个人金融信息安全权，采取有效措施加强对个人金融信息的保护

E. 对于可能影响消费者决策的信息可以不进行披露

【解析】E 项，金融机构应当以通俗易懂的语言，及时、真实、准确、全面地向金融消费者披露可能影响其决策的信息，充分提示风险，不得发布夸大产品收益、掩饰产品风险等欺诈信息，不得作虚假或引人误解的宣传。

7. 以下属于银行业消费者主要权利的有(　　)。

A. 安全权　　B. 信息安全权　　C. 知情权　　D. 自主选择权

E. 公平交易权

【解析】银行业消费者的主要权利有：①安全权；②信息安全权；③知情权；④自主选择权；⑤公平交易权；⑥依法求偿权；⑦受教育权；⑧受尊重权。

8. 银行对消费者的主要义务有(　　)。

4ACDE　5ABD　6ABCD　7ABCDE　8ACDE

A. 保护消费者信息
B. 在消费者购买银行产品之后向其揭示相关风险
C. 遵守相关法律
D. 健全消费者投诉处理机制
E. 交易有凭有据

【解析】银行对消费者的主要义务包括：①遵守相关法律；②交易信息公开；③妥善处理客户交易请求；④交易有凭有据；⑤保护消费者信息；⑥妥善处理投诉。B项，交易信息公开是指，银行必须以明确的格式、内容、语言，对其提供的产品或者服务，向消费者进行充分的信息披露和风险揭示，确保消费者在购买银行产品或者接受银行服务前已知晓并理解相关风险。

9. 以下(　　)属于我国银行业消费者权益保护的基本要求。
A. 依法合规经营　B. 保护客户信息　C. 热情友好服务　D. 维护经营秩序
E. 忠实履行合约

【解析】我国银行业消费者权益保护的基本要求包括：①依法合规经营，诚信对待消费者；②热情友好服务，营造和谐服务环境；③客观披露信息，保障消费者知情选择权；④保护客户信息，依法保障消费者信息安全；⑤维护经营秩序，依法保障存款安全；⑥忠实履行合约，保障消费者获得相应质量的服务；⑦完善投诉处理机制，确保消费者投诉妥善处理；⑧开展消费者教育，增强消费者的风险意识和风险防范能力。

10. 我国银行业消费者权益保护的管理要点有(　　)。
A. 为消费者提供售后服务　B. 开展消费者金融知识教育
C. 完善消费者投诉管理　D. 做好消费者信息管理
E. 履行信息披露要求

【解析】我国银行业消费者权益保护的管理要点包括：①为消费者提供规范服务；②履行信息披露要求；③做好消费者信息管理；④开展消费者金融知识教育；⑤完善消费者投诉管理；⑥加强员工日常行为的管理教育。

11. 银行业消费者投诉处理的基本要求有(　　)。
A. 跟进投诉处理结果　B. 明确投诉处理时限
C. 畅通投诉渠道　D. 建立投诉处理机制
E. 分析投诉结果

【解析】按照投诉的影响程度，银行业消费者投诉分为一般性投诉与重大投诉。投诉处理的基本要求有：①建立投诉处理机制；②畅通投诉渠道；③明确投诉处理时限；④跟进投诉处理结果。

12. 以下(　　)属于重大投诉处理基本原则。
A. 充分了解、实事求是　B. 有效控制、减少影响
C. 积极应对、快速反应　D. 公正诚信、实事求是
E. 加强监督、减少影响

9ABCDE　10BCDE　11ABCD　12BCD

【解析】重大投诉处理的基本原则包括：①积极应对、快速反应；②有效控制、减少影响；③公正诚信、实事求是。

13. 我国国务院银行业监督管理机构为推动绿色金融的发展，出台了一系列政策，下列说法正确的有( )

A.《关于加快建立健全绿色低碳循环发展经济体系的指导意见》要求大力发展绿色金融，发展绿色信贷和绿色直接融资，加大对金融机构绿色金融业绩评价考核力度

B.《银行业保险业绿色金融指引》要求银行业金融机构从战略高度推进绿色金融，促进经济社会发展全面绿色转型

C. 绿色金融是指为支持环境改善、应对气候变化和资源节约高效利用的经济活动所提供的金融服务

D.《绿色信贷指引》旨在推动银行业金融机构积极调整信贷结构，促进经济发展方式转变和经济结构调整

E.《银行业保险业绿色金融指引》鼓励银行业金融机构提升绿色金融管理水平，采取统一性、便捷化的管理措施，积极支持"一带一路"绿色低碳建设

【解析】E 项，《银行业保险业绿色金融指引》鼓励银行业金融机构提升绿色金融管理水平，采取差异化、便捷化的管理措施，优化对小微企业融资、线上融资等业务的环境、社会和治理风险管理。引导银行业金融机构积极支持"一带一路"绿色低碳建设。

14. 普惠金融当前面临( )的问题与挑战。

A. 金融服务主体多元化　　B. 金融基础设施建设有待加强

C. 普惠金融服务不均衡　　D. 普惠金融体系不健全

E. 法律法规体系不完善

【解析】经过多年的努力，我国普惠金融发展呈现出服务主体多元、服务覆盖面较广、移动互联网支付使用率较高的特点，人均持有银行账户数量、银行网点密度等基础金融服务水平已达到国际中上游水平。但当前我国普惠金融工作仍面临诸多问题与挑战，如：①普惠金融服务不均衡；②普惠金融体系不健全；③法律法规体系不完善；④金融基础设施建设有待加强；⑤商业可持续性有待提升。

15. 普惠金融的基本原则有( )。

A. 机会平等、惠及民生　　B. 健全机制、持续发展

C. 防范风险、推进创新　　D. 政府主导、市场引导

E. 统筹规划、因地制宜

【解析】普惠金融的基本原则有：①健全机制、持续发展；②机会平等、惠及民生；③市场主导、政府引导；④防范风险、推进创新；⑤统筹规划、因地制宜。

16. 普惠金融的发展目标包括( )。

A. 特别是要让小微企业、农民、大学生、老年人等重点服务对象及时获取价格合理、便捷安全的金融服务

B. 进一步提高小微企业和农户申贷获得率和贷款满意度

13ABCD　14BCDE　15ABCE　16BCDE

C. 提高金融服务覆盖率

D. 提高金融服务可得性

E. 提高金融服务满意度

【解析】普惠金融是指立足机会平等要求和商业可持续原则，以可负担的成本为有金融服务需求的社会各阶层和群体提供适当、有效的金融服务。小微企业、农民、城镇低收入人群和残疾人、老年人等特殊群体是当前我国普惠金融重点服务对象。A 项，大学生群体不属于普惠金融的重点服务对象。

17. 加快推进金融基础设施建设的手段主要有(　　)。

A. 推广创新针对小微企业、高校毕业生、农户、特殊群体以及精准扶贫对象的小额贷款

B. 积极鼓励网络支付机构服务电子商务发展，为社会提供小额、快捷、便民支付服务，提升支付效率

C. 鼓励银行机构和非银行支付机构面向农村地区提供安全、可靠的网上支付、手机支付等服务，拓展银行卡助农取款服务广度和深度

D. 加快建立多层级的小微企业和农民信用档案平台，实现企业主个人、农户家庭等多维度信用数据可应用

E. 建立健全普惠金融指标体系

【解析】加快推进金融基础设施建设需要做到以下三点：①鼓励银行机构和非银行支付机构面向农村地区提供安全、可靠的网上支付、手机支付等服务，拓展银行卡助农取款服务广度和深度；②加快建立多层级的小微企业和农民信用档案平台，实现企业主个人、农户家庭等多维度信用数据可应用；③建立健全普惠金融指标体系。AB 两项属于创新金融产品和服务的手段。

18. 下列关于我国在普惠金融方面的实践说法正确的有(　　)。

A. 积极探索普惠金融的发展路径，创新金融支持实体经济方式，进一步疏通货币传导机制，是打通金融服务实体经济“最后一公里”的关键举措

B. 数字技术在促进普惠金融快速发展的同时，潜藏其中的信用问题也日益凸显出来

C. 从业务层面来说，小额分散并不能降低风险，有效解决好信用风险的问题，让普惠金融回归金融的本质，行业才能行稳致远

D. 普惠金融的实施使风险得到显著降低

E. 小微金融服务、“三农”金融服务和扶贫小额信贷的推进都能够促进普惠金融的发展

【解析】积极探索普惠金融的发展路径，创新金融支持实体经济方式，进一步疏通货币传导机制，对促进金融和实体经济的良性循环，防范系统性风险具有重要意义。D 项，从需求的角度来说，普惠金融有很大的市场发展空间，互联网背景下的普惠金融已经让更多的人更加轻松地获取了金融服务。但不容忽视的是，在底层信用市场和风控没有建立的情况下，随着市场的铺开，风险也会随之加大。

19. 下列关于完善小微企业金融服务的说法正确的有(　　)。

17CDE　18ABCE　19ABCDE

A. 加大货币政策支持力度　　　　　　B. 加大财税政策激励

C. 加强贷款成本和贷款投放监测考核　　D. 健全普惠金融组织体系

E. 大力拓宽多元化融资渠道

【解析】小微企业金融服务是一项系统性工程，需要全社会共同努力：①加大货币政策支持力度，引导金融机构聚焦单户授信500万元及以下小微企业信贷投放；②加大财税政策激励，提高金融机构支小积极性；③加强贷款成本和贷款投放监测考核，促进企业成本明显降低；④健全普惠金融组织体系，提高服务小微企业的能力和水平；⑤大力拓宽多元化融资渠道，优化营商环境，严厉打击骗贷骗补等违法违规行为，确保政策真正惠及小微企业。

20. 下列关于加强和改进"三农"金融服务工作的说法正确的是(　　)。

A. 坚持稳中求进，全力支持农业供给侧结构性改革

B. 深入推进专业化体制机制建设

C. 注重完善新主体新产业政策措施

D. 充分利用新模式新成果新技术

E. 持续扩大农村基础金融服务覆盖面

【解析】我国的"三农"金融服务仍然比较薄弱，成本高和风险大的难题仍然存在，这就需要我们着力加强和改进"三农"金融服务工作：①坚持稳中求进，全力支持农业供给侧结构性改革；②深入推进专业化体制机制建设，厘清定位、细化责任；③注重完善新主体新产业政策措施，着力培育新动能新业态；④充分利用新模式新成果新技术，有序开展"三农"金融服务创新；⑤持续扩大农村基础金融服务覆盖面，提高普惠金融满意度；⑥强化差异化监管政策，助力"三农"金融服务；⑦切实加强风险防控，多方合力优化"三农"金融服务环境。

三、判断题(判断以下各小题的对错，正确的用A表示，错误的用B表示)

1. 为保障消费者信息安全权，商业银行有权拒绝任何单位或者个人查询、冻结、扣划个人储蓄存款。(　　)[2023年10月真题]

【解析】银行业消费者对其基本信息与财务信息享有不被银行非相关业务人员知悉，不被非法定机构以及任何单位和个人查询或传播的权利，除有关国家机关依法查询、冻结和扣划外，银行应拒绝任何其他单位或个人查询、冻结和扣划。

2. 根据《银行业消费者权益保护工作指引》的规定，银行业金融机构应当了解银行业消费者的风险偏好和风险承受能力，提供相应的产品和服务，不得主动提供与银行业消费者风险承受能力不相符合的产品和服务。(　　)[2016年5月真题]

【解析】银行业金融机构应引导消费者充分认识金融产品及其差异，进一步完善和落实金融产品风险评估及分级管理制度。售前开展消费者风险偏好、风险认知和风险承受能力测试，确保将合适的产品和服务提供给合适的消费者。妥善留存消费者已明确知晓产品重要属性和风险信息的相关证据，保障消费者知情权和公平交易权。

3. 强调客户利益保护，是维护社会公平、正义、稳定的需要，也是推动银行健康发展的需

20ABCDE　　▎　　1B　2A　3A

要。（　　）

【解析】银行业消费者是银行业发展的根本。保护银行业消费者的合法权益，对于维护社会公平正义、推动银行健康发展都至关重要。

4. 商业银行应在发生客户投诉等情况时第一时间积极处理，不得相互推诿。（　　）

【解析】商业银行在处理一般性投诉时，应当遵循积极主动原则，即积极主动地处理投诉，杜绝相互推诿退缩；应当遵循效率原则，即力争第一时间快速有效地解决问题，切忌拖沓处理，避免投诉升级。

5. 银行业从业人员在客户投诉反馈时限内无法拿出意见，应当在反馈时限内告知客户现在投诉处理的相关情况，并提前告知下一个反馈时限。（　　）

【解析】根据商业银行处理一般性投诉的效率原则，银行业从业人员应该力争第一时间快速有效地解决问题，切忌拖沓处理，避免投诉升级。对于第一时间不能给出处理结果的投诉，要告知客户明确的回复时间，并适时向客户通报处理进程，杜绝二次投诉。

6. 按照投诉的影响程度，银行业消费者投诉处理分为普通投诉与重大投诉。（　　）

【解析】按照投诉的影响程度，银行业消费者投诉处理分为一般性投诉与重大投诉。

7. 尽可能地开展赤道原则的相关研究，积极参考借鉴赤道原则中适用于我国经济金融发展的相关内容属于银行业金融机构的社会责任。（　　）

【解析】题干所述是我国银行业金融机构的环境责任。

8. 小微金融主要是指专门向小型和中型企业提供小额度的可持续的金融产品和服务。（　　）

【解析】小微金融主要是指专门向小型和微型企业及中低收入阶层提供小额度的可持续的金融产品和服务。

4A　5A　6B　7B　8B